Curso de
PROCESSO ADMINISTRATIVO

B277c   Barros, Wellington Pacheco
      Curso de processo administrativo / Wellington Pacheco Barros. –
Porto Alegre: Livraria do Advogado Ed. 2005.
      264p.; 16x23cm.

      ISBN 85-7348-371-7

      1. Processo administrativo. I. Título.

                      CDU – 35.077.3

      Índice para o catálogo sistemático:

    Processo administrativo

(Bibliotecária responsável: Marta Roberto, CRB-10/652)

Wellington Pacheco Barros

Curso de
PROCESSO ADMINISTRATIVO

livraria
DO ADVOGADO
editora

Porto Alegre, 2005

© Wellington Pacheco Barros, 2005

Capa, projeto gráfico e diagramação
Livraria do Advogado Editora

Revisão
Rosane Marques Borba

Direitos desta edição reservados por
Livraria do Advogado Editora Ltda.
Rua Riachuelo, 1338
90010-273 Porto Alegre RS
Fone/fax: 0800-51-7522
editora@livrariadoadvogado.com.br
www.doadvogado.com.br

Impresso no Brasil / Printed in Brazil

Sumário

Apresentação	11
1. Das disposições gerais do processo administrativo	13
1.1. Da evolução histórica do instituto	13
1.2. Do processo administrativo como instrumento de implementação do Estado Democrático de Direito	16
1.3. Do processo administrativo como forma de autotutela administrativa	16
1.4. Do devido processo administrativo como princípio constitucional garantista	17
1.5. Da autonomia e das fontes do processo administrativo	19
1.6. Do direito de petição e de representação como elementos materiais do processo administrativo	22
1.7. Da prescindibilidade do processo administrativo	23
1.8. Da doutrina do fato sabido e o processo administrativo	25
1.9. Do processo judicial e do processo administrativo	26
1.10. Do contencioso administrativo	27
1.11. Do inquérito, da sindicância e do processo administrativo	29
1.12. Do procedimento e do processo administrativo	31
1.13. Dos tipos de processo administrativo	32
1.14. Da aplicação do princípio federativo na regulamentação do processo administrativo	33
1.15. Das Leis Federal e Estaduais sobre processo administrativo	34
1.15.1. Do pioneirismo da Lei Complementar 33, de 26.12.96, do Estado de Sergipe	34
1.15.2. Da Lei 10.177, de 30.12.98, do Estado de São Paulo	38
1.15.3. Da Lei Federal 9.784, de 29.01.99, criando normas básicas sobre processo administrativo no âmbito da administração federal	39
1.15.4. Da Lei 11.781, de 6 de junho de 2000, do Estado de Pernambuco	40
1.15.5. Da Lei 13.800, de 18 de janeiro de 2001, do Estado de Goiás	41
1.15.6. Da Lei 14.184, de 31 de janeiro de 2002, do Estado de Minas Gerais	41
1.15.7. Da Lei 7.692, de 1º de julho de 2002, do Estado de Mato Grosso	42
1.15.8. Do Decreto 31.896, de 20 de setembro de 2002, do Estado do Rio de Janeiro	43
1.15.9. Da Lei 2.794/2003, do Estado do Amazonas	44
1.15.10. Da Lei 418, de 15 de janeiro de 2004, do Estado de Roraima	44
1.16. Da interpretação do processo administrativo	45

2. Dos princípios de processo administrativo 47
  2.1. Considerações gerais 47
  2.2. Do elenco dos princípios constitucionais de processo administrativo 48
  2.3. Do elenco dos princípios processuais administrativos típicos 49
  2.4. Do elenco dos princípios subsidiários de processo judicial aplicáveis ao processo administrativo 50
  2.5. Dos comentários sobre os princípios constitucionais de processo administrativo 50
    2.5.1. Generalidades................................... 50
    2.5.2. Do princípio do devido processo legal 51
    2.5.3. Do princípio da legalidade 52
    2.5.4. Do princípio da publicidade......................... 53
    2.5.5. Do princípio da finalidade motivada 55
    2.5.6. Do princípio da razoabilidade........................ 56
    2.5.7. Do princípio da proporcionalidade 57
    2.5.8. Do princípio da moralidade 58
    2.5.9. Do princípio do contraditório 59
    2.5.10. Do princípio da ampla defesa 60
    2.5.11. Do princípio da segurança jurídica 62
    2.5.12. Do princípio do interesse público 63
    2.5.13. Do princípio da oficialidade 64
    2.5.14. Do princípio do informalismo em favor do administrado 64
    2.5.15. Do princípio da gratuidade 65
    2.5.16. Do princípio da eficiência 66
    2.5.17. Do princípio da igualdade 67
    2.5.18. Do princípio da dupla instância administrativa 68
    2.5.19. Do princípio da proibição de prova ilícita 69
    2.5.20. Do princípio do juízo natural 70
  2.6. Dos comentários sobre os princípios processuais administrativos típicos ... 72
    2.6.1. Generalidades................................... 72
    2.6.2. Do princípio da atuação conforme a Lei e o Direito 72
    2.6.3. Do princípio da irrenunciabilidade de poderes ou competências administrativas 73
    2.6.4. Do princípio da objetividade no atendimento do interesse público ... 74
    2.6.5. Do princípio de atuação segundo padrões éticos de probidade, decoro e boa-fé 75
    2.6.6. Do princípio da adequação entre os meios e os fins processuais 75
    2.6.7. Princípio da observância das formalidades essenciais à garantia dos direitos dos administrados 76
    2.6.8. Do princípio da interpretação da norma administrativa conforme o fim público a que se dirige 77
    2.6.9. Do princípio da irretroatividade da nova interpretação 79
    2.6.10. Do princípio da *reformatio in pejus* 79
  2.7. Dos comentários sobre os princípios subsidiários de processo civil, aplicáveis ao processo administrativo 81
    2.7.1. Generalidades................................... 81
    2.7.2. Do princípio da economia processual 81
    2.7.3. Do princípio do ônus da prova 82
    2.7.4. Do princípio da verdade real 82

2.7.5. Do princípio da sucumbência 82
2.7.6. Do princípio da dialeticidade recursal 83
2.7.7. Do princípio da unicidade recursal 83
2.7.8. Do princípio da voluntariedade recursal 84

3. Dos institutos comuns a todos os processos administrativos 85
3.1. Das partes 85
   3.1.1. Considerações gerais 85
   3.1.2. Da Administração Pública 86
      3.1.2.1. Do conceito de Administração Pública como parte 86
      3.1.2.2. Do legítimo interesse 87
      3.1.2.3. Da representação 89
   3.1.3. Do interessado 90
      3.1.3.1. Do conceito de interessado como parte 90
      3.1.3.2. Do legítimo interesse 90
      3.1.3.3. Da capacidade do interessado como pessoa natural 91
      3.1.3.4. Da representação do interessado 92
      3.1.3.5. Da intervenção de interessados quando já iniciado o processo . 92
3.2. Da instauração do processo 93
   3.2.1. Considerações gerais 93
   3.2.2. Da instauração pela Administração Pública 94
   3.2.3. Do requerimento do interessado 95
   3.2.4. Da autuação do processo 96
3.3. Da competência 97
   3.3.1. Das disposições gerais 97
   3.3.2. Da delegação 98
   3.3.3. Do que não pode ser delegado 99
   3.3.4. Do conteúdo do ato de delegação 99
   3.3.5. Da revogação da delegação 100
   3.3.6. Da execução da delegação 100
   3.3.7. Da avocação 101
3.4. Da autoridade ou órgão administrativo processante 102
   3.4.1. Dos poderes, dos deveres e da responsabilidade da autoridade ou
      do órgão processante 102
3.5. Dos impedimentos e da suspeição 104
   3.5.1. Das disposições gerais 104
   3.5.2. Dos impedimentos 104
   3.5.3. Da suspeição 105
3.6. Dos servidores públicos auxiliares da autoridade ou do órgão processante . . 106
3.7. Da forma, tempo e lugar dos atos processuais 107
   3.7.1. Da forma 107
   3.7.2. Do tempo 107
   3.7.3. Do lugar 107
3.8. Da comunicação dos atos e dos prazos 108
   3.8.1. Da intimação 108
   3.8.2. Dos requisitos da intimação 109
   3.8.3. Da intimação nos autos 109
   3.8.4. Da intimação por via postal 110

3.8.5. Da intimação por telegrama 110
3.8.6. Da intimação por outros meios 111
3.8.7. Da intimação dos interessados indeterminados, desconhecidos ou com domicílio indefinido 111
3.8.8. Da nulidade da intimação 111
3.8.9. Dos prazos 112
3.9. Do contraditório 112
3.9.1. Das considerações gerais 112
3.9.2. Do que pode ser alegado em contraditório 113
3.9.3. Do silêncio das partes 114
3.9.4. Da confissão no contraditório 116
3.10. Do julgamento conforme o estado do processo 117
3.11. Das medidas cautelares 120
3.11.1. Das disposições gerais 120
3.11.2. Dos pressupostos para a concessão de medida cautelar 120
3.11.3. Da motivação da medida cautelar 122
3.11.4. Da concessão da medida cautelar sem a prévia manifestação da parte contrária 123
3.11.5. Da alteração ou revogação da medida cautelar 123
3.11.6. Da repetição de pedido de medida cautelar 123
3.11.7. Da extinção das medidas cautelares 124
3.12. Da instrução 124
3.12.1. Das considerações gerais 124
3.12.2. Do ônus da prova 126
3.12.3. Da produção oficial de prova 128
3.12.4. Do indeferimento da prova ilícita, impertinente, desnecessária ou protelatória 128
3.12.5. Do depoimento pessoal 129
3.12.6. Da confissão 130
3.12.7. Da exibição de documento ou coisa 131
3.12.8. Da prova documental 132
3.12.9. Da prova testemunhal 134
3.12.10. Da prova pericial 138
3.12.11. Da inspeção administrativa 140
3.12.12. Da consulta pública 141
3.13. Da audiência 143
3.13.1. Das disposições gerais 143
3.13.2. Da conciliação 144
3.13.3. Da instrução, do debate oral e dos memoriais 144
3.14. Da decisão 146
3.14.1. Do dever de decidir 146
3.14.2. Da motivação da decisão 146
3.14.3. Da motivação e do livre convencimento 147
3.15. Da suspensão e da extinção do processo administrativo 148
3.15.1. Da suspensão 148
3.15.2. Da extinção 149
3.16. Da anulação, revogação e convalidação dos atos administrativos na constância do processo administrativo 151

3.16.1. Considerações gerais 151
3.16.2. Da anulação 152
3.16.3. Da revogação 156
3.16.4. Da convalidação 158
3.17. Dos recursos 160
3.17.1. Das considerações gerais 160
3.17.2. Das instâncias administrativas 160
3.17.3. Do reexame necessário 161
3.17.4. Do cabimento do recurso administrativo 161
3.17.5. Da legitimidade para recorrer 162
3.17.6. Da competência para conhecer do recurso 163
3.17.7. Da reconsideração 163
3.17.8. Do prazo para reconsideração 164
3.17.9. Dos requisitos da petição de recurso 164
3.17.10. Do prazo recursal 164
3.17.11. Do início do prazo recursal 165
3.17.12. Do prazo para decisão do recurso 165
3.17.13. Do não-conhecimento do recurso 165
3.17.14. Dos recorridos 166
3.17.15. Da intimação dos recorridos 166
3.17.16. Do conteúdo das contra-razões recursais 166
3.17.17. Dos efeitos do recurso 167
3.17.18. Da tramitação do recurso na segunda instância 167
3.17.19. Do conteúdo da decisão recursal 168
3.17.20. Dos embargos de declaração 168
3.18. Da revisão administrativa 169
3.18.1. Do cabimento da revisão 169
3.18.2. Da atemporariedade da revisão 171
3.18.3. Do procedimento revisional 171
3.18.4. Da revisão de ofício 171
3.19. Da coisa julgada administrativa 172

4. Legislação 175
4.1. Exposição dos motivos da Lei Complementar nº 33 do Estado de Sergipe . . 175
4.2. Lei Complementar nº 33, de 26 de dezembro de 1996 182
4.3. Lei nº 10.177, de 30 de dezembro de 1998 230
4.4. Lei nº 9.784, de 29 de janeiro de 1999 246

Referências bibliográficas 257

Índice alfabético-remissivo 259

Apresentação

O direito administrativo não tem uma fonte legislativa única, como ocorre com os direitos civil e penal, por exemplo, que encontram na União sua competência criadora exclusiva. O direito administrativo, ressalvados os princípios constitucionais que o orientam, possui várias matrizes legislativas tal qual o princípio federativo que rege o nosso País, possibilitando que cada ente federado crie *seus direitos*. Diante disso, aquele que pretender se aprofundar no seu estudo encontra dificuldades na mesma proporção da variação das matrizes legislativas.

Quando me lancei a escrever sobre um curso de processo administrativo encontrei essas mesmas dificuldades, encimadas agora não mais por variadas legislações, mas por ausência legislativa, como ocorre no Estado do Rio Grande do Sul, embora a Constituição Federal garanta a todo cidadão a preexistência de uma lei processual administrativa regrando os litígios entre ele e a Administração Pública.

O *Curso de Processo Administrativo* que apresento aos profissionais do direito, administradores públicos e estudantes, além das dificuldades próprias do ato de escrever sobre tema incomum, teve potencialializada essa dificuldade pela pluralidade legislativa de regras de processo administrativo, que apesar de abundantes não são exaustivas, e pela carência de respaldo doutrinário na mesma proporção da abundância legislativa ou do suprimento das lacunas. Por isso, sem medo da crítica, é possível afirmar-se que o processo administrativo é o patinho feio do estudo da processualística brasileira.

O livro, portanto, pela ausência de uma doutrina abrangente sobre o tema, além da proposta de oferecer solução sobre processo administrativo, lança uma idéia de sedimentação do direito processual administrativo e, por isso, está dividido em quatro grandes capítulos.

O primeiro deles trata *das disposições gerais do processo administrativo*, onde se procura traçar uma espécie de teoria geral do processo administrativo, iniciando-se com a evolução do instituto para se concluir com as

Curso de Processo Administrativo

leis que hoje regem o processo administrativo no âmbito federal e nas legislações de alguns estados.

O segundo capítulo trata *dos princípios do processo administrativo*. Aqui, se teve a preocupação de alinhar três grupos de princípios plenamente aplicáveis ao processo administrativo: (a) os princípios constitucionais de processo administrativo; (b) os princípios processuais administrativos típicos e (c) os princípios subsidiários de processo judicial.

O terceiro capítulo é o mais abrangente. Nele se procuraram traçar regras de um processo administrativo ideal, a que foi denominado de *institutos comuns a todos os processos administrativos*. O leitor nesta parte do livro encontrará a análise de institutos aplicáveis a todos os tipos de processo administrativo. O capítulo se inicia com comentários sobre as partes no processo administrativo, sua instauração, regras de competência, contraditório, instrução, prova, audiência, decisão, recursos até a coisa julgada administrativa.

E, por fim, o quarto capítulo se compõe da legislação que deu origem às regras de processo administrativo hoje existentes e que têm servido de modelo para a sedimentação de regras uníssonas, possibilitando aos legisladores, especialmente aos municipais, a possibilidade de visionarem a origem das regras do moderno direito processual administrativo.

Portanto, a idéia básica do livro é a de oferecer ao operador da lide administrativa, ao legislador ou mesmo ao estudante de direito um norte sobre a moderna doutrina do processo administrativo, através de comentários que, se de um lado entende o predomínio do interesse público presente na Administração Pública como *parte*, de outro lado, procura imbricar esse interesse com os direitos e as garantias constitucionais dos *interessados* no processo.

O Autor

1. Das disposições gerais do processo administrativo

1.1. DA EVOLUÇÃO HISTÓRICA DO INSTITUTO

O *princípio do devido processo legal*, do qual é derivação moderna o processo administrativo, hoje consagrado no direito brasileiro pela Constituição Federal, através do art. 5º, incisos LIV e LV, como garantia fundamental do cidadão, tem origem na Inglaterra, e a sua face mais conhecida é a do processo judicial.

Em 1215, o Rei João Sem Terra vê-se obrigado a partilhar o seu poder com os nobres ingleses, subscrevendo convenção de 63 artigos que assegurava a estes a inviolabilidade à vida, à liberdade e à propriedade, direitos estes somente passíveis de perda com aplicação da *lei da terra* (*law of the land*). Esta convenção foi chamada de *Magna Carta* que, embora seja reconhecida como a gênese das constituições escritas, em verdade, ela apenas respaldava um pacto entre o rei e a nobreza, tanto que foi escrita em latim, circunstância que afastava seu conhecimento pela população inglesa de parca cultura, quanto mais de uma língua diferente. A *law of the land* ou *legem of terrae* inscrita no art. 39 consagrava a necessidade de que a vida, a liberdade e a propriedade só poderiam ser retiradas mediante prévio julgamento pela lei da terra, do lugar ou por aquela elaborada pelos homens.

Em 1354, já agora no reinado de Eduardo III, através de lei editada pelo Parlamento inglês (*Estatuto das Liberdades de Londres*), a expressão *law of the land* é substituída pela *due process of law*, expressão sinônima da anterior já que significava uma garantia à nobreza de somente ver subtraídos seus direitos através de um prévio processo. Sedimentado em solo inglês através de variações como o *notice and hearing* (necessidade de prévia ciência ou citação) e depois pela *petition of rights* (de que ninguém deveria ser preso sem que houvesse a evidência de justa causa), o *due process of law* tem aplicação judicial quando, no século XVII, o juiz Sir Edward Coke,

Curso de Processo Administrativo   **13** no *the Dr. Bonham's case*, envolvendo a necessidade de prévio processo para aplicação de penalidades pela entidade responsável pelo licenciamento da profissão de médico, sustentou, como fase de sua fundamentação, que a lei *da razão* se revelava através da boca dos juízes.

Com a expansão colonialista inglesa, o princípio do *due process of law* é levado para a América do Norte e inserido nas leis fundamentais de cada colônia, depois incorporado à Constituição dos Estados Unidos de 1868,[1] pelas Emendas V e XIV e, a partir daí, ganha mundo como garantia fundamental do cidadão tendo seu conceito originário sido ampliando para:

a) o direito à citação;

b) a faculdade de arrolar testemunhas;

c) de não ser processado por lei elaborada após a ocorrência do fato;

d) o direito de igualdade com a acusação;

e) o direito de ser julgado por provas e evidências legais, obtidas de modo lícito;

f) o direito ao juiz natural;

g) o direito de não se auto-incriminar;

h) o acesso à jurisdição;

i) o direito aos recursos;

j) o direito à decisão com eficácia de coisa julgada.

Na sua evolução, o *princípio do devido processo legal* passou de simples garantia processual ou formal (*procedural due process*) para uma garantia substancial ou material (*substantive due process*). Carlos Roberto de Siqueira Castro[2] comenta que a mudança da visão meramente processual do princípio para uma fase substantiva ocorreu com a entrada em cena do Judiciário regulando as relações do Estado com a sociedade, tornando com isso efetiva a regra formal abstrata.

Entre nós, segundo J. Cretella Jr.,[3] no Império, não se poderia empregar a expressão *processo administrativo* com a abrangência que hoje se conhece, já que o que havia, em verdade, era um arbítrio da Administração, tanto que Vicente Pereira do Rego, na sua obra *Compêndio de Direito Administrativo*, p. 158, verbalizava que:

> Administrar é só fazer executar as leis e os decretos, o que é função da administração ativa; mas também resolver as dificuldades da execução, e julgar as reclamações que a execução provocar; o que é função da administração contenciosa. O poder de

---

[1] Disponível em http://www.archives.gov/national_archives_experience/charters/constitution.html. Acessado em 06 dez 2004.

[2] CASTRO, Carlos Roberto de Siqueira. *O devido processo legal e a razoabilidade das leis na Constituição de 1988*, Rio de Janeiro: Forense, 1989, p. 57.

[3] JÚNIOR, José Cretella. *Prática do Processo Administrativo*, 3ª ed. São Paulo: Revista dos Tribunais, 1999, p. 42.

administrar, considerado no sentido o mais lato, importa assim, logicamente, o poder de julgar administrativamente; isto é, a jurisdição ou a Justiça administrativa.

Por sua vez, Jessé Torres Pereira Júnior[4] diz que autores como Antônio Joaquim Ribas, na época do Império, falavam sobre jurisdição administrativa, inclusive outorgando-lhe dualidade contenciosa e graciosa, excluindo desta última a aplicação do contraditório por entender que se tratava de exercício puro e simples do poder discricionário.

Apenas com a Constituição de 1934 a necessidade de aplicação do princípio do processo administrativo pela Administração Pública se tornou regra obrigatória através do art. 169, nos seguintes termos:

Os funcionários públicos, depois de dois anos, quando nomeados em virtude de concurso de provas, e, em geral, depois de dez anos de efetivo exercício, só poderão ser destituídos em virtude de sentença judiciária ou mediante processo administrativo regulado por lei, e no qual lhes será assegurada ampla defesa.

Desde então, a necessidade de processo administrativo tem se mantido constitucionalizado e a ele sendo agregado o princípio da ampla defesa. Foi assim na Constituição de 1891 (art. 72, § 16), na de 1937 (art. 122, n° 11), na de 1946 (art. 141, § 25) e na de 1967/69 (art. 150, § 30).[5]

Mas é com a Constituição de 1988, que o processo administrativo ganha mais importância porque, além de nele ser respeito a ampla defesa, passou a ser integrado, de forma expressa, pelo princípio do contraditório e dos recursos a eles inerentes, e de forma derivada, de muitos outros, como se verá mais adiante. A positivação do princípio está assim redigida:[6]

Art. 5º

LIV – Ninguém será privado da liberdade ou de seus bens sem o devido processo legal.

LV – Aos litigantes, em processo judicial ou administrativo, e aos acusados em geral são assegurados o contraditório e ampla defesa, com os meios e recursos a ela inerentes.

---

4 JÚNIOR, José Torres Pereira. *O Direito de defesa na CF de 88*, São Paulo: Renovar, 1997, p. 24.

5 Extraordinário. Inadmissibilidade. Servidor público não estável. Emprego transformado em função pública estatutária. Demissão por conveniência administrativa e interesse público. Princípios do contraditório e da ampla defesa. Não observância. Agravo regimental não provido. Precedentes. É nula a demissão de servidor público não estável, por motivo de conveniência administrativa e interesse público, sem processo administrativo (RE 243592 AgR/Minas Gerais. STF. Primeira Turma. Relator: Ministro Cezar Peluso. Publicado no DJ, em 05.03.2004).

6 Alguns autores, como Sergio Ferraz (*Processo Administrativo e Constituição de 1988*. Revista Trimestral de Direito Público. São Paulo, Malheiros, 1993, V.1., , p. 86), criticam que, na prática, apesar de haver previsão na Constituição Federal, a Administração tem apresentado resistência em conceder vista de autos de processo administrativo e se recusando a receber petições, obrigando os interessados a recorrerem ao Judiciário.

1.2. DO PROCESSO ADMINISTRATIVO COMO INSTRUMENTO DE IMPLEMENTAÇÃO DO ESTADO DEMOCRÁTICO DE DIREITO.

A necessidade de se respeitar o devido processo administrativo nas lides em que sejam partes, de um lado, a Administração Pública, e de outro, administrados e interessados, embora tenha autonomia própria, no entanto, na análise de sua evolução histórica, tal princípio se deriva do gênero *devido processo legal,* que, por sua vez, se complementa com o devido processo judicial, cível ou criminal, adquirindo todos ressonância constitucional, através do art. 5°, incisos LIV e LV, da CF.

Como princípio constitucional, o devido processo legal administrativo, com origem no *due process of law* dos ingleses, se traduz, ainda com a conjunção de vários outros princípios, na estruturação do chamado *Estado Democrático de Direito,* que é o fundamento existencial maior da *República Federativa do Brasil,* denominação jurídica pela qual é conhecido o nosso País, consoante o art. 1° da Constituição Federal.

Quando se diz que um estado é *democrático,* a conclusão que se retira é a de que esta estrutura jurídica necessária na vida dos povos é institucionalizada pela vontade do povo que o compõem, já que o *anarquismo,* ou a ausência do estado, nunca chegou a ser concretizado. E se este estado democrático é de *direito,* isto significa que os comandos que devem nortear a vida do estado e de seu povo são orientados pela ciência do direito. E a ciência jurídica é composta por princípios e regras, que, no Brasil, através do sistema jurídico adotado, são representados por comandos positivados.

Os princípios constitucionais no Brasil, em verdade, consubstanciam a própria Constituição, que é a exaltação do poder do povo brasileiro na sua forma escrita, consoante lição de Marino Pazzaglini Filho:[7]

> Como normas jurídicas primárias e nucleares, predefinem, orientam e vinculam a formação, a aplicação e a interpretação de todas as demais normas componentes da ordem jurídica,

1.3. DO PROCESSO ADMINISTRATIVO COMO FORMA DE AUTOTUTELA ADMINISTRATIVA

O processo administrativo pauta a conduta da Administração Pública quando, com sua manifestação, puder atingir direitos dos administrados.

---

[7] PAZZAGLINI FILHO, Marino. *Princípios Constitucionais Reguladores da Administração Pública,* São Paulo: Atlas, 2000, p. 101/11.

Portanto, o exercício do agir administrativo nesta situação somente adquire eficácia se extravasado por intermédio de processo administrativo.

Trata-se, dessa forma, de verdadeira autotutela administrativa imposta pela Constituição Federal. O poder discricionário da Administração Pública sofre tutela jurídica limitadora de sua plena ação.

Ora, se um dos princípios basilares e vinculadores da Administração Pública é o de respeito à lei, mais precisamente o *princípio da legalidade* – art. 37, *caput*, da CF, a necessidade de que a ação administrativa que produza efeitos contra o administrado só se perfeitabilize se antecedido de um processo, é regra que não pode ser afastada pela administração, que, agregada ao *princípio da eficiência*, deve resultar em regra de comportamento obrigatória, de autotutela administrativa.

1.4. DO DEVIDO PROCESSO ADMINISTRATIVO COMO PRINCÍPIO CONSTITUCIONAL GARANTISTA

A necessidade do devido processo administrativo na ação da Administração Pública que produza litígio perante o administrado constitui regra obrigatória no agir estatal e, por outro lado, caracteriza garantia fundamental deste último.

Assim, quando o art. 5°, inciso LIV, da Constituição Federal, diz que *ninguém será privado de sua liberdade ou de seus bens sem o devido processo legal* e, no inciso LV, de que *aos litigantes, em processo judicial ou administrativo, e aos acusados em geral são assegurados o contraditório e a ampla defesa, com os meios e recursos a ela inerentes*, tem-se, também, no âmbito administrativo, a garantia que direitos do administrado quando contrapostos ao Estado-Administração somente produzirão efeitos válidos se precedido de processo em que seja respeitado o contraditório e a ampla defesa, com os meios e recursos a ela inerentes.

A garantia constitucional da necessidade do devido processo administrativo, bem como as demais garantias e direitos insculpidos no art. 5° da Constituição Federal, visam a dar ao homem condições dignas de uma vida em sociedade, além de proteger esse mesmo homem de si mesmo e da ação, muitas vezes revisionista, do Estado.

No contexto histórico vivenciado no Brasil, o devido processo legal passou a adquirir um duplo significado, primeiramente de legitimador da atuação do Estado, não apenas no aspecto jurisdicional, mas também administrativo, e, por outra banda como uma resposta negativa a possibilidade de retorno do regime anteriormente vivenciado, a ditadura; demonstrando os legisladores a intenção de prover a nação de um sistema eficiente de proteção contra promoção de atos contrários aos princípios fundamentadores de um Estado Democrático de Direito.

Em nenhum momento da história do constitucionalismo brasileiro estes direitos e garantias foram tão realçados e alargados como na Constituição Federal de 1988. Para se ter uma idéia, basta que se observe que pela primeira vez uma constituição brasileira antepõe os direitos e garantias individuais e coletivas antes da estruturação do Estado. Não fora o peso dos próprios direitos e garantias, a essa tão-só anteposição já permitia que o exegeta concluísse que nos conflitos entre as estruturas constitucionais direitos e garantias individuais e coletivas *versus* Estado o caminho a proteger estaria com aqueles.

Egon Bockmann Moreira,[8] ao tratar da expressão *devido processo legal*, diz que o termo *processo* é o item necessário para que o ato administrativo final ou regulamento resultante (decisão administrativa) sejam legítimos, sempre que versar sobre a liberdade ou a propriedade do indivíduo. Sendo assim, o administrado sempre possuirá o processo como garantia de proteção a sua liberdade e propriedade, mesmo naqueles atos administrativos em que existe a presunção de legitimidade, da auto-executoriedade, da imperatividade e da exigibilidade, caso em que o processo será circunstancial, ou seja, posterior e a juízo do administrado.

Para aquele autor, o termo *devido* significa o processo adequado, ou seja, em conformidade com a conduta da Administração Pública prevista pela Constituição Federal, hipótese esta que envolve a aferição do conteúdo do processo desenvolvido, segundo os princípios enumerados no artigo 37, *caput*, da CF. Vale dizer que o autor enumera o princípio da razoabilidade como pertencente aos parâmetros para medir a adequação do processo administrativo adotado no caso concreto.

Por fim, o termo *legal*, qualificando o *devido processo*, revela-se impróprio, pois não traz toda a dimensão semântica que a garantia constitucional possui em seu bojo. Para Egon B. Moreira, este qualificativo se refere à necessidade de prévia definição legal de qualquer limitação da liberdade e da propriedade dos particulares, como exigência decorrente dos princípios da legalidade, vigente em nosso ordenamento jurídico.

Ernani de Paula Contipelli,[9] ao tratar da importância da aplicação destas garantias constitucionais no âmbito da Administração, citando Cleide Previtalli Cais,[10] diz que:

---

[8] MOREIRA, Egon Bochmann. *Processo Administrativo – Princípios Constitucionais e a Lei nº 9.784/99*, 1ª ed., 2000, São Paulo: Malheiros, p. 214 a 220.

[9] CONTIPELLI, Ernani de Paula. A integração, a interpretação sistemática e o processo administrativo, v.46, *Revista Tributária e de Finanças Públicas*. São Paulo: RT, 2002, p. 239.

[10] CAIS, Cleide Previtalli. *O Processo Tributário*. São Paulo: RT, p. 58.

(...) para impor uma multa fiscal, não necessita a Fazenda Pública do prévio controle jurisdicional, porém, sem a observância do devido processo legal essa multa pode ser imposta na instância administrativa, para que ao administrado somente assista socorro mediante remédios judiciais. *Ao contrário, já em esfera administrativa o devido processo legal deverá ser observado, posto que a multa constitui e cria restrições ao patrimônio do administrado.* (grifei).

Importante decisão administrativa, como a proferida pelo 1º Conselho de Contribuintes do Ministério da Fazenda, já se manifestou ressaltando a necessidade de motivação das decisões emanadas pelos órgãos administrativos judicantes, salvaguardando o princípio do devido processo legal e a unidade do sistema jurídico, como segue:

Normas Processuais. Decisão. A exposição dos fundamentos nos quais o julgador buscou para prolatar a decisão feita de forma clara e conclusiva, constitui o requisito indispensável a sua validade. Sua falta, por conseqüência, implica vício insanável, acarretando a declaração de nulidade do ato (Acórdão CSRF/01.0882, São Paulo: Resenha Tributária, p. 8.155, vol. 1.2-29).

Desta forma, o cidadão passou a contar com o processo administrativo como forma de atuação e controle da Administração Pública no desempenho da função administrativa, ou seja, o processo administrativo atua como instrumento de composição entre as liberdades individuais e coletivas e os fins públicos almejados pela administração.

1.5. DA AUTONOMIA E DAS FONTES DO PROCESSO ADMINISTRATIVO

O processo administrativo, como espécie do gênero *devido processo legal* instituído pelo art. 5º, inciso LV, da Constituição Federal, tem se firmado na estrutura do direito através de várias autonomias, criando-se um direito processual administrativo autônomo de várias formas. Estas autonomias são:

1. doutrinária
2. didática,
3. legislativa e
4. jurisprudencial.

A autonomia *doutrinária* é demonstrada pela edição de livros e artigos envolvendo mais variados temas sobre processo administrativo, como são exemplos as seguintes obras: *A Processualidade no Direito Administrativo* (Odete Medauar, São Paulo: Revista dos Tribunais, 1993), *Processo Administrativo e suas Espécies* (Nelson Nery Costa, Rio de Janeiro: Forense, 1997), *Prática de Processo Administrativo* (J. Cretella Jr., São Paulo: RT, 1999), *Processo Administrativo* (Egon Bockmann Moreira, São Paulo: Malheiros, 2000), *Processo Administrativo* (Sérgio Ferraz e Adilson Abreu Dallari, São Paulo: Malheiros, 2001).

A autonomia *didática* do processo administrativo reside no estudo específico que várias entidades jurídicas implementam nos seus currículos, demonstrando a importância do conhecimento das regras que permeiam o estudo desse processo independentemente do processo civil e penal. Como exemplo, a Escola Superior da Magistratura do Estado do Rio Grande do Sul que enfoca, na cadeira de direito administrativo, estudo específico sobre processo administrativo.

Sua autonomia *legislativa* reside em que, desde que respeite os princípios constitucionais, em especial o princípio federativo, cada ente federado pode criar seu processo administrativo comum ou seus processos especiais. Podem servir de exemplo a Lei nº 9.784, de 29.01.99, que criou normas de processo administrativo no âmbito da União, e a Lei Estadual nº 10.177, de 30.12.98, que criou idêntica normatividade no Estado de São Paulo.

Já quanto à autonomia *jurisprudencial* esta reside na aplicação pelos tribunais do entendimento de que os direitos dos adminstrados só poderão sofrer intervenção estatal quando precedido do processo administrativo previsto em lei específica.

Com relação às *fontes* que sustentam o processo administrativo, é possível agrupá-las:

1. nas constituições federal e estaduais,
2. nas leis federais, estaduais a municipais,
3. nos princípios gerais do direito,
4. nos costumes,
5. na doutrina,
6. na jurisprudência,
7. no direito comparado.

A *fonte primeira* do processo administrativo é a *Constituição Federal* que, no seu art. 5°, incisos LIV e LV, fixou como garantia do cidadão a necessidade de a Administração Pública utilizar-se de processo administrativo quando, de qualquer forma, litigar com qualquer administrado em geral ou servidor em especial. Como garantia criada pela Lei Maior, as constituições estaduais são obrigadas à obediência. Mesmo que não expressem tal garantia no rol daquelas classificadas como fundamentais, deverão fazê-lo naquelas derivadas, como são por exemplo as que tratem sobre sancionamento dos agentes públicos estaduais e municipais.

A *segunda fonte* do processo administrativo são as *leis federais, estaduais e municipais,* que, dentro de cada competência específica, criam regras de processo a que se submetem cada Administração e administrados.

São exemplos: a Lei nº 9.784/99, que criou normas básicas de processo administrativo no âmbito federal, a Lei nº 10.177/98 do Estado de São Paulo e a Lei Complementar nº 33/96 do Estado de Sergipe e as inúmeras leis que regem o processo administrativo no âmbito dos municípios.

Terceira fonte. Embora o processo administrativo seja quase absolutamente regido por lei, tanto que é sempre adjetivado como *devido processo administrativo legal*, mesmo assim ainda sobra uma considerável lacuna para a aplicação dos *princípios gerais do direito*, que é a denominação genérica dos elementos que aceitos e adotados universalmente como verdades axiomáticas, atuam na formação da consciência jurídica. Servem de exemplos os princípios da razoabilidade, proporcionalidade, da boa-fé, da probidade, da segurança jurídica, entre outros, que, embora não escritos, podem muito bem ser evocados no processo administrativos por se constituírem em regras gerais sempre presentes na ciência do direito.

Os *costumes* se constituem na *quarta fonte do direito*. Eles se caracterizam como estruturas para a sedimentação do processo administrativo. Se é verdade que o processo é compartimentado de etapas ou procedimentos de cunho essencialmente formais, também não é menos verdade que várias dessas etapas não são exaustivas e necessitarão do intérprete a complementação através dos costumes. Por exemplo, qual a extensão do conceito que se deve dar ao termo *companheiro* para fins de impedimento ou de *amizade íntima* para efeitos de suspeição do servidor ou da autoridade processante no processo administrativo? Evidentemente que possuindo os conceitos de *companheiro* ou de *amizade íntima* uma estrutura aberta, uma moldura a ser preenchida com fatos da realidade, é lógico que deverá ela ser preenchida com circunstâncias tópicas de origem costumeira. De outro lado, nos processos disciplinares, por exemplo, a autoridade processante terá de se louvar nos costumes praticados em determinados setores da sociedade ou região para bem delimitar a extensão da pena.

A *doutrina,* como *quinta fonte,* é um importante elemento para sedimentação e crescimento do processo administrativo. O pioneirismo de Odete Medauar, com seu *A Processualidade no Direito Administrativo* (São Paulo; RT, 1993), serve de bom exemplo para demonstrar a importância da boa doutrina no crescimento do direito processual administrativo, já que os temas por ela abordados neste livro serviram de base para o crescimento da doutrina sobre o processo administrativo e ainda hoje ensejam bases para fundamentar decisões judiciais .

Por fim, a *sexta fonte.* Não resta a menor dúvida que a *jurisprudência* tem sido importante fonte de criação de um processo administrativo autônomo ensejando que se possa afirmar que é através dela que o direito processual administrativo tem se sedimentado. O dizer dos juízes no caso concreto, especialmente quando este dizer é manifestado por juízos espe-

Curso de Processo Administrativo

cializados tem servido de base para a fixação de um direito administrativo autônomo e de um processo administrativo mais nítido .no Rio Grande do Sul, por exemplo, a 4ª Câmara Cível do Tribunal de Justiça passou a entender que a aplicação da multa de trânsito não afastava o contraditório e a ampla defesa, decisão esta depois confirmada pelo STJ. Este entendimento não só consolidou a necessidade de respeito ao princípio do devido processo administrativo, como se caracterizou em importante fonte de sedimentação do direito processual administrativo.[11]

Por fim, não resta dúvida que o direito comparado se traduz em importante fonte de direito processual administrativo. A doutrina francesa, em especial, tem sido elemento de consolidação deste novel ramo do direito.

1.6. DO DIREITO DE PETIÇÃO E DE REPRESENTAÇÃO COMO ELEMENTOS MATERIAIS DO PROCESSO ADMINISTRATIVO

O processo administrativo é a viabilidade formal do direito de petição substantivo, no qual se subsume o de representação, já que, formalmente, pedir e representar têm conceitos sinônimos.

Quando a Constituição de 1988, no seu art. 5º, inciso XXXIX, afirma que:

São a todos assegurados, independentemente do pagamento de taxas:

a) o direito de petição aos Poderes Públicos em defesa de direito ou contra ilegalidade ou abuso de poder;

b) a obtenção de certidões em repartições públicas, para defesa de direitos e esclarecimentos de situações de interesse pessoal.

Está com isso consolidando a estrutura material pela qual o processo administrativo se tornará viável. Portanto, pedir ao Poder Público e dele obter respostas, mesmo que estas venham na forma de esclarecimentos, quer seja em defesa de direito pessoal ou em defesa da sociedade por prática quando caracterizada ação ilegal ou praticada com abuso de poder, é garantia fundamental de todo cidadão.

De outro lado, ao elencar como princípio vinculante da Administração Pública, a necessidade de publicidade de seus atos, consoante o disposto no art. 37, *caput*, da CF, o constituinte deixou claro que, se o poder é do povo,

---

[11] Mandado de segurança – trânsito – decadência do direito quanto a duas das penalidades – irrelevância da não apreciação da liminar uma vez já proferida a sentença – abusividade da aplicação das multas sem o estabelecimento do contraditório e da ampla defesa – interpretação dos arts. 280 e 281 do ctb. Apelo provido em parte (Apelação Cível nº 70003586336. TJRS. Relator: Desembargador João Carlos Branco Cardoso. Julgado em 27.03.2002).

conforme regra fundamental do parágrafo único do art. 1º da mesma Carta, qualquer deles tem o direito de se dirigir pessoalmente ao Poder, e este tem o dever de lhe responder, positiva ou negativamente, desde, é bom que se diga, que o requerente demonstre que age na defesa de seu direito ou contra a prática de ações ilegais ou abusivas, sem pagamento de qualquer ônus.

1.7. DA PRESCINDIBILIDADE DO PROCESSO ADMINISTRATIVO

A necessidade de utilização do devido processo administrativo pela Administração Pública, quando houver litígio entre esta e um particular, é princípio fundamental de garantia assegurado pela Constituição Federal, através do art. 5º, incisos LIV e LV, significando entender que, por ele, quando o Estado pretender privar alguém de sua liberdade ou de seus bens, somente isto se tornará possível através de processo que tenha previsão prévia na lei no qual seja garantido ao chamado litigante o contraditório e a ampla defesa, com os meios e recursos a ela inerente.

Tem-se, portanto, que o princípio só se torna exigível quando, de alguma forma, ficar estabelecido um *litígio* entre o Estado e uma pessoa determinada. E *litígio*, no conceito vernacular, significa pleito, demanda, pendência, lide, causa, feito, que, em qualquer destes conceitos, significa a existência de uma contrariedade de interesses entre o particular e o Estado.

No entanto, como nenhum princípio constitucional é bastante em si mesmo, importando isso na conclusão de que deve ser analisado dentro do espectro geral proposto pela Constituição, é possível deduzir-se que princípio do devido processo administrativo não tem cunho exaustivo e deve ser analisado frente a outros princípios, também constitucionais, como são os da imperatividade, da autotutela administrativa e do poder de polícia, fatores que fazem da Administração Pública uma estrutura excepcional e diferenciada para buscar o bem comum.

A *autotutela administrativa* é a forma de controle pela qual a Administração Pública, de ofício, ou por provocação de particulares, Ministério Público, Tribunal de Contas ou mesmo por manifestação de contenciosos administrativos próprios, detectando a existência de atos administrativos praticados contra a lei, os anula. É bem verdade que cada administração pode estabelecer os efeitos temporais da nulidade, como ocorre no âmbito federal, através da Lei nº 9784, de 29.01.99, que, no art. 54, estipula este prazo em cinco anos, contados da data em que o ato foi praticado, se do ato decorreram efeitos favoráveis para os destinatários. Ora, se o ato administrativo é nulo, sofrendo limitações apenas quanto a sua retroação e isto por força da própria lei, evidentemente que a existência prévia de um processo

Curso de Processo Administrativo

administrativo não produzirá outro efeito senão aquele. Assim, instaurar-se processo administrativo frente à autotutela administrativa da nulidade de ato praticado contra a lei, é utilizar-se desse instrumental de forma indevida, e não, devida, como preconiza o próprio princípio e, de outro lado, é emperrar a Administração com burocracia inútil, já que nenhuma outra solução dele será obtida, senão a de declaração de nulidade do ato ilegal. Trata-se de aplicação do princípio da razoabilidade. Exemplos bem característicos é a anulação de um concurso público ou de uma licitação processadas com violação à lei. Este entendimento é sufragado pelo STF.[12]

Estado-administração, na ação de buscar atingir o bem comum, que é sua finalidade prioritária, deve se utilizar do poder de polícia (*police power*) de forma preventiva e abstrata e, se desobedecido, de forma coercitiva e concreta. O poder de polícia preventivo e abstrato, embora também se exteriorize por ato administrativo, não o é de forma pessoal, mas impessoal, já que busca beneficiar à coletividade. E é exatamente para evitar a pessoalidade administrativa que se criou o princípio do devido processo legal

Poder de Polícia, segundo Pedro Nunes:[13]

É o poder e o dever que tem o Estado de, por intermédio de seus agentes, manter coercitivamente a ordem interna social, política, econômica, ou legal, e preservá-la e defendê-la de quaisquer ofensas à sua estabilidade, integridade ou moralidade; de evitar perigos sociais, de reprimir os abusos e todo e qualquer ato capaz de perturbar o sossego público; de restringir direitos e prerrogativas individuais; de não permitir que alguém use do que é seu em prejuízo de terceiro; de interferir na indústria e no comércio interno e com o exterior, para lhes regular as funções; de proibir e limitar a exportação; de zelar pela salubridade pública, proteger ou resguardar a propriedade pública e privada, a liberdade e o sossego do indivíduo e da família, para que haja segurança e paz na vida coletiva.

Dessa forma, no exercício do poder de polícia preventivo e abstrato, a Administração Pública praticará atos que atingirão pessoas de forma indistinta ou indeterminada. Nesta situação, não haverá necessidade do devido processo legal, e o ato administrativo será pura e simples discrição administrativa.

---

[12] RECURSO EXTRAORDINÁRIO. CONSTITUCIONAL. ADMINISTRATIVO. CONCURSO PÚBLICO. DECISÃO PROFERIDA EM AÇÃO DIRETA DE INCONSTITUCIONALIDADE. ANULAÇÃO DO EDITAL. O Pleno do Supremo Tribunal Federal, ao julgar a ADI 598-4, declarou a inconstitucionalidade da Lei Estadual nº 157/90 e do Decreto nº 1.520/90 e, em conseqüência, anulou o edital do concurso público que, com base nesses diplomas, conferia pontos aos candidatos portadores do título de "Pioneiro do Tocantins". Recurso extraordinário conhecido e provido. (RE 202489/TO. STF. Relator: Ministro Marco Aurélio. Publicado no DJ, em 11.10.2001).

[13] NUNES, Pedro. *Dicionário de Tecnologia Jurídica*, 8ª ed. Rio de Janeiro: Livraria Freitas Bastos, p. 942.

1.8. DA DOUTRINA DO FATO SABIDO E O PROCESSO ADMINISTRATIVO

Apesar de existir desde 1215, de início, exclusivamente na Inglaterra, expandindo-se para as colônias inglesas na América e daí para o mundo, a necessidade do devido processo legal e, em especial, do devido processo administrativo quando existente litígio entre a Administração Pública e o particular, é, hoje, um direito fundamental reconhecido em todos os estados democráticos de direito.

No entanto, em determinados momentos na vida de alguns estados democráticos sustentados pelo direito surgem quebras nessa normalidade quando aparecem os *estados de exceções*, e o governo do povo é substituído por governos de déspotas, e o direito, como criação do estado e, portando, do povo, é substituído pela vontade de um ou de uns poucos. São nestes momentos excepcionais que surgem os estados autóctones, onde o interesse coletivo é substituído pelo interesse tipicamente privado. Nestes estados ditatoriais de exceção, a Administração Pública adquire poderes imensuráveis de cercear liberdades e atentar contra direitos individuais sem acusação formada e sem processo. São exemplos duros a Alemanha no governo de Hitler que, utilizando-se de permissão constitucional (Constituição de Weimar), e sob o fundamento de perigo do estado e do povo alemão, suspendeu os direitos e as garantias fundamentais, passando ele a constituir o próprio estado, levando a Alemanha à prática das maiores atrocidades conhecidas pelo homem. Idêntica anomalia ocorreu com a Itália de Mussolini e em menor proporção, nos Estados Unidos no governo Bush, que, depois do atentado de 11 de setembro de 2001, manteve presos iraquianos tão-só por suspeitas de integrarem organizações terroristas, sem acusação, sem defesa e, por conseqüência, sem existência de processo, situação também repetida na Inglaterra de Toni Blair.[14]

É no período de vigência do estado de exceção que sempre ressurge a doutrina do *fato sabido*, mediante a qual a Administração Pública priva a liberdade e os bens individuais exclusivamente calcada no conhecimento próprio ou no fato por ela sabido, que não passa pelo crivo do contraditório e da ampla defesa, e muito menos de um processo formal, já que aqueles são integrantes deste. Nestas oportunidades, o conceito de interesse público é extremado quando, em verdade, sequer existem.

---

[14] A HAUSE OF LORDS, a alta Corte Constitucional inglesa, em recente decisão e por maioria de 8 a 1, entendeu que aos presos suspeitos de terrorismos se deveria aplicar o princípio do devido processo legal concedendo-lhes a defesa adequada e que, portanto, as leis antiterrorismo vigentes na Inglaterra que dispensavam a aplicação dessa garantia em nome do estado de emergência que ameaçava a nação inglesa eram inconstitucionais. A decisão ainda entendeu que a real ameaça à nação vinha, não das ações terroristas, mas das próprias leis antiterror.

Curso de Processo Administrativo

A doutrina do fato sabido é reminiscência do arbítrio e atentatória ao estado democrático de direito e, dessa forma, no Brasil é apenas rememorada como elemento de conhecimento doutrinário.

1.9. DO PROCESSO JUDICIAL E DO PROCESSO ADMINISTRATIVO

O princípio do devido processo legal está inserido como garantia individual desde os tempos do Rei João Sem Terra, na Inglaterra, no ano de 1215. No entanto, foi nos Estados Unidos da América que este princípio ganhou profundidade ao ficar estabelecido que ele era exigível para os conflitos em que figurasse o Estado como parte.

Com isso, a *ação* dos romanos ganhou amplitude, já que, na época, ela se limitava apenas aos conflitos individuais, porquanto o Estado nos moldes atuais não existia.

Sem tentar conceituar a terminologia *processo* na visão estrita do direito processual, mas com o intuito de interpretá-lo dentro da sistemática de preceito constitucional de garantia fundamental, tenho que sua existência se justifica na preexistência de um conflito latente ou deflagrado.

O processo, por este prisma, é o instrumento legal para se resolverem tais conflitos. Sua condição de existência pressupõe uma base material duvidosa. Sem litigiosidade, não existe processo constitucionalmente válido.

Os chamados *processos voluntários* são meras exigências formais para consecução de direito, nunca processo na concepção prevista na Constituição Federal. A existência, portanto, dos *procedimentos especiais de jurisdição voluntária*, previstos no título II do livro IV do Código de Processo Civil, e em outras leis esparsas, embora tenha o legislador processual civil mitigado o conceito criando a figura do procedimento, é questionável sua tramitação exclusivamente pelo Poder Judiciário. Eles poderiam, muito bem, ser analisados sob o ângulo da constitucionalidade.

Assim, quando o inciso LIV do art. 5° da Constituição Federal expressa que ninguém será *privado* da liberdade ou de seus bens sem o devido processo legal, em verdade está realçando um tipo específico de conflito pelo simples fato que a liberdade e os bens individuais são direitos fundamentais, e a privação destes direitos pressupõe natural resistência, que cria um natural estado de litígio. Dessa forma, quando o inciso LV do mesmo art. 5° da Constituição Federal, relata em que aos *litigantes*, em processo judicial ou administrativo, e aos acusados em geral são garantidos o contraditório e a ampla defesa, com os meios e recursos a ela inerentes, a bem da verdade, está generalizando a existência de litigiosidade bem delineada no inciso anterior.

É certo que o inciso XXXV do art. 5º da Constituição Federal afirma que a lei não excluirá da apreciação do Poder Judiciário lesão ou ameaça a direito. No entanto, mesmo esta outra garantia constitucional não afasta a litigiosidade, porque a existência de *lesão* ou *ameaça a direito* pressupõe litígio.

Assim, a necessidade do processo judicial ou administrativo pressupõe a preexistência de um litígio. A experiência jurisdicional tem demonstrado, no entanto, uma considerável corrida ao Poder Judiciário, quer no âmbito do direito privado ou público, sem um litígio material preexistente. Jurisdicionando Câmara de Direito Público (*4ª Câmara Cível do Tribunal de Justiça do Estado do Rio Grande do Sul*) tenho observado, por exemplo, ações que buscam fornecimento de medicamentos dirigidas ao Estado ou municípios, tendo como fundamento maior o direito à saúde, sem que estes sequer tivessem sido acionados administrativamente ou se negado a fornecê-los. É o ajuizamento do processo pelo processo por razões outras que não o exercício de uma garantia, caracterizando com isso uma visão distorcida do monopólio jurisdicional. Isto representa um abuso no exercício de um direito e deve ser devidamente afastado.

A diferença substancial entre o processo judicial e o processo administrativo é que, no primeiro, está presente o Estado-Juiz, assumindo o papel constitucional de resolutor de conflitos. Na condução deste processo, o Estado é um terceiro preocupado em em por fim a uma disputa. No processo administrativo, o Estado é a Administração que, na busca do bem comum, priva o cidadão de seus direitos, logo ela é parte.

Ademais, no processo judicial tem-se o litígio buscado resolver no âmbito de um poder com múnus específicos e no processo administrativo, tem-se o poder tutelando seu próprio conflito.

Por fim, as regras de processo civil são de competência exclusiva da União, enquanto as do processo administrativo são de competência quer da União, dos Estados, do Distrito Federal e dos Municípios.

1.10. DO CONTENCIOSO ADMINISTRATIVO

Contencioso vem do latim *contensiosu,* que significa litígio.

No direito administrativo, o chamado *contencioso administrativo* tem duas concepções bem distintas. Na concepção tipicamente processual, contencioso administrativo significa o processo envolvendo a Administração

Pública e os particulares, e, no âmbito material, o órgão administrativo onde se decidem as questões administrativas litigiosas.

Afastando-se a conceituação de contencioso administrativo como significativo de processo, já que este é a estrutura de todo o livro, surge o enfrentamento do tema no seu espectro de órgão da Administração responsável pela solução dos litígios administrativos.

A Administração Pública é obrigada a agir segundo padrão de comportamento previamente estabelecido na Constituição Federal e, desde que respeitados tais regramentos enunciados na forma de princípios, tem ela legitimidade de dispor dos poderes que são específicos para que atinja o seu fim, que é a consecução do bem comum.

Dessa forma, na utilização dos meios para cumprir a sua finalidade, pode a Administração Pública privar bens e direitos dos particulares e, nessa situação, ela possui foro próprio, com autonomia independente do Poder Judiciário, inclusive para exercer seu poder de revisão. Esta estrutura de resolução de conflitos recebe o nome de *contencioso administrativo* e representa um privilégio da Administração. Embora não tenha a forma de produção de coisa julgada, como ocorre na França e em Portugal, onde existe dualidade de jurisdição, o contencioso administrativo existe no Brasil e produz relativos efeitos.

É certo que uma estrutura similar foi instituída na órbita privada como forma de resolução de contendas fora da órbita judicial, que é a arbitragem. Todavia, o pensamento arraigado advindo da cultura da indisponibilidade judicial de resolução dos litígios tem levado à não-utilização como devida tanto do contencioso administrativo como da arbitragem

O contencioso administrativo, como estrutura da Administração, tem criação formal própria e competência específica prevista em lei, mas, como já dito, sofre de reconhecimento limitado pelo entendimento extremado que se dá ao princípio da *unicidade de jurisdição*, pensamento pelo qual se atribui monopólio absoluto ao Poder Judiciário para solução dos conflitos, por aplicação do disposto no art. 5º, inciso XXXV, da Constituição Federal.

Mas a busca do Poder Judiciário tem que ser compreendida com limitações. A criação de uma garantia fundamental que concede a quem quer que seja ver seu litígio solvido pelo Poder Judiciário tem sido interpretada com tanta ampliação que muitas vezes processos são ajuizados sem que exista um fundo litigioso. Muitos processos judiciais envolvendo a Administração Pública não existiriam se os interessados se utilizassem do contencioso administrativo. De outro lado, é notório que a própria Administração, conhecedora do monopólio judicial que abrange também seu conflito, não dá ao processo administrativo seu devido valor, impulsionando-o mais como um dever de se livrar do fardo do que no interesse de solver devidamente um litígio.

A doutrina fala em *coisa julgada administrativa* ou, em terminologia de menor alcance mas com efeito muito parecido, de *preclusão administrativa,* também chamada na sua gênese de *preclusão máxima ou consumativa,* para conceituar a impossibilidade de revisão pela Administração Pública de conflitos já decididos nos contenciosos administrativos. Penso que é possível a aplicação de qualquer dos conceitos, desde que sua fixação se opere por previsão legal, e, o que é mais importante, haja *limitação de seus efeitos ao âmbito específico da Administração,* para preservar a integridade do princípio de garantia de jurisdição pelo Poder Judiciário ao particular, razão própria de sua criação. Portanto, a lei que criar o processo administrativo no âmbito da Administração Federal, Estadual, Distrital ou Municipal, em respeito às autonomias administrativas, e outorgar legitimidade a um de seus órgãos para processá-lo e julgá-lo, pode, como desdobramento, atribuir que litígios administrativos de determinada alçada ou de matéria específica não sofram revisão de ofício, criando a decisão proferida efeitos de coisa julgada administrativa.

Celso Antônio Bandeira de Mello[15] dá ainda como exemplos a expiração do prazo decadencial e a consumação do ato administrativo como causas de coisa julgada. Sérgio Ferraz[16] alinha a necessidade de aplicação do princípio da segurança jurídica como circunstância impeditiva de revisão do ato administrativo.

1.11. DO INQUÉRITO, DA SINDICÂNCIA E DO PROCESSO ADMINISTRATIVO

Quando a Constituição Federal instituiu a necessidade de processo administrativo na existência de litígio entre a Administração Pública e os particulares, atribuindo-lhe paridade com o processo judicial e exigindo que se respeitasse o contraditório, a ampla defesa e os meios recursais a ela inerentes, restou superada a questão longamente debatida na doutrina sobre a denominação desta garantia constitucional de ser processo ou procedimento.

Na mesma linha de argumentação, também foram superadas dúvidas até então razoáveis sobre se a formalização de litígios seria viável através de inquéritos e de sindicâncias.

---

[15] MELLO, Celso Antônio Bandeira. *Curso de Direito Administrativo*, 12ª ed. São Paulo: Malheiros, 2000, p. 407.

[16] FERRAZ, Sérgio. Processo administrativo ou procedimento administrativo; a coisa julgada administrativa. *Revista do Instituto dos Advogados Brasileiros*. Abr/Jun, nº 92. Rio de Janeiro: REVAN, 2000, p. 109.

Curso de Processo Administrativo

Inquérito, do latim *inquaeritare,* é o conjunto de atos e diligências com que se visa a apurara alguma coisa. Portanto, *inquérito administrativo* é conjunto de atos e diligências que se realiza por ordem de autoridade administrativa para apurar irregularidades no serviço público. A diferença fundamental entre inquérito e processo administrativo é que, no primeiro, a apuração de irregularidades administrativas se cinge ao âmbito exclusivo da administração e, dessa forma, tem similitude com o inquérito policial para apuração de infração penal. Inquisitorial por excelência, o inquérito administrativo não pode concluir por aplicações de sanções porque nele, de regra, não é prevista a possibilidade do contraditório e da ampla defesa. Dessa forma, o inquérito na sua concepção moderna é procedimento preparatório para a formalização do processo administrativo.

É possível encontrar-se inquéritos que, apurando a existência de irregularidades administrativas e a respectiva autoria, resultem em sancionamento. No entanto, se garantido contraditório e a ampla defesa não se trata de inquérito na sua forma original, e, sim, de processo equivocadamente nominado.

Todavia, se o inquérito sanciona administrativamente sem o respeito a tais princípios, consuma-se a ilegalidade do ato que deve sofrer controle da própria Administração, oficial ou provocado, ou do Poder Judiciário através das ações de controle, sendo o exemplo mais comum o mandado de segurança.

Ainda é encontrável, especialmente em alguns estatutos de servidores públicos não revisados de acordo com a nova ordem constitucional de 1988, e criados no período de *estado de exceção* que viveu o Brasil depois de 1964, onde ressurgiu a doutrina do *fato sabido* (conhecimento próprio da administração e sancionamento imediato do servidor, independentemente de processo), inquéritos aplicando punições ilegais.

Sindicância é o ato de colher informações a respeito da alguma coisa por ordem superior. *Sindicância administrativa,* dessa forma, é o procedimento que visa a apurar irregularidades administrativas realizadas por ordem de autoridade. Dessa forma, sindicância e inquérito têm conceitos sinônimos e muitas vezes são utilizadas no ordenamento legal como formas substitutivas uma da outra.

Como o inquérito, a sindicância é procedimento preparatório. Porém, se apesar da denominação, respeita os princípios do contraditório e da ampla defesa, existe apenas uma irregularidade na denominação, já que, em verdade, é estruturalmente um processo. Sem respeito às garantias constitucionais, a sindicância punitiva é ato ilegal, portanto, passível de autocontrole administrativo ou do Poder Judiciário.

1.12. DO PROCEDIMENTO E DO PROCESSO ADMINISTRATIVO

Durante muito tempo grassou na doutrina, especialmente na doutrina processual civil, forte discussão para se definir a verdadeira nomenclatura daquele conjunto de atos e diligências necessários para a solução do litígio administrativo. Portanto, se a denominação correta era *processo*, do latim *processu*, ou se *procedimento*, também de origem latina *procedere*, a discussão começava no próprio significado das palavras, pois uma e outra significam ir adiante.

Hoje, a questão está limitada exclusivamente ao campo acadêmico porque a terminológica jurídica própria é *processo administrativo,* como denominou o constituinte no art. 5º, incisos LIV e LV, da Constituição Federal. Assim, estabelecendo a Lei Maior que o processo é a estrutura em que são solvidos os litígios que envolvam a Administração Pública, qualquer discussão no campo prático perde racionalidade.

Marília Lourido dos Santos,[17] ao tratar das diferenças entre processo e procedimento, comenta que foram propostos diversos critérios para diferenciá-los, tais como:

a) o da amplitude, pelo qual processo é o todo e procedimento são as partes;

b) o da complexidade, onde procedimento é o meio imediato de dar forma ao ato e processo é o conjunto desses procedimentos coordenados;

c) o do interesse, segundo o qual procedimento busca satisfazer apenas os interesses do autor enquanto o processo busca os interesses do destinatário do ato;

d) o que diz que processo é noção abstrata e procedimento é a forma concreta;

e) o da lide, que sustenta que não haver lide no procedimento;

f) o teleológico, pelo qual procedimento é mera coordenação de atos e o processo contém um objetivo, uma finalidade e;

g) o da colaboração dos interessados, pela qual tal colaboração só existe no processo.

Por fim, diz que cada um destes critérios ou apresenta exceções ou não é suficiente para a distinção.

A mesma autora, ao citar Cintra, Grinover e Dinamarco,[18] diz que processo é conceituado como:

o procedimento realizado mediante o desenvolvimento da relação entre sujeitos, presente o contraditório. É essa abertura à participação, garantida constitucionalmente, que imprime legitimidade ao exercício da função estatal, que confere maior poder de controle sobre ela, tanto de modo formal (pelo procedimento), como material (pelos fins).

---

[17] SANTOS, Marília Lourido dos. *Noções gerais acerca do processo administrativo e da Lei nº 9.784/99.* Disponível em http://www1.jus.com.br/doutrina/texto.asp?id=410. Acessado em 09 dez 2004.

[18] CINTRA, Antonio C. de Araújo, GRINOVER, Ada P. e DINAMARCO, Cândido R. *Teoria Geral do Processo.* 12ª ed. São Paulo: Malheiros, 1996, p. 288.

Curso de Processo Administrativo

Quanto ao procedimento, a autora diz que

é uma noção puramente formal, circunscrita à coordenação de atos que se sucedem logicamente, isto é, é o meio pelo qual se materializam as fórmulas e atos legais no processo. Por conseguinte, este pressupõe um procedimento, mas não vice-versa. Segundo Hely Lopes Meirelles,[19] procedimento é o modo de realização do processo, ou seja, o rito processual.

Apesar da matriz constitucional, leis estaduais e municipais ainda vêem a lume tratando o processo de procedimento, como ocorre coma Lei nº 10.177, de 30.12.98, do Estado de São Paulo. A meu sentir, são circunstâncias como esta que desacredita o processo administrativo.

1.13. DOS TIPOS DE PROCESSO ADMINISTRATIVO

O processo administrativo tem raiz constitucional (art. 5º, incisos LIV e LV, da CF) mas, em respeito aos princípios federativo e de divisão dos Poderes e desde que ressalve os princípios administrativos derivados do contraditório e da ampla defesa, podem ser criados com as mais variadas estruturas formais.

Assim é possível detectar *grosso modo* vários tipos bem identificados de processos administrativos, como por exemplo:

1. Internos e externos
2. Declaratórios e constitutivos
3. Nominados e inominados
4. Contenciosos e graciosos
5. Sumários e integrais

Dos processos internos e externos – O processo administrativo interno é aquele que ocorre no âmbito da própria Administração, não envolvendo particulares. O processo externo é exatamente o contrário. São exemplos, respectivamente, o processo administrativo disciplinar contra servidor público e a licitação ou o concurso público.

Dos processos declaratórios e constitutivos – Os processos administrativos declaratórios são aqueles que visam tão-somente a declarar uma situação administrativa positiva ou negativa. O processo administrativo que visa a declarar a nulidade de um ato administrativo é um processo declaratório de cunho negativo, enquanto o constitutivo busca constituir uma relação jurídica. A pretensão administrativa de alguém ser declarado beneficiário de licença-prêmio, por exemplo, é um típico processo declara-

---

[19] MEIRELLES, Hely Lopes. *Direito Administrativo Brasileiro*. 23ª ed. São Paulo: Malheiros, 1998, p. 559.

tório. Já a pretensão de anular uma punição é exemplo de um processo administrativo constitutivo-negativo.

Dos processos nominados e inominados – Os processos administrativos nominados são aqueles a quem a lei titula de forma específica, como o processo administrativo disciplinar, o de licitação etc. Inominados, como o próprio nome diz, são aqueles processos gerais, mas que, de qualquer forma, atente contra direitos ou interesses individuais.

Dos processos contenciosos e graciosos – Os processos administrativos contenciosos envolvem uma litigiosidade. Trata-se do processo constitucional típico. Os processos administrativos graciosos, contrariamente aos primeiros, são aqueles em que não existe litigiosidade. Em verdade, os processos classificados como graciosos seriam meros procedimentos.

Dos processos sumários e integrais – Os processos sumários são aqueles pautados pela brevidade de atos e termos, como o processo disciplinar para aplicação de advertência. Enquanto os integrais, prescindem de toda formalidade, como o processo disciplinar para aplicação da pena de demissão.

1.14. DA APLICAÇÃO DO PRINCÍPIO FEDERATIVO NA REGULAMENTAÇÃO DO PROCESSO ADMINISTRATIVO

O processo administrativo tem dificuldade de compreensão e de assimilação porque pode ser criado por qualquer ente público federado. Isto é um dos grandes fatores de diferenciação entre ele e os processos penal e civil, já que estes, por competência exclusiva, somente podem ser regrados pela União, conforme expressa determinação constitucional.

A criação de regras processuais administrativas por todos os entes federados obedece ao princípio federativo no qual se estrutura o nosso País, conforme o disposto no art. 1º, *caput*, da Constituição Federal.

Essa autonomia legislativa, no entanto, não é absoluta.

Cada ente federado pode criar suas regras próprias, desde que respeite as regras vinculadoras de toda Administração Pública, como são aquelas previstas no art. 37 da Constituição Federal.

O grande problema na compreensão e assimilação do processo administrativo, e, como de regra, de todo direito administrativo, reside na ausência de leis específicas e de aplicação de leis de outros entes ou mesmo de fontes doutrinária, muitas delas de aplicação inadequada.

Na resolução de conflitos administrativos municipais ou estaduais, não raramente, por ausência de regras de processo administrativo em cada um destes entes, se remete às regras federais sem nenhum pejo de violação ao princípio federativo. A remissão às regras de processo administrativo federal somente pode ocorrer com expressa autorização legislativa.

E muitas vezes isso é aplicado, mesmo na constância de regras expressas. Pode servir de exemplo, o fato de que a Constituição do Estado do Rio do Sul prevê, como princípio obrigatório a todas as administrações, estadual e municipais, o respeito à razoabilidade (*art. 19 caput*). Ocorre que nos processos administrativos conduzidos por estas administrações, com certa regularidade, o princípio aberto da razoabilidade cede lugar ao princípio da legalidade, mesmo que este seja federal e não tenha vinculação com a questão.

Nem a doutrina pátria sobre direito administrativo realça esta especificidade e muito menos sobre o processo administrativo, por si só de tão pouca preocupação.

1.15. DAS LEIS FEDERAL E ESTADUAIS SOBRE PROCESSO ADMINISTRATIVO

1.15.1. Do pioneirismo da Lei Complementar 33, de 26.12.96, do Estado de Sergipe

O processo administrativo tem seus fundamentos básicos, essencialmente, na Constituição Federal, art. 5º, incisos LIV e LV, entre tantos outros que serão motivos de análise específica.

No entanto, diferentemente do processo judicial, cada ente federativo, desde que respeitando tais princípios, pode legislar a seu respeito pela própria natureza diversificada e autônoma de cada Administração Pública, resultado da estrutura federativa do estado brasileiro, que também adota o princípio da repartição de poderes.

O processo administrativo, dessa forma, tem características de direito local, o que, sem nenhuma dúvida, dificulta uma codificação ou mesmo a sistematização doutrinária de temas comuns.

De forma pioneira em legislação estadual, e por força do disposto no § 1º do art. 60 de sua Constituição Estadual, o Estado de Sergipe criou seu *Código de Organização e de Procedimento da Administração Pública*, através da Lei Complementar nº 33, de 26 de dezembro de 1996, justificando a utilização de lei complementar, e não de lei ordinária, por exigência inserta na Carta Estadual que especificava esta via legislativa para todas as leis que tratasse de caráter estrutural do estado.

Na *Exposição de Motivos* elaborada pela comissão constituída para apresentar o anteprojeto de lei ao Governo do Estado e que contou, entre tantos outros ilustres administrativistas sergipanos, com o então Procurador de Justiça do Estado de Sergipe Carlos Augusto Ayres de Freitas Britto, hoje Ministro do Supremo Tribunal Federal, merece reprodução, para se entender a idéia da lei que se pretendia criar, a seguinte passagem:

Diga-se, ainda, que, ao instituir o regime jurídico da orgânica administrativa e dispor sobre a sua atividade funcional, o Anteprojeto levou em conta não apenas a primeira inspiração histórica do Direito Administrativo, residente na necessidade de acautelar os indivíduos contra eventuais descomedimentos no exercício da função administrativa, mas também a necessidade de adornar a Administração com prerrogativas suficientes ao bom desempenho dos múltiplos afazeres ao seu encargo, tratando-as como autênticos "deveres-poderes", de indeclinável desempenho pelos agentes públicos, seus fiéis depositários. Nessa medida, e na linha do que pareceu ser a melhor doutrina, o Anteprojeto assimilou a orientação de que à Administração corre o dever de prosseguir as finalidades estatais definidas em lei, havendo de dispor, para tanto, dos correspondentes poderes legais, numa razoável e adequada relação entre meios a empregar e fins a satisfazer. Têm, portanto, esses poderes, feitio meramente funcional, devendo ser operacionalizados necessária e exclusivamente para o alcance dos fins que a ordem jurídico-constitucional definiu como próprios do Estado.

Por derradeiro, esforçou-se a comissão no sentido de preparar um texto o mais possível contemporâneo da época atual, obsequioso à realidade sergipana e ao princípio constitucional do Estado de Direito. Estado que, ademais de submisso à lei de sua própria elaboração, em especialmente aos seus atos administrativos sujeitos ao exame de um Judiciário independente, observadas, contudo, as limitações impostas pela teoria clássica da separação dos poderes, acolhida constitucionalmente, como se lê no "caput" do art. 6º da Constituição Estadual, agora transcrito:

"Art. 6º – São poderes do Estado de Sergipe, independentes e harmônicos, o legislativo, o Executivo e o Judiciário".

Ao filiar-se à concepção dos deveres-poderes da Administração, o Anteprojeto, só por isso, já procurou desfazer a impressão inicial e falseada de um Direito Administrativo historicamente comprometido com a negação ou o amesquinhamento da cidadania, restabelecendo a verdade de que não foi para oprimir o indivíduo que ele surgiu. Justo o contrário, foi para disciplinar – limitando, pois – uma das funções estatais, que nasceu esse ramo do direito. Essa função é, precisamente, a administrativa, e, entre nós, onde quer que se encontre, seja no Legislativo, seja no Executivo, seja ou Judiciário, conforme dispõe o "caput" do art. 37 da Constituição Federal:

"A administração pública direta, indireta ou fundacional, de qualquer dos Poderes da União, dos Estados, do Distrito Federal e dos Municípios, obedecerá..."

E não haveria de ser diferente, porquanto a idéia do Estado de Direito foi gestada no ventre do liberalismo, que a muitíssimos influenciou com a sua oportuna compreensão da necessidade de fazer-se reconhecer em texto constitucional escritos certos direitos inalienáveis e invioláveis das criaturas humanas, nascidas livres e iguais. Direitos anteriores e superiores ao Estado, que deveria assegurá-los.

Curso de Processo Administrativo

Segue-se, como imperativo lógico incontornável, que a noção predominante deve ser mesmo o do dever-poder. E, em seguimento, que o próprio conceito do Direito Administrativo somente se elabora com os escrúpulos de opor-se às prerrogativas de autoridade as garantias de legalidade e dos direitos dos administrados diante do previsível delírio do poder, pois é verdade histórica nunca antes desmentida a de que todo aquele que detém o poder tende a abusar dele. Cumpre então que o poder detenha o poder (Montesquieu).

Ao traçar o perfil dessas garantias, o Anteprojeto teve na devida conta o modo brasileiro de regular as relações entre a Administração e a Justiça que, entre nós, é recortado sobre moldes emprestados pelo figurino inglês do judiciarismo, judicialismo, ou sistema de jurisdição única, ao contrário dos franceses, que preferiram o regime administrativo ou do contencioso-administrativo...

Com estes motivos, o anteprojeto, depois transformado em lei complementar, previu os princípios gerais, as formas de supervisão, de controle, o direito a informações, direito de petição e de certidão, o direito ao devido processo legal, o direito ao contraditório, à ampla defesa e ao procedimento administrativo.

Talvez imbuído pelo *Código de Procedimento Administrativo de Portugal* (Decreto-Lei nº 442/91) e o *Estatuto das Empresas Públicas* (Decreto-Lei nº 260/76), também de Portugal, e ainda do *Regimem Jurídico de las Administraciones Públicas y Del Procedimento Administrativo Comúm* (Ley 30/1992), bem como da Ley Del Procedimiento Administrativo da Espanha, a que expressamente a comissão afirma ter consultado e haurido valiosíssima contribuição, o certo é que a lei sergipana manteve a nomenclatura de procedimento, destoando da matriz constitucional.

O código sergipano trata do procedimento administrativo nos artigos 113 a 144 da Seção II do Capítulo VIII (*Das relações entre a Administração e os administrados*), e de forma ordenada desenvolve o instituto com a idéia de *ir para frente* do direito romano.

A sistemática é assim apresentada:

Seção II
Do procedimento Administrativo (artigos 113 a 144)

Subseção I
Das Disposições Preliminares
Do Âmbito de Aplicação (artigo 113)

Subseção II
Dos Princípios Específicos
Da Enunciação (artigo 114)

Subseção III
Dos casos de Instauração Obrigatória do Procedimento
Da Enunciação (artigo 115)

Subseção IV
Do Curso do Procedimento
Das Fases (artigo 116)
Das Formas de Iniciativa (artigo 117)
Dos Interessados (artigo 118)
Dos Deveres Gerais dos Interessados (artigo 119)
Da Abstenção (artigo 120)
Da Recusa (artigo 121)
Da Instrução (artigo 122)
Das Medidas Cautelares (artigo 123)
Das Provas (artigo 124)
Do Ônus da Prova (artigo 125)
Das Provas Específicas (artigo 126)
Das Alegações Finais (artigo 127)
Das Diligências Complementares (artigo 128)
Do Relatório (artigo 129)
Da Decisão (artigo 130)
Das outras causas de Extinção do Procedimento (artigo 131)
Do Tempo dos Atos Procedimentais (artigo 132)
Do Lugar dos Atos Procedimentais (artigo 133)

Subseção V
Do Regime dos Prazos
Da Fixação (artigo 134)
Da Continuidade (artigo 135)
Da Contagem (artigo 136)
Dos Prazos para Despachos e Decisões (artigo 137)
Da Ampliação dos Prazos (artigo 138)
Do Procedimento de Urgência (artigo 139)
Do Prazo para Conclusão do Procedimento (artigo 149)

Subseção VI
Da Notificação
Do Dever de Notificar (artigo 141)
Da Dispensa (artigo 142)
Da Forma (artigo 143)
Do Conteúdo (artigo 144)

Como se pode verificar na estrutura acima transcrita, é fácil concluir-se que a lei sergipana não tratou especificamente do processo administrativo, já que procurou também organizar a administração estadual de forma ampla. Talvez em decorrência disso não previu de forma sistemática importantes temas inarredáveis no moderno processo administrativo. O primeiro deles é do conteúdo da decisão administrativa a ser proferida no processo e o segundo, como conseqüência do primeiro, é a previsão de recurso administrativo. A lei também não previu o contraditório e seus limites.

É verdade que a Lei Complementar nº 33/96 do Estado de Sergipe, no art. 42, faz referência sobre a necessidade de fundamentação das decisões

Curso de Processo Administrativo

37

quando proferidas em recurso, salientando que a autoridade poderá aceitar as razões do recorrente, as informações do recorrido ou de órgãos técnicos ou motivá-la com razões próprias, e no art. 81 salienta que o ato administrativo deve ser motivado com os seguintes requisitos:

a) a indicação da norma e do dispositivo em que se amparar o ato;

b) a indicação dos fatos levados em conta para a expedição do ato e

c) a enunciação da relação de pertinência lógica entre os fatos ocorridos e o objeto do ato, tendo em vista os fins para os quais for praticado.

De outro lado, entre os arts. 45 e 50 prevê a possibilidade recursal, mas silencia quando a possibilidade de contradição pelos administrados.

Na visão estritamente processual, a Lei Complementar n° 33 do Estado de Sergipe, talvez preocupada com uma proposição substantiva maior, deixou de implementar com exaustão aquilo que é uma garantia constitucional de todo cidadão que litiga com a Administração, que é a fixação de regras positivas de implementação do devido processo administrativo.

1.15.2. Da Lei 10.177, de 30.12.98, do Estado de São Paulo

Depois do pioneirismo da legislação sergipana sobre processo administrativo (Lei Complementar n° 33, de 26 de dezembro de 1996), seguiu-se, dois anos depois, a Lei n° 10.177, de 30 de dezembro de 1998 do Estado de São Paulo.

Segundo José Castro Meira,[20] a lei paulista teve como um dos seus mentores o professor Carlos Ari Sundfeld.

Diferentemente da lei do Estado de Sergipe, a lei paulista regulou especificamente o processo administrativo no âmbito da Administração Pública Estadual.

Depois de dispor sobre o que se poderia entender como administração pública, especificar os princípios a ela aplicáveis, conceituar os atos administrativos, sua forma de invalidação, formalização, publicidade, prazo para produção, delegação e avocação, a lei, no Título IV, tratou dos procedimentos administrativos.

Especificamente sobre este tópico a lei assim dispôs:

Título IV - DOS PROCEDIMENTOS ADMINISTRATIVOS

Capítulo I - Normais Gerais

Seção I - Dos Princípios

Seção II - Do Direito de Petição

Seção III - Da Instrução

Seção IV - Dos Prazos

---

[20] MEIRA, José Castro. *Processo Administrativo*, http://www.teiajuridica.com/procadm.htm, embora este artigo não esteja mais disponível na Internet.

Seção V - Da Publicidade

Capítulo II - Dos Recursos

Seção I - Da Legitimidade para Recorrer

Seção II - Da Competência para Conhecer do Recurso

Seção III - Das Situações Especiais

Seção IV - Dos Requisitos da Petição de Recurso

Seção V - Dos Efeitos dos Recursos

Seção VI - Da Tramitação dos Recursos

Seção VII - Da Decisão e seus Efeitos

Capítulo III - Dos Procedimentos em Espécie

Seção I - Do Procedimento de Outorga

Seção II - Do Procedimento de Invalidação

Seção III - Do Procedimento Sancionatório

Seção IV - Do Procedimento de Reparação de Danos

Seção V - Do Procedimento para Obtenção de Certidão

Seção VI - Do Procedimento para Obtenção de Informações Pessoais

Seção VII - Do Procedimento para Retificação de Informações Pessoais

Seção VIII - Do Procedimento de Denúncia

Pelo sumário da lei paulista, já se pode muito bem observar como ela ordena o processo administrativo diferentemente da lei sergipana. Vê-se que o legislador estadual de São Paulo teve nítida preocupação com os procedimentos especiais, regrando de forma econômica aquilo que poderia se chamar de processo comum ou geral.

No entanto, como na lei sergipana, a legislação paulista apenas no enunciado trata do *processo administrativo* porque em seu corpo se utiliza sempre da terminologia *procedimento*. Digna de observação é a utilização distinta de citação, intimação e notificação, conceitsos típicos do processo judicial e a preocupação com os recursos.

1.15.3. Da Lei Federal nº 9.784, de 29.01.99, criando normas básicas sobre processo administrativo no âmbito da administração federal.

No âmbito federal, o processo administrativo finalmente foi regrado através da Lei nº 9.784, de 29 de janeiro de 1999, que criou normas básicas para a Administração Federal direta e indireta. Diferentemente das leis estaduais de Sergipe e de São Paulo, a lei federal obedeceu à nomenclatura imposta na Constituição Federal fixando o termo processo como conceito jurídico específico.

Curso de Processo Administrativo

Esta lei será objeto de análise mais acurada adiante. Apenas para que se tenha uma visão sistemática dos temas por ela abordados, a disposição proposta pelo legislador é esta:

Capítulo I - Das Disposições Gerais

Capítulo II - Dos Direitos Dos Administrados

Capítulo III - Dos Deveres Do Administrado

Capítulo IV - Do Início Do Processo

Capítulo V - Dos Interessados

Capítulo VI - Da Competência

Capítulo VII - Dos Impedimentos e da Suspeição

Capítulo VIII - Da Forma, Tempo e Lugar dos Atos do Processo

Capítulo IX - Da Comunicação dos Atos

Capítulo X - Da Instrução

Capítulo XI - Do Dever de Decidir

Capítulo XII - Da Motivação

Capítulo XIII - Da Desistência e outros Casos de Extinção do Processo

Capítulo XIV - Da Anulação, Revogação e Convalidação

Capítulo XV - Do Recurso Administrativo e da Revisão

Capítulo XVI - Dos Prazos

Capítulo XVII - Das Sanções

Capítulo XVIII - Das Disposições Finais

É de se observar que a Lei nº 9.784/99 procurou dar autonomia ao processo administrativo, embora tenha nela incluído matéria de cunho essencialmente substantiva com roupagem adjetiva quando, por exemplo, nos arts. 53 e 54, trata da anulação, revogação e convalidação dos atos administrativos.

Penso, no entanto, que apesar disso, é possível interpretar-se estes tais dispositivos na existência de um processo administrativo.

Estruturalmente, talvez em decorrência das deficiências observadas nas leis sergipana e paulista, a lei federal voltou-se essencialmente para uma visão autônoma do processo administrativo como um instrumento geral e único, deixando que as leis especiais tratassem dos processos especiais, servindo ela, no entanto, de parâmetro e de subsídio.

1.15.4. Da Lei 11.781, de 6 de junho de 2000, do Estado de Pernambuco

A Lei nº 11.781, de 06 de junho de 2000, do Estado de Pernambuco, seguiu rigidamente a Lei Federal de nº 9.784/99. Poder-se-ia dizer que é uma reprodução integral.

A lei de Pernambuco está assim disposta:

Capítulo I - Das Disposições Gerais
Capítulo II - Dos Direitos do Administrado
Capítulo III - Dos Deveres do Administrado
Capítulo IV - Do Início do Processo
Capítulo V - Dos Interessados
Capítulo VI - Da competência
Capítulo VII - Dos Impedimentos e de Suspeição
Capítulo VIII - Da Forma, Tempo e Lugar dos Atos do Processo
Capítulo IX - Da Comunicação dos Atos
Capítulo X - Da Instrução
Capítulo XI - Do dever de Decidir
Capítulo XII - Da Desistência e Outros Casos de Extinção do Processo
Capítulo XIII - Da Anulação, Revogação e Convalidação
Capítulo XIV - Do Recurso Administrativo e da Revisão
Capítulo XV - Dos Prazos
Capítulo XVI - Das Sanções
Capítulo XVII - Das Disposições Finais

1.15.5. Da Lei 13.800, de 18 de janeiro de 2001, do Estado de Goiás

A Lei nº 13.800, de 18 de janeiro de 2001, do Estado de Goiás, também seguiu os fundamentos da Lei Federal nº 9.784/99, sendo dispiciendo repetir sua disposição.

É certo que ela sofreu alteração pelas Leis nº 13.870, de 19.07.2001, e 14.211, de 08.07.2002, no entanto isso ocorreu de forma superficial, já que estas leis apenas modificaram o art. 13, no Capítulo VI, que trata da competência, especificamente, quando à delegação.

1.15.6. Da Lei 14.184, de 31 de janeiro de 2002, do Estado de Minas Gerais

A Lei nº 14.184, de 31 de janeiro de 2002, do Estado de Minas Gerais, também é uma reprodução da Lei Federal nº 9.784/99, só que com algumas modificações.

Para que se possa fazer um estudo comparativo, eis a sistematização da lei:

Capítulo I - Disposições Preliminares
Capítulo II - Dos interessados
Capítulo III - Dos Direitos do Postulante e do Destinatário do Processo
Capítulo IV - Dos Deveres do Postulante e do Destinatário do Processo
Capítulo V - Do Início do Processo

Curso de Processo Administrativo

Capítulo VI - Do Tempo e do Lugar dos Atos Processuais
Capítulo VIII - Da Instrução
Capítulo IX - Da Comunicação dos Atos
Capítulo X - Da Competência
Capítulo XI - Do Dever de Decidir
Capítulo XII - Da Desistência e da Extinção do Processo
Capítulo XIII - Do Recurso
Capítulo XIV - Dos Prazos
Capítulo XV - Dos Impedimentos e da Suspeição
Capítulo XVI - Da Anulação, da Revogação e da Convalidação
Capítulo XVII - Das Sanções
Capítulo XVIII - Da Revisão
Capítulo XIX - Disposições Gerais

As diferenças entre a lei mineira e a lei federal são:

1. A lei mineira afasta conceitos interpretativos para a sua aplicação, presente na lei federal;

2. A lei mineira denomina de *postulante e destinatário do processo* aquilo que a lei federal chama de *administrados*.

3. A lei mineira não trata da motivação dos atos administrativos.

1.15.7. Da Lei 7.692, de 1º de julho de 2002, do Estado de Mato Grosso

A Lei nº 7.692, de 1º de julho de 2002, do Estado de Mato Grosso, seguiu basicamente a Lei Federal nº 9.784/99, com algumas modificações.

A lei foi assim disposta:

Título I - Das Disposições Preliminares
Título II - Dos Princípios da Administração Pública Estadual
Título III - Dos Direitos e Deveres do Administrado
Capítulo I - Dos Direitos do Administrado
Capítulo II - Dos Deveres do Administrado
Título IV - Dos Interessados
Título V - Da Competência
Título VI - Dos Impedimentos e da Suspeição
Título VII - Dos Atos Administrativos
Capítulo I - Disposição Preliminar
Capítulo II - Da Formalização dos Atos Administrativos
Capítulo III - Da Revogação, Invalidação e Convalidação dos Atos Administrativos
Seção I - Disposição Preliminar

Seção II - Da Invalidação dos Atos Administrativos

Seção III - Da Convalidação dos Atos Administrativos

Capítulo IV - Da Publicidade dos Atos Administrativos

Capítulo V - Do Prazo para Produção dos Atos Administrativos

Título VIII - Dos Procedimentos Administrativos

Capítulo I - Normais Gerais

Seção I - Do Direito de Petição

Seção II - Da Forma, Tempo e Lugar dos Atos do Processo Administrativo

Seção III - Dos Prazos

Seção IV - Da Publicidade

Capítulo II - Do Início do Processo

Capítulo III - Da Instrução do Processo

Capítulo IV - Da Decisão do Processo

Capítulo V - Da Extinção do Processo

Título IX - Dos Recursos

Capítulo I - Disposição Preliminar

Capítulo II - Da Legitimidade para Recorrer

Capítulo III - Da Competência para Conhecer do Recurso

Capítulo IV - Dos Requisitos da Petição de Recurso

Capítulo V - Dos Efeitos dos Recursos

Capítulo VI - Da Tramitação dos Recursos

Capítulo VII - Da Decisão dos Recursos

Título X - Das Disposições Finais

Embora a Lei nº 7.692, de 1º de julho de 2002, do Estado de Mato Grosso, seja ordenada diferentemente da Lei Federal 9.784/99, distribuindo o conteúdo em títulos, capítulos e seções, e com isso melhor agrupando o que pretendia regrar, deixou de fora tema importante positivado na lei federal, como é a motivação do ato administrativo.

No entanto, de forma exaustiva, contemplou a temática sobre os recursos numa visão quase semelhante àquela prevista no Código de Processo Civil.

Das leis estaduais sobre processo administrativo, a Lei nº 7.692/2002, do Estado de Mato Grosso, é a que melhor disciplinou o tema.

1.15.8. Do Decreto 31.896, de 20 de setembro de 2002, do Estado do Rio de Janeiro

Diferentemente das demais competências, o Estado do Rio de Janeiro criou seu processo administrativo através de decreto, que, embora seja

Curso de Processo Administrativo

ato normativo, não deixa de manter sua característica de dicção puramente administrativa e, portanto, revogável por conveniência e oportunidade da administração que o edita. A criação do processo administrativo através de lei afasta esta instabilidade porquanto sua modificação só pode ocorrer com a ação do Poder Legislativo, embora a iniciativa seja da Administração.

Apesar de inusual, essa competência é possível por previsão da constituição estadual. E, dessa forma, o Decreto nº 31.896, de 20 de setembro de 2002, instituiu no Estado do Rio de Janeiro o processo administrativo, ainda não criado em muitos dos estados brasileiros, dificultando a pacificação dos órgãos administrativos públicos estaduais que, sem um regramento uniforme para suas ações, podem se comportar divergentemente e, com maior envergadura, causando transtornos aos administrados pela instabilidade que tal ausência pode gerar.

Embora o Decreto nº 31.896/2002, do Estado do Rio de Janeiro, também disponha sobre a uniformização dos atos oficiais e estabeleça normas sobre a categoria dos documentos oficiais, é na regulação do processo administrativo que reside sua principal ênfase. O decreto não desborda do que foi criado pela Lei Federal nº 9.784/99 e está assim disposto.

Título IV - Do Processo Administrativo

Capítulo I - Das Disposições Gerais

Capítulo II - Dos Direitos dos Administrados

Capítulo III - Dos Deveres do Administrado

Capítulo IV - Dos Interessados

Capítulo V - Da Forma, Tempo e Lugar dos Atos do Processo

Capítulo VI - Das Decisões e dos Recursos

Capítulo VII - Do Direito de Certidão

Capítulo VIII - Da Requisição de Processos

1.15.9 Da Lei 2.794/2003, do Estado do Amazonas

A Lei nº 2.794/2003, do Estado do Amazonas, é uma reprodução literal da Lei Federal nº 9.784/99.

1.15.10. Da Lei 418, de 15 de janeiro de 2004, do Estado de Roraima

A Lei nº 418, de 15 de janeiro de 2004, do Estado de Roraima, é uma reprodução literal da Lei Federal nº 9.784/99.

1.16. DA INTERPRETAÇÃO DO PROCESSO ADMINISTRATIVO

O processo administrativo previsto pela Constituição Federal de 1988, no art. 5°, incisos LIV e LV, instituiu de forma obrigatória o princípio pelo qual os conflitos entre a Administração Pública e os administrados devem ser solvidos através de regras legais de processo previamente instituídas e que possibilitem o contraditório e a ampla defesa, com os recursos a ela inerentes.

Essa disposição constitucional permite que duas interpretações sejam extraídas.

A primeira delas é de que a necessidade de processo administrativo quando existente conflito entre a Administração Pública e o administrado se constitui em garantia individual e desta forma criou uma obrigação administrativa limitadora da discrição estatal.

A segunda conclusão é a de que, constituindo uma obrigação administrativa, deve a lei regulamentadora do processo administrativo criar dispositivos que considerassem essa premissa e que, portanto, na sua ausência, deve a autoridade ou órgão processante se pautar como verdadeiro juiz da causa e não com ações de benefícios à Administração Pública em completo desrespeito ao comando constitucional.

A regra de predomínio do interesse público sobre o individual somente deve ser aplicada no processo administrativa quando inexistente regra legislativa expressa e desde que não atente contra o princípio constitucional.

A direção do processo administrativo que, sob o manto da subordinação hierárquica vier a decidir em favor da Administração Pública contrariando o preceito constitucional, pratica abuso de autoridade passível de responsabilização pessoal na esfera administrativa, penal, civil e de improbidade administrativa, além do ato poder ser controlado pelo Poder Judiciário através das ações de controle, como é o mandado de segurança.

Curso de Processo Administrativo

2. Dos princípios de processo administrativo

2.1. CONSIDERAÇÕES GERAIS

Princípio, do latim *principiu*, significa começo, mas também tem o significado de preceito, regra, lei. Para a filosofia, *princípio* é origem de algo, de uma ação ou de um conhecimento. No campo do direito, *princípio* significa a regra maior pela qual se guiam todas as demais regras. É a estrutura básica e fundamental da qual derivam sem se desviarem todas as demais regras jurídicas. *Princípio* é o norte, e as demais disposições são os caminhos que conduzem a ele. Os princípios não se atritam ou se subsumem uns nos outros, apenas se limitam ou se restringem. Como o princípio é norma emoldural, sofre limitação imposta pela própria lei. Não há conflito entre o princípio e a lei. Esta explicita aquele.

No plural, significa as normas elementares ou os requisitos primordiais instituídos como base, como alicerce de alguma coisa. E, nesse diapasão, *princípios* revelam o conjunto de regras ou preceitos, que se fixam para servir de norma a toda espécie de ação jurídica, traçando, assim, a conduta a ser tida em qualquer operação jurídica.

Desse modo, exprimem sentido mais relevante que o da própria norma ou regra jurídica. Mostram-se a própria razão fundamental de ser das coisas jurídicas, convertendo-as em perfeitos axiomas.

Princípios jurídicos, sem dúvida, significam os pontos básicos, que servem de ponto de partida ou de elementos vitais do próprio Direito. Indicam o alicerce do Direito.

E, nesta acepção, não se compreendem somente os fundamentos jurídicos, legalmente instituídos, mas todo axioma jurídico derivado da cultura jurídica universal. Compreendem, pois, os fundamentos da Ciência Jurídica, onde se firmaram as normas originárias ou as leis científicas do Direito, que traçam as noções em que se estrutura o próprio Direito.

Curso de Processo Administrativo

Assim, nem sempre os princípios se inscrevem nas leis. Mas, porque servem de base ao Direito, são tidos como preceitos fundamentais para a prática do Direito e proteção aos direitos. São os chamados princípios implícitos que, com os princípios expressos ou positivados, formam a base de compreensão da ciência jurídica.

No campo do processo administrativo, é possível encontrar-se três grupos de princípios:

1. Princípios constitucionais de processo administrativo;
2. Princípios processuais administrativos típicos;
3. Princípios subsidiários de processo civil aplicáveis ao processo administrativo.

2.2. DO ELENCO DOS PRINCÍPIOS CONSTITUCIONAIS DE PROCESSO ADMINISTRATIVO

O processo administrativo passou por uma longa evolução até adquirir foro e estrutura constitucional. Deixou de ser uma simples forma de ação administrativa para se constituir em um dos instrumentos de implementação do Estado Democrático de Direito.

Através dele, a Administração Pública é obrigada a se pautar nas relações que mantém com os administrados de forma vinculada a regras expressas, já que, por outro lado, é destes uma garantia fundamental. Portanto, os princípios constitucionais do processo administrativos não são apenas aqueles diretamente vinculados ao processo, mas àqueles que norteiam a própria Administração, quer seja ela federal, estadual, distrital ou municipal.

A lei e a doutrina não são uniformes quando aos princípios constitucionais de processo administrativo que enumeram. O elenco que apresentam, portanto, é sempre exemplificativo porque incompleto, diante da possibilidade de criação derivada das várias autonomias legislativas que existe.

Quanto à primeira, porque, muitos dos princípios que enunciam advêm de acréscimos inseridos nas constituições estaduais àqueles que a Constituição Federal fixou como regras fundamentais de comportamento de toda Administração Pública brasileira. Pode servir de exemplo a inserção no art. 19 da Constituição do Estado do Rio Grande do Sul do princípio da razoabilidade, ausente no art. 37, *caput*, da Constituição Federal e que, por vincular à administração estadual gaúcha, obriga a que os administradores deste estado o apliquem no processo administrativo que instaurem.

E quanto à doutrina, porque, olvidando os estudiosos da premissa de que direito administrativo e, portanto, processo administrativo, não é processo de criação exclusivo da União, já que as administrações estaduais, distrital e municipais também o criam, em respeito ao princípio federativo, deixam de compilar legislações estaduais sobre processo administrativo onde novos princípios são trabalhados de forma expressa.

Assim, também sem pretender ser exaustivo, mas dentro de uma análise mais abrangente frente, não só à Lei Federal nº 9.784/99, mas às leis estaduais de Sergipe, São Paulo e Minas Gerais sobre processos administrativos, é possível hoje encontrar-se os seguintes princípios constitucionais de processo administrativo:

1. Do devido processo legal;
2. Da legalidade;
3. Da publicidade;
4. Da finalidade motivada;
5. Da razoabilidade;
6. Da proporcionalidade;
7. Da moralidade;
8. Do contraditório;
9. Da ampla defesa;
10. Da segurança jurídica;
11. Do interesse público;
12. Da oficialidade;
13. Do informalismo em favor do administrado;
14. Da gratuidade;
15. Da eficiência;
16. Da igualdade;
17. Da dupla instância administrativa;
18. Da proibição de prova ilícita;
19. Do juízo natural.

2.3. DO ELENCO DOS PRINCÍPIOS PROCESSUAIS ADMINISTRATIVOS TÍPICOS

Além dos princípios constitucionais de processo administrativo decorrentes da Constituição Federal e das constituições estaduais, outros existem a regerem o processo administrativo resultante da criação das próprias leis que os instituem. São os chamados princípios processuais administrativos típicos.

São eles:

Curso de Processo Administrativo **49**

1. Da atuação administrativa segundo a Lei e o Direito;
2. Da irrenunciabilidade de poderes ou competências administrativas;
3. Da objetividade no atendimento do interesse público;
4. Da atuação segundo padrões éticos de probidade, decoro e boa-fé;
5. Da adequação entre meios e fins processuais administrativos;
6. Da observância das formalidades essenciais à garantia dos direitos dos administrados;
7. Da interpretação da norma administrativa conforme o fim público a que se dirige;
8. Da irretroatividade da nova interpretação
9. Da reformátio em pejus.

2.4. DO ELENCO DOS PRINCÍPIOS SUBSIDIÁRIOS DE PROCESSO JUDICIAL APLICÁVEIS AO PROCESSO ADMINISTRATIVO

O processo administrativo é regido pelos princípios constitucionais de processo administrativo, princípios processuais administrativos típicos e subsidiários de processo judicial. Isto porque, integrando o gênero processo, princípios de processo judicial devem orientar o comportamento da Administração Pública no trato do processo administrativo.

São princípios subsidiários de processo judicial:
1. Da economia processual;
2. Do ônus da prova;
3. Da verdade real
4. Da sucumbência;
5. Da dialeticidade recursal;
6. Da unicidade recursal;
7. Da voluntariedade recursal.

2.5. DOS COMENTÁRIOS SOBRE OS PRINCÍPIOS CONSTITUCIONAIS DE PROCESSO ADMINISTRATIVO

2.5.1. Generalidades

O direito processual administrativo, tal como o direito material administrativo, não tem fonte exclusiva federal, como ocorre com outros ramos do direito positivo (civil, penal, comercial, agrário, do trabalho etc).

Essa especificidade característica do direito processual administrativo decorre do próprio princípio federativo que dá autonomia aos entes federados de se estruturarem administrativamente e, por conseqüência, criarem suas regras processuais.

No entanto, decorrente de uma federação anômala, em que a União como ente federado detém uma parcela considerável dos poderes da federação, a Constituição Federal pauta regras vinculadoras aos demais entes.

Assim, existem princípios constitucionais que vinculam qualquer processo administrativo que agora passam a ser comentados.

2.5.2. Do princípio do devido processo legal

O *princípio do devido processo legal* é o princípio maior que rege o processo administrativo. É a própria base de existência do instituto. De inspiração inglesa, a sustentação de que os bens e a liberdade de alguém só pudessem ser retirados mediante a existência de um processo pautado segundo a lei, deixou de ser uma questão meramente processual e se tornou princípio constitucional de aplicação mundial. Sua instrumentação é absolutamente formal e pode ser demonstrado na seguinte indagação: existe lei processual? Não? Então a Administração não pode submeter a constrangimento direitos individuais. Se o faz, pratica abuso de direito.[21]

A inserção na Constituição Federal, através de seu art. 5°, inciso LIV, do princípio do devido processo legal administrativo significa, de um lado, um instrumento de implementação do Estado Democrático de Direito e, de outro lado, de uma garantia individual.[22]

---

[21] PROCESSO ADMINISTRATIVO – RESTRIÇÃO DE DIREITOS – OBSERVÂNCIA NECESSÁRIA DA GARANTIA CONSTITUCIONAL DO "DUE PROCESS OF LAW" (CF, ART. 5°, LV) – REEXAME DE FATOS E PROVAS, EM SEDE RECURSAL EXTRAORDINÁRIA – INADMISSIBILIDADE – RECURSO IMPROVIDO. RESTRIÇÃO DE DIREITOS E GARANTIA DO "DUE PROCESS OF LAW". – O Estado, em tema de punições disciplinares ou de restrição a direitos, qualquer que seja o destinatário de tais medidas, não pode exercer a sua autoridade de maneira abusiva ou arbitrária, desconsiderando, no exercício de sua atividade, o postulado da plenitude de defesa, pois o reconhecimento da legitimidade ético-jurídica de qualquer medida estatal – que importe em punição disciplinar ou em limitação de direitos – exige, ainda que se cuide de procedimento meramente administrativo (CF, art. 5°, LV), a fiel observância do princípio do devido processo legal. A jurisprudência do Supremo Tribunal Federal tem reafirmado a essencialidade desse princípio, nele reconhecendo uma insuprimível garantia, que, instituída em favor de qualquer pessoa ou entidade, rege e condiciona o exercício, pelo Poder Público, de sua atividade, ainda que em sede materialmente administrativa, sob pena de nulidade do próprio ato punitivo ou da medida restritiva de direitos. Precedentes. Doutrina. NÃO CABE REEXAME DE FATOS E DE PROVAS EM RECURSO EXTRAORDINÁRIO. – Não cabe recurso extraordinário, quando interposto com o objetivo de discutir questões de fato ou de examinar matéria de caráter probatório, mesmo que o apelo extremo tenha sido deduzido em sede processual penal (AI 241201 AgR/Santa Catarina. STF. Segunda Turma. Relator: Ministro Celso de Mello. Publicado no DJ, em 20.09.2002).

[22] Esta matéria foi analisada com maior abrangência no Capítulo I, Das Disposições Gerais do Processo Administrativo.

A Lei Federal nº 9.784/99 não previu de modo expresso a vinculação da Administração Pública Federal ao *princípio do devido processo legal*, o que também ocorreu com quase todas as leis estaduais que legislaram sobre processo administrativo no âmbito de suas atribuições, limitando-se apenas a nominar o princípio da legalidade.

No entanto, procurando demonstrar que existe diferença substancial entre estes dois princípios, a Lei nº 2.794/2003, do Estado do Amazonas, que regulou o processo administrativo no âmbito da Administração Pública daquele Estado, no seu art. 2º, determinou a vinculação administrativa no âmbito do processo administrativo aos dois princípios.[23]

2.5.3. Do princípio da legalidade

O art. 37, *caput*, da Constituição Federal, determina que a Administração Pública deve se pautar, dentre outros, pelo *princípio da legalidade*. Trata-se de um desdobramento da regra fundamental que rege o próprio País, segundo o qual a República Federativa do Brasil é um Estado Democrático de Direito, portanto, uma estrutura jurídica criada pelo poder de seu povo através da ciência do direito.[24]

Por este princípio, o estado-administração se vincula a um comportamento absolutamente legal. E mesmo o poder discricionário, elemento fundamental para que a Administração Pública execute suas políticas públicas, deve ter previsão na lei. A intervenção do Estado no direito de propriedade

---

[23] O art. 2º da Lei Ordinária nº 2.794/2003, está assim escrito:
Art. 2º – A Administração Pública obedecerá, dentre outros, aos princípios da *legalidade*, prevalência e indisponibilidade do interesse público, presunção de legitimidade, autotutela, finalidade, impessoalidade, publicidade, motivação, razoabilidade, proporcionalidade, moralidade, *devido processo legal*, ampla defesa, contraditório, segurança jurídica, boa-fé e eficiência.

[24] RECURSO ESPECIAL – LICITAÇÃO – REGULARIDADE FISCAL – ALTERAÇÃO DOS REQUISITOS PREVISTOS NO EDITAL – ALEGADA VIOLAÇÃO AO ART. 535 DO CPC – NÃO OCORRÊNCIA – AUSÊNCIA DE PREQUESTIONAMENTO DO ARTIGO 46 DA LEI N. 8.666/93 – OFENSA AO PRINCÍPIO DA LEGALIDADE E ISONOMIA. No tocante à alegada violação ao artigo 535, II, do Código de Processo Civil, o recurso não logra perspectiva de êxito, uma vez que não há nos autos qualquer omissão, pois o egrégio Tribunal a quo apreciou toda a matéria recursal devolvida. Nesse eito, salientou a Corte de origem que "o Tribunal não está obrigado a analisar e apreciar todos os argumentos, todos os raciocínios, todas as razões jurídicas produzidas pelas partes". Ausência de prequestionamento do artigo 43, § 3º da Lei nº 8.666/93 (Súmulas nºs 282 e 356 do Excelso Supremo Tribunal Federal). Registre-se, a título de ilustração, que prevalece na doutrina o entendimento segundo o qual "é imperioso que o ato convocatório determine a exata extensão da interpretação adotada para 'regularidade fiscal' e indique os tributos acerca dos quais será exigida a documentação probatória da regularidade" (Marçal Justen Filho, in "Comentários à Lei de Licitações e Contratos Administrativos", 9ª ed., Dialética, São Paulo, 2002, p. 310). Na hipótese dos autos, a Administração, ao alterar critérios previstos no edital, feriu não só o princípio da legalidade, pois não observou a determinação legal de estrita vinculação ao instrumento convocatório (art. 41 da Lei de Licitações), como também o princípio da isonomia, porque classificou licitantes, com base nos critérios modificados, que não comprovaram, de forma efetiva, sua regularidade fiscal para participar do certame. Recurso especial não provido (RESP 501720/RS. STJ. Segunda Turma. Relator: Ministro Franciulli Netto. Publicado no DJ, em 03.11.2003).

através da desapropriação, uma das mais fortes discricionariedades administrativas, por exemplo, só ocorre porque há disposição expressa na própria Constituição Federal, art. 5º, inciso XXIV.

No campo do processo administrativo, o *princípio da legalidade* pressupõe ação da Administração Pública e dos administrados para aplicação de dispositivo de lei material.

Enquanto o *princípio do devido processo legal* significa o cumprimento dos nele envolvidos conforme regras processuais prévias, o princípio da legalidade, mais abrangente, pressupõe o respeito a regras de direito material insculpidas em lei. No processo administrativo disciplinar, por exemplo, as disposições regrando o modo, tempo e lugar dos atos processuais respeita o *princípio do devido processo legal*, enquanto a acusação administrativa e a conseqüente penalização dizem respeito ao *princípio da legalidade*, já que alguém só pode ser acusado pela prática de uma infração administrativa e por ela ser condenado se houver uma prévia definição legal de tal sanção. Aplica-se aqui a mesma indagação formulada quando ao *princípio do devido processo legal*: existe lei? Não? Então qualquer ação da Administração Pública neste sentido é ilegal e deve ser controlada administrativamente, de ofício ou por provocação, ou através das ações de controle, como o mandado de segurança.

A Lei Federal nº 9.784/99 não enumera o *princípio do devido processo legal* como regra geral, limitando-se exclusivamente ao *princípio da legalidade*. Assim, também em quase todas as leis estaduais que tratam do processo administrativo. No entanto, a Lei nº 2.794/2003, do Estado do Amazonas, enumera os dois princípios, outorgando-lhes autonomias definidas.

2.5.4. Do princípio da publicidade

O *princípio da publicidade* previsto no art. 37, *caput*, da Constituição Federal, vincula toda e qualquer ação da Administração Pública do País. Trata-se de princípio limitador geral e obrigatório e substancialmente de controle. Dar publicidade ao que decide administrativamente é limitar a discrição de administrar.[25]

---

[25] MANDADO DE SEGURANÇA. SIGILO BANCÁRIO. INSTITUIÇÃO FINANCEIRA EXECUTORA DE POLÍTICA CREDITÍCIA E FINANCEIRA DO GOVERNO FEDERAL. LEGITIMIDADE DO MINISTÉRIO PÚBLICO PARA REQUISITAR INFORMAÇÕES E DOCUMENTOS DESTINADOS A INSTRUIR PROCEDIMENTOS ADMINISTRATIVOS DE SUA COMPETÊNCIA. 2. Solicitação de informações, pelo Ministério Público Federal ao Banco do Brasil S/A, sobre concessão de empréstimos, subsidiados pelo Tesouro Nacional, com base em plano de governo, a empresas do setor sucroalcooleiro. 3. Alegação do Banco impetrante de não poder informar os beneficiários dos aludidos empréstimos, por estarem protegidos pelo sigilo bancário, previsto no art. 38 da Lei nº 4.595/1964, e, ainda, ao entendimento de que dirigente do Banco do Brasil S/A não é autoridade, para efeito do art. 8º da LC nº 75/1993. 4. O poder de investigação do Estado é dirigido a coibir atividades afrontosas à

Ademais, sendo a Administração Pública a base estrutural do estado brasileiro, nada mais lógico que seus atos ganhem publicidade. Reza o parágrafo único do art. 1º da Constituição Federal, ao tratar dos princípios fundamentais do País, que todo poder emana do povo, que o exerce por meio de representantes eleitos ou diretamente. Portanto, detendo a Administração Pública grande parcela do poder do povo, tem este o direito de conhecer os atos praticados por quem administra o aparato estatal.

O *princípio da publicidade* impõe a que todos os atos administrativos se tornem públicos e, com isto, condiciona a que a Administração Pública aja com transparências dando a conhecer todas as suas decisões. A obrigatoriedade de agir dando a conhecer formalmente como age, em decorrência do comando superior que é, cria direito para o administrado de exigir o respeito ao princípio, já que a necessidade de publicação do ato administrativo é condição formal de validade. O ato administrativo não publicado, por ferimento ao aspecto de validade formal imprescindível, é ato sem exigibilidade e, dessa forma, podendo ser submetido ao controle do Poder Judiciário.

Na esfera do processo administrativo, o *princípio da publicidade* adquire plenitude através do art. 5º, inciso LV, da Constituição Federal, quando estabelece que *a lei só poderá restringir a publicidade dos atos processuais quando a defesa da intimidade ou o interesse social o exigirem*. Portanto, os atos processuais são, de regra, públicos, sofrendo restrições apenas quando dispuserem sobre a intimidade do administrado ou o interesse social em discussão.

Tem-se, por conseqüência, que o *princípio da publicidade*, além de caracterizar obrigação da Administração Pública, constitui direito individual. Levar ao conhecimento de todos ou pôr à disposição dos interessados os atos concluídos ou em formação, os pareceres dos órgãos técnicos e jurídicos, os despachos intermediários e finais, as atas de julgamento e os atos e decisões proferidas no âmbito de um determinado processo administrativo, constitui dever de toda Administração Pública.

---

ordem jurídica e a garantia do sigilo bancário não se estende às atividades ilícitas. A ordem jurídica confere explicitamente poderes amplos de investigação ao Ministério Público – art. 129, incisos VI, VIII, da Constituição Federal, e art. 8º, incisos II e IV, e § 2º da Lei Complementar nº 75/1993. 5. Não cabe ao Banco do Brasil negar, ao Ministério Público, informações sobre nomes de beneficiários de empréstimos concedidos pela instituição, com recursos subsidiados pelo erário federal, sob invocação do sigilo bancário, em se tratando de requisição de informações e documentos para instruir procedimento administrativo instaurado em defesa do patrimônio público. Princípio da publicidade, ut art. 37 da Constituição. 6. No caso concreto, os empréstimos concedidos eram verdadeiros financiamentos públicos, porquanto o Banco do Brasil os realizou na condição de executor da política creditícia e financeira do Governo Federal, que deliberou sobre sua concessão e ainda se comprometeu a proceder à equalização da taxa de juros, sob a forma de subvenção econômica ao setor produtivo, de acordo com a Lei nº 8.427/1992. 7. Mandado de segurança indeferido (MS 21729/Distrito Federal. STJ. Tribunal Pleno. Relator: Ministro Marco Aurélio. Publico no DJ, em 19.10.2001).

O desrespeito ao *princípio da publicidade* constitui omissão abusiva passível de controle pela própria Administração Pública ou pelo Poder Judiciário.

O *princípio da publicidade* também tem respaldo legal. Isto porque o inciso V, parágrafo único, art. 2º da Lei Federal nº 9.784/99, que trata do processo administrativo no âmbito federal, dele também faz menção quando estabelece que os atos administrativos processuais devem ter divulgação oficial, salvo nas hipóteses de sigilo previsto na própria Constituição.

Leis estaduais sobre processo administrativo que se seguiram à lei federal também o contemplam. Assim, o inciso V, parágrafo único, art. 2º da Lei nº 11.781/2000, do Estado de Pernambuco; inciso V, parágrafo único, art. 2º da Lei nº 13.800/2001, do Estado de Goiás; inciso IV, art. 5º da Lei nº 14.184/2002, do Estado de Minas Gerais; inciso V, parágrafo único, art. 2º da Lei nº 2.794/2003, do Estado do Amazonas; inciso V, parágrafo único, art. 2º da Lei 418/2004, do Estado do Roraima.

2.5.5. Do princípio da finalidade motivada

O *princípio da finalidade motivada* ou simplesmente *princípio da motivação*, embora não expresso na Constituição Federal, o é em várias constituições estaduais. A Constituição do Estado do Rio Grande do Sul formalmente o admite no seu art. 19. Daí por que sua inclusão como princípio constitucional de processo administrativo.

Motivar é expor, dar razões, fundamentar. Portanto, *motivação* é a exposição, as razões e os fundamentos de uma determinada decisão. Elevada à condição de princípio, significa o comportamento obrigatório da Administração Pública de fundamentar as suas decisões com indicação dos fatos e das razões de direito de forma explícita, clara e congruente.

Este princípio limita o agir da Administração Pública. Detentora do poder discricionário, que é a liberdade de tomada de decisões sem fundamentações ou explicações, por ele, no entanto, tem a Administração Pública o dever de explicar as razões de seu ato. Portanto, embora a regra é de que todo ato administrativo tenha um fim público ínsito em si próprio, pelo *princípio da motivação*, este fim deve vir a lume, se tornar expresso.

Marino Pazzaglini Filho[26] diz que o *princípio da motivação* é a explicação dada pelo agente público dos motivos das decisões administrativas adotadas, isto é, de seus pressupostos ou fundamentos de fato e de direito.

No campo do processo administrativo, a aplicação do *princípio da motivação* se torna obrigatório, consoante disposição do inciso VII, pará-

---

[26] FILHO, Marino Pazzaglini. *Princípios Constitucionais Reguladores da Administração Pública*, São Paulo: Atlas, 2000, p. 41.

Curso de Processo Administrativo

grafo único, art. 2º (*nos processos administrativos será observada a indicação dos pressupostos de fato e de direito que determinarem a decisão*) e art 50 da *Lei Federal nº 9.784/99*, que criou os princípios processuais administrativos típicos, nos atos administrativos que:

a) neguem, limitem ou afetem direitos ou interesses;

b) imponham ou agravem deveres, encargos ou sanções;

c) decidam sobre concurso ou seleção pública;

d) dispensem ou declarem a inexigibilidade de processo licitatório;

e) decidam o recurso;

f) decorram de reexame necessário;

g) deixem de aplicar jurisprudência firmada sobre a questão ou discrepem de pareceres, laudos, propostas e relatórios oficiais;

h) importem anulação, revogação, suspensão ou convalidação de ato administrativo.

A não-motivação do ato administrativo implica sua nulidade passível de alegação e declaração pela própria Administração Pública ou através de ações de controle no Poder Judiciário.

2.5.6. Do princípio da razoabilidade

O *princípio da razoabilidade* não se encontra expresso na Constituição Federal. A doutrina, no entanto, o tem como implícito. No entanto, várias constituições estaduais o admitem, como a do Estado do Rio Grande do Sul, que o faz no seu art. 19.

Razoabilidade é qualidade daquilo que é razoável, que, por sua vez, é a ação conforme a razão. E *razão* é a faculdade que tem o ser humano de avaliar, julgar conforme idéias universais. Em suma, *razoabilidade* é ação humana dentro do bom senso.

Marino Pazzaglini Filho[27] diz que a *razoabilidade*, como a proporcionalidade, são princípios decorrentes da legalidade e da finalidade e que a razoabilidade significa que a atuação do agente público e os motivos que a determinam devem ser razoáveis (adequados, sensatos, aceitáveis, não excessivos). Portanto, acrescenta mais adiante,[28] é irrazoável a atitude do agente sanitário que, no exercício do poder de polícia, fecha toda a praça de alimentação de um *shopping*, em vez de interditar as lojas que estão vendendo comida deteriorada; a atitude de agente público que, ao receber reclamação de poluição sonora em via pública, onde se localizam vários bares e casas noturnas, interdita todos, em vez de somente penalizar aqueles que efetivamente a estão causando; igualmente a conduta dos agentes pú-

---

[27] FILHO, Marino Pazzaglini. *Op. cit.*, p. 43.

[28] Idem, p. 44/45.

blicos responsáveis pela segurança da coletividade que, no caso de reivindicação salarial, interrompem o policiamento da cidade, deixando a população indefesa à sanha dos delinqüentes e, por fim, a interdição de estabelecimento ou apreensão de mercadorias como meio coercitivo de pagamento de tributos.

No campo do processo administrativo, razoável é aplicar-se os princípios de processo civil no âmbito administrativo.[29]

2.5.7. Do princípio da proporcionalidade

O *princípio da proporcionalidade* não está expresso na Constituição Federal. É um daqueles princípios chamados de implícito, tamanha a sua importância na estrutura do direito. A doutrina e a jurisprudência brasileiras o confundem com o princípio da razoabilidade e os aplicam como sinônimos.

Proporcionalidade é qualidade ou propriedade de proporcional, que é o ato de agir com proporção, com simetria, adequação, harmonia, regularidade ou conformidade. *Princípio da proporcionalidade*, portanto, é a norma que condiciona a ação da Administração Pública dentro da adequação, sem excessos.

O princípio da proporcionalidade no processo administrativo implica o desenvolvimento dos atos e termos processuais sem abuso ou formulismo.[30]

---

[29] RECURSO ESPECIAL. RECURSO ADMINISTRATIVO. DEPÓSITO DE 30%. DESNECESSIDADE. PREEXISTÊNCIA DE DEPÓSITO JUDICIAL DE 42% DO DÉBITO. APLICAÇÃO DO PRINCÍPIO DA RAZOABILIDADE. Com o depósito judicial de 42% do débito, nada obsta a que a parte recorra também administrativamente e supra o pressuposto recursal do depósito extrajudicial com a prova da existência do depósito judicial, garantindo ambos os processos. Exigir-se do contribuinte que, ao interpor recurso administrativo, deposite novamente quantia já depositada quando da propositura de ação para a discussão do mesmo débito, seria flagrante violação ao princípio da razoabilidade, visto que ambos os depósitos seriam feitos na mesma conta e para garantia do mesmo crédito da União. Recurso especial provido (RESP 411604/PR. STJ. Segunda Turma. Relator: Ministro Franciulli Netto. Publicado no DJ, em 19.05.2003).

[30] RECURSO EM MANDADO DE SEGURANÇA. ADMINISTRATIVO. PERITO CRIMINAL ESTADUAL. PROCESSO DISCIPLINAR APURATÓRIO. REGULARIDADE. PENA DE DEMISSÃO. DESPROPORCIONALIDADE. AUSÊNCIA DA "INTENÇÃO". ART. 74, III DA LC 207/79. Tratando-se de autos de mandado de segurança no qual se discute a penalidade aplicada pela Administração após procedimento apuratório disciplinar, é dado ao Poder Judiciário somente analisar a observância dos princípios do contraditório e da ampla defesa; proporcionalidade da penalidade aplicada ou outros aspectos Procedimentais. Na espécie, conforme se depreende de todo o apuratório administrativo, não se caracterizou a "intenção" na ineficiência do impetrante para fins de aplicação da penalidade máxima (demissão) contida no art. 74, III da Lei Complementar 207/79, devendo ser acatada a manifestação da Comissão Processante Disciplinar no tocante à aplicação da pena de suspensão. Recurso provido nos termos do voto do relator (RMS 15554/SP. STJ. Quinta Turma. Relator: Ministro José Arnaldo da Fonseca. Publicado no DJ, em 01.09.2003).

2.5.8. Do princípio da moralidade

O *princípio da moralidade* está insculpido no art. 37, *caput*, da Constituição Federal. Trata-se, portanto, de princípio constitucional expresso, aplicável à Administração Pública.[31]

Moralidade, do latim, *moralitate*, é qualidade do que é moral. Para Pedro Nunes,[32] *moral* é a aplicação da ética às relações humanas; é parte da filosofia que trata do bem, dos bons costumes e dos deveres do homem social, e entra como elemento principal na formação do direito. É também o conjunto de normas de conduta em harmonia com a virtude; é a conformidade com o que é lícito e honesto; prática do bem e do justo.

Para Marino Pazzaglini Filho,[33] o *princípio da moralidade* significa a ética da conduta administrativa; a pauta de valores morais a que a Administração Pública deve submeter-se para a consecução do interesse coletivo.

No campo do processo administrativo, o *princípio da moralidade* tem aplicação quando a Administração Pública na condução do processo age como se fora verdadeiro juiz, com isenção, não procurando criar entraves para dificultar o desenvolvimento válido do processo. A ação de um agente administrativo que se utiliza do processo para esconder ilicitudes administrativas; proteger ou beneficiar outrem, é ato imoral, portanto, ferindo o princípio da moralidade, possibilitando o controle quer pela própria Administração, quer pelo Poder Judiciário.

---

[31] PROCESSUAL CIVIL E ADMINISTRATIVO. MANDADO DE SEGURANÇA. NULIDADE DE ATO ADMINISTRATIVO PELA PRÓPRIA ADMINISTRAÇÃO. ILEGALIDADE RECONHECIDA. VIOLAÇÃO AOS PRINCÍPIOS DA MORALIDADE E DA IMPESSOALIDADE. APLICABILIDADE DAS SÚMULAS 346 E 473 DO STF. DENEGAÇÃO DA SEGURANÇA CONFIRMADA. I – Na aplicação das Súmulas 346 e 473 do STF, tanto a Suprema Corte, quanto este STJ, têm adotado com cautela, a orientação jurisprudencial inserida nos seus enunciados, firmando entendimento no sentido de que o Poder de a Administração Pública anular ou revogar os seus próprios atos não é tão absoluto, como às vezes se supõe, eis que, em determinadas hipóteses, hão de ser inevitavelmente observados os princípios constitucionais da ampla defesa e do contraditório. Isso para que não se venha a fomentar a prática de ato arbitrário ou a permitir o desfazimento de situações regularmente constituídas, sem a observância do devido processo legal ou de processo administrativo, quando cabível. II – O princípio de que a administração pode anular (ou revogar) os seus próprios atos, quando eivados de irregularidades, não inclui o desfazimento de situações constituídas com aparência de legalidade, sem observância do devido processo legal e ampla defesa. III – Na espécie, em se tratando da prática de ato nulo, em razão de sua reconhecida ilegalidade e por ferir os princípios da moralidade e da impessoalidade, o ato poderá ser invalidado pela própria autoridade competente, independentemente de outros procedimentos, além daqueles exigidos na lei e na Constituição (Súmulas 346 e 473 do STF). IV – Recurso desprovido. Decisão unânime (RMS 10123/RJ. STJ. Primeira Turma. Relator: Ministro Demócrito Reinaldo. Publicado no DJ, em 27.09.1999).

[32] NUNES, Pedro. *Dicionário de Técnica Jurídica*, v. II, 8ª ed. São Paulo: Livraria Freitas Bastos, 1974, p. 851.

[33] *Op cit*, p. 28.

2.5.9. Do princípio do contraditório

O *princípio do contraditório* tem matiz constitucional expressa – art. 5°, inciso LV, da Constituição Federal – quando é estabelecido que aos litigantes, em processo judicial ou administrativo, e aos acusados em geral são assegurados o contraditório e a ampla defesa. A sua inserção constitucional caracteriza um grande avanço na proteção dos direitos individuais. Isto porque, nas constituições anteriores, o contraditório era subentendido como elemento integrador do princípio da ampla defesa.[34]

Trata-se de princípio que tem relação direta com o do devido processo legal, pois só pode falar com plenitude em devido processo se oportunizar ao litigante o direito de contradizer a imputação que lhe posta.

Para André da Cunha[35] o *princípio do contraditório* é inerente ao direito de defesa e decorre da bilateralidade do processo e se caracteriza pela possibilidade de alguém manifestar o ponto de vista, ante outro contrário.

Já para Robertônio Santos Pessoa,[36] o *princípio do contraditório* implica no conhecimento, por parte dos interessados, dos atos mais relevantes da marcha processual, mormente para aqueles que possam interferir na decisão a ser tomada ao cabo do processo, daí por que ele é um princípio eventual. E conclui afirmando que, por isso mesmo, o contraditório pode ser *pleno* ou *restrito*. Pleno, quando o processo envolver mais de um administrado com interesses contrapostos, como no caso das licitações, concursos públicos, concessões, franquias etc, e restrito, quando envolver apenas a Administração Pública e um particular.

Nelson Nery Junior[37] sustenta que se deve entender o *princípio do contraditório* como a necessidade de dar-se conhecimento da existência da ação e de todos os atos do processo às partes, mas também a possibilidade de as partes reagirem aos atos que lhe sejam favoráveis.

---

[34] ADMINISTRATIVO. MANDADO DE SEGURANÇA. PROCESSO ADMINISTRATIVO DE RECREDENCIAMENTO DE UNIVERSIDADE. OFENSA AO CONTRADITÓRIO E AMPLA DEFESA. I – A Constituição Federal, no artigo 5°, XV, assegura aos litigantes em processo judicial ou administrativo, o direito ao contraditório e à ampla defesa, com os meios e recursos inerentes. Por sua vez, de há muito, vem-se reconhecendo o contraditório como um dos princípios basilares do Direito Administrativo, decorrência direta do princípio da legalidade. Tal reconhecimento foi ratificado com a edição da Lei n° 9.784/99, que expressamente o incluiu dentre os princípios da Administração Pública. II – A impetrante não teve acesso ao processo administrativo que resultou no parecer opinando pelo seu descredenciamento. A vista posterior do relatório ali emitido não convalida a eiva pela ausência de contraditório, remanescendo, de fato, a lesão alegada. III – Segurança concedida (MS 8150/DF. STJ. S1 Primeira Seção. Relator: Ministro Francisco Falcão. Publicado no DJ, em 29.11.2004).

[35] CUNHA, André da. *Estudos Jurídicos*, vol 36, n° 96, janeiro/abril, 2003, p. 106.

[36] PESSOA, Robertônio Santos. *Processo administrativo*. Disponível em http:www1.jus.com.br/doutrina/texto.asp?id=2107. Acesso em 28.12.2004.

[37] JUNIOR , Nelson Nery. *Princípios do Processo Civil na Constituição Federal*, São Paulo: RT, 1996, p. 122/123.

Curso de Processo Administrativo

Odete Medauar[38] afirma que o *princípio do contraditório* no processo administrativo representa mudanças de algumas concepções como as relativas (a) à supremacia do Estado, (b) à existência de um só juízo sobre o interesse público, (c) à posição do administrado como súdito, servil e submisso e (d) à predominância absoluta da autotutela.

Samira Hamud Morato De Andrade[39] sustenta que o *princípio do contraditório* implica na igualdade entre as partes e, com isso, coíbe a arbitrariedade e a parcialidade no curso do processo, implicando sua ausência em nulidade.

Pessoalmente, penso que o *princípio do contraditório* não é finalístico por si mesmo. Sendo essencialmente uma resposta, impõe-se que o ato a responder seja pleno. Atos incompletos, por omissão ou comissão, atentam contra o *princípio do contraditório*, possibilitando a autotutela ou o controle jurisdicional.

O ato administrativo que atentar contra o administrado, ou interessado que é o administrado na condição de parte no processo administrativo, tem que ser pleno para ensejar uma contradição também plena. Veja-se o seguinte exemplo: a Administração Pública instaura processo administrativo pretendendo sancionar servidor público com pena de suspensão. Na narrativa do fato omite a *data*, o *onde* e o *quando* teria ocorrido a infração administrativa. Ora, essa omissão impede que o servidor público exercite com plenitude o princípio do contraditório e, por via de conseqüência, viola a garantia constitucional constituindo-se de ato administrativo abusivo.

2.5.10. Do princípio da ampla defesa

O *princípio da ampla defesa* tem matiz constitucional – art. 5°, inciso LV, da Constituição Federal.[40]

A sua evolução histórica se confunde com o princípio do devido processo legal, porquanto não se podia imaginar processo sem respectiva defesa.[41]

---

[38] MEDAUAR, Odete. *A Processualidade no Direito Administrativo*, São Paulo: RT, 1993, p. 97.

[39] ANDRADE, Samira Hamud Morato de. O Princípio do Devido Processo Legal e o Processo Administrativo, *Revista de Direito Constitucional e Internacional*, n° 37, p. 208.

[40] Recurso em Mandado de Segurança. 2. Anulação de processo administrativo disciplinar e reintegração ao serviço público. Alteração da capitulação legal. Cerceamento de defesa. 3. Dimensão do direito de defesa. Ampliação com a Constituição de 1988. 4. Assegurada pelo constituinte nacional, a pretensão à tutela jurídica envolve não só o direito de manifestação e o direito de informação sobre o objeto do processo, mas também o direito de ver seus argumentos contemplados pelo órgão julgador. Direito constitucional comparado. 5. Entendimento pacificado no STF no sentido de que o indiciado defende-se dos fatos descritos na peça acusatória e não de sua capitulação legal. Jurisprudência. 6. Princípios do contraditório e da ampla defesa observados na espécie. Ausência de mácula no processo administrativo disciplinar. 7. Recurso a que se nega provimento (RMS 24536/Distrito Federal. STJ. Segunda Turma. Relator: Ministro Gilmar Mendes. Publicado no DJ, em 05.03.2004).

[41] Ver a este respeito Da Evolução Histórica do Instituto, na parte inicial deste livro.

Odete Medauar[42] comenta que o *princípio da ampla defesa* teve aplicação inicial no processo penal pelo caráter ostensivo do bem a ser afetado, como são a liberdade física, a locomoção e a própria vida. Salienta, ainda, que, entre nós, o princípio foi previsto no Constituição de 1891, através de seu art. 72, § 16; na de 1937, no art. 122, I; na de 1946, no art. 141, § 26 e que foi Themístocles Brandão Cavalcanti quem primeiro tentou inserir o princípio no direito administrativo quando elaborou projeto de Código de Processo Administrativo.

Coube à Constituição de 1988 o mérito de dar especificidade ao *princípio da ampla defesa*, cindindo-o do contraditório. Hoje, portanto, o *princípio da ampla defesa* tem a conceituação de possibilidade de produção de defesas concretas, podendo consistir elas de peças processuais, ou de ampla produção de provas.

O princípio do contraditório é o conhecimento dos atos processuais, enquanto o princípio da ampla defesa importa na possibilidade de argumentação contrária a uma imputação administrativa quer através de peças processuais ou provas.

Para Robertônio Santos Pessoa[43] pelo *princípio da ampla defesa* tem o administrado o direito de argumentar e arrazoar ou contra-arrazoar, oportuna e tempestivamente, sobre tudo que contra ele se alega, bem como de serem levados em consideração as razões por ele apresentadas.

No processo administrativo, tem-se a aplicação do *princípio da ampla defesa* quando:

a) a Administração Pública permite a apresentação de resposta ao interessado;

b) admite o depoimento pessoal do interessado como prova;

c) permite a produção ampla de prova documental, testemunhal e pericial;

d) afasta a prova obtida por meios ilícitos,

e) faz consulta pública quando o processo envolver assunto de interesse geral,

f) motiva a decisão administrativa com base nos fatos e no direito;

g) admite recurso para uma instância superior.

Para Adrualdo de Lima Catão,[44] nos processos que não envolvam lide não há necessidade da incidência do direito à defesa:

depreende-se da leitura do artigo 5º, LV : Aos litigantes, em processo judicial ou administrativo e, aos acusados em geral, são assegurados o contraditório e a ampla defesa com os meios e recursos a ela inerentes.

Como exemplo, o autor cita a seguinte decisão do STF:

---

[42] MEDAUAR, Odete. *Op. cit.*, p. 111.

[43] PESSOA, Robertônio Santos. *Processo Administrativo*. Disponível em http://www1.jus.com.br/doutrina/texto.as?id=2107. Acesso em 28.12.2004.

[44] CATÃO, Adrualdo de Lima. *O direito à defesa no processo administrativo disciplinar*. Disponível http://www1.jus.com.br/doutrina/texto.asp?id=3641. Acesso em 27.12.2004.

Com apoio no art. 129 e incisos, da Constituição Federal, o Ministério Público poderá proceder de forma ampla, na averiguação de fatos e na promoção imediata da ação penal pública, sempre que assim entender configurado ilícito. Dispondo o promotor de elementos para o oferecimento da denúncia, poderá prescindir do inquérito policial, haja vista que o inquérito é processo meramente informativo, não submetido ao crivo do contraditório e no qual não se garante o exercício da ampla defesa. (HC 77770/Santa Catarina. STF. Segunda Turma. Relator: Ministro Néri da Silveira. Publicado no DJ, em 03.03.2000).

2.5.11. Do princípio da segurança jurídica

O *princípio da segurança jurídica* tem matriz constitucional. De forma implícita, na Constituição Federal, porém de forma expressa em várias constituições estaduais.[45]

Conceitualmente, o *princípio da segurança jurídica* se pauta pela previsibilidade das ações dos atores do direito, que, por isso, operam seus comportamentos conforme pauta regrada antecipadamente pela ciência jurídica.

No campo do direito administrativo, o princípio se instaura e se consolida através do agir administrativo conforme a previsão legal ou regulamentar, quer da Administração Pública, quer também dos interessados, que são os administrados partes no processo.

Embora o *princípio da segurança jurídica* seja evocado com mais freqüência para colocação de barreiras no revisionismo cíclico do agir da Administração pública que, por sua própria estrutura de poder retoma sobre seus próprios passos com freqüência, com isso afetando situações já consolidadas no tempo, no entanto, o princípio é de respeito geral, no que se pode concluir por sua bilateralidade. Assim, exigir alguém que o Adminis-

---

[45] Mandado de Segurança. 2. Cancelamento de pensão especial pelo Tribunal de Contas da União. Ausência de comprovação da adoção por instrumento jurídico adequado. Pensão concedida há vinte anos. 3. Direito de defesa ampliado com a Constituição de 1988. Âmbito de proteção que contempla todos os processos, judiciais ou administrativos, e não se resume a um simples direito de manifestação no processo. 4. Direito constitucional comparado. Pretensão à tutela jurídica que envolve não só o direito de manifestação e de informação, mas também o direito de ver seus argumentos contemplados pelo órgão julgador. 5. Os princípios do contraditório e da ampla defesa, assegurados pela Constituição, aplicam-se a todos os procedimentos administrativos. 6. O exercício pleno do contraditório não se limita à garantia de alegação oportuna e eficaz a respeito de fatos, mas implica a possibilidade de ser ouvido também em matéria jurídica. 7. Aplicação do princípio da segurança jurídica, enquanto subprincípio do Estado de Direito. Possibilidade de revogação de atos administrativos que não se pode estender indefinidamente. Poder anulatório sujeito a prazo razoável. Necessidade de estabilidade das situações criadas administrativamente. 8. Distinção entre atuação administrativa que independe da audiência do interessado e decisão que, unilateralmente, cancela decisão anterior. Incidência da garantia do contraditório, da ampla defesa e do devido processo legal ao processo administrativo. 9. Princípio da confiança como elemento do princípio da segurança jurídica. Presença de um componente de ética jurídica. Aplicação nas relações jurídicas de direito público. 10. Mandado de Segurança deferido para determinar observância do princípio do contraditório e da ampla defesa (CF art. 5º LV) (MS 24268/Minas Gerais. STF. Tribunal Pleno. Relator: Ministro Gilmar Mendes. Publico no DJ, em 17.09.2004).

trador se porte conforme os postulados fixados em lei, em regramento administrativo ou até mesmo sobre a não-declaração de nulidade de efeito *ex tunc* diante de decisão administrativa de longo período pretérito, é tão segurança jurídica, quanto alguém se pautar conforme comportamento previsto nessa mesma lei ou em regramentos administrativos. Pretender alguém que a Administração Pública o admita em concurso público com idade ou escolaridade diferente daquela prescrita em lei é atentar contra a segurança jurídica que reside exatamente no respeito às regras positivas.

No campo do processo administrativo, o *princípio da segurança jurídica* se estrutura no respeito às regras que o regem. Dessa forma, respeita o princípio quando se age conforme as disposições previstas para a instauração do processo, quando a Administração Pública se comporta respeitando a competência para sua condução e julgamento, cumpre-se a forma, o tempo e o lugar dos atos processuais, não se desborda dos prazos, procede a Administração Pública na instrução com respeito ao princípio da ampla defesa e motiva a sua decisão, dentre outros.

2.5.12. Do princípio do interesse público

O *princípio do interesse público* tem estrutura constitucional. De forma implícita, quanto à Constituição Federal, mas de forma expressa em várias constituições estaduais.[46]

O *princípio do interesse público* deve ser entendido como aquele que, na ausência de regra específica, conduz o intérprete à conclusão de que, no embate entre o indivíduo e a Administração Pública, por buscar esta o bem estar da sociedade, tem interesse que deve predominar sobre aquele.

Não se pode é, sob o manto do interesse público, afastar-se direitos consagrados constitucionalmente. Ocorrendo isso, opera-se o abuso administrativo passível de controle pelo Poder Judiciário. O princípio da predominância do interesse público sobre o privado só se opera na ausência de princípios protetores dos indivíduos.

Valorar-se de forma absoluta o princípio do interesse público é atentar-se contra a estruturação do próprio Estado Democrático de Direito, que é regra fundamental de estruturação do próprio estado brasileiro, que ou-

---

46 ADMINISTRATIVO. CONSTITUCIONAL. PROCESSO DISCIPLINAR. AFASTAMENTO DE SERVIDOR NA FASE DE SINDICÂNCIA. POSSIBILIDADE. INTERESSE PÚBLICO. INVESTIGAÇÃO. – A ausência de descrição minuciosa dos fatos na portaria de instauração de sindicância não é causa de nulidade, sendo necessária somente quando do indiciamento do servidor. Precedentes desta Corte. – Se o ato que determinou o afastamento do impetrante, ora recorrente, da função de diretor de escola estadual, para apurar irregularidades daquela instituição de ensino, está legalmente amparado (art. 13, da Lei nº 10.576/95) e devidamente legitimado pelo interesse público, não há que se alegar agressão a direito líquido e certo. – Recurso ordinário a que se nega provimento (RMS 15080/Rio Grande do Sul. STJ. Sexta Turma. Relator: Ministro Paulo Medina. Publicado no DJ, em 29.03.2004).

Curso de Processo Administrativo

torgou direitos aos indivíduos e aos grupos deles, limitando com isso a ação do Estado. Interpretar-se diferentemente é dar-se ao Estado poder absoluto.

No campo do processo administrativo, é possível aplicar-se o princípio quando, na motivação da decisão a ser proferida, vier existir dúvidas quanto ao interesse predominante – se o da Administração Pública ou do interessado, inclinando-se a autoridade ou o órgão processante pelo interesse público.

2.5.13. Do princípio da oficialidade

O *princípio da oficialidade* tem matriz constitucional. Não de forma expressa, mas de forma implícita porque inerente ao próprio agir administrativo.[47]

Pelo *princípio da oficialidade*, a Administração Pública tem o dever de dirigir o processo administrativo ordenando-o e impulsionando-o com a finalidade única de resolver o conflito em discussão, sem descurar que, nesta sua obrigação institucional, deve atender à verdade material, e não à verdade formal. A Lei Complementar nº 33, de 26 de dezembro de 1996, do Estado de Sergipe, no art 114, assim o definiu:

Art. 114 – Além dos princípios gerais elencados na seção anterior, e de outros estabelecidos em lei, o procedimento administrativo obedecerá aos princípios:

II – da oficialidade, significando que, uma vez instaurado o procedimento, é dever da Administração impulsioná-lo e conduzi-lo, tomando as providências necessárias ao desdobramento dos atos que se seguirão.

2.5.14. Do princípio do informalismo em favor do administrado

O *princípio do informalismo em favor do administrado* tem matiz constitucional ínsita na própria função da Administração Pública outorgada pela Constituição Federal. Isso porque, sendo uma das funções do Estado, que tem como base existencial o regramento da sociedade conforme a lei, não pode aquela pautar sua conduta contra esta regra fundamental.[48]

---

[47] O princípio da oficialidade é encontrado no inciso II, art. 114, da Lei Complementar nº 33, do Estado de *Sergipe*; inciso XII, parágrafo único, art. 2º da Lei nº 11.781/2000, do Estado de *Pernambuco*; inciso XII, parágrafo único, art. 2º da Lei nº 13.800/2001, do Estado de *Goiás*; inciso X, art. 5º da Lei nº 14.184/2002, do Estado de *Minas Gerais*; inciso XII, parágrafo único, art. 2º da Lei nº 2.794/2003, do Estado do *Amazonas* e inciso XII, parágrafo único, art. 2º da Lei nº 418/2004, do Estado de *Roraima*.

[48] Administrativo – Princípio do informalismo – Processo. I – O processo administrativo goza do principio do informalismo, o qual dispensa procedimento rígido ou rito especifico. II – Não configura nulidade, *ab initio*, o fato da instauração iniciar-se através de resolução em substituição a portaria. exigir a lavratura de portaria para abertura do inquérito administrativo e formalismo desnecessário. III – Depoimentos coligidos pela comissão processante constituem prova suficiente a embasar a penalidade. IV – Recurso improvido (RMS 2670/PR. STJ. Sexta Turma. Relator: Ministro Pedro Acioli. Publicado no DJ, em 29.08.1994).

É certo que as normas que pautam a conduta administrativa criam deveres para a Administração Pública e, de outro lado, direitos para o administrado. Dessa forma, como a função finalística da Administração Pública é produzir o maior grau de satisfação possível a todos, não seria razoável que ela imprimisse exigências não previstas em lei.

No campo do processo administrativo, há a concretização do *princípio do informalismo em favor do administrado* quando a Administração Pública se utiliza de forma menos gravosa para o administrado na ausência de preceito expresso. Pode servir de exemplo o fornecimento de informações a terceiro sobre dados de um processo administrativo de interesse coletivo, regra prevista na Constituição Federal. Portanto, exigir a Administração Pública que o terceiro seja identificado ou demonstre interesse no processo é utilizar-se de formalismo ilegal frente a uma regra que prima pela informalidade.

Além de princípio constitucional implícito, a regra tem previsão expressa em legislação ordinária. A Lei Federal nº 9.784/99, inciso IX, parágrafo único, art. 2º, o explicita quando afirma a necessidade de adoção no processo administrativo de formas simples, suficientes para propiciar adequado grau de certeza, segurança e respeito aos direitos do administrado. Várias leis estaduais também o adotaram.[49]

2.5.15. Do princípio da gratuidade

O *princípio da gratuidade* está implícito nos contornos que a Constituição Federal outorga à Administração Pública e significa que, como regra, a Administração Pública não pode exigir o pagamento de custas ou de honorários advocatícios no processo administrativo, como exigido no processo civil. Isso não significa, no entanto, que deva ela arcar com as despesas feitas pelo administrado na defesa de seus interesses. Extração de cópias de peças de um processo ou a contratação de advogado são despesas pessoais do administrado que a Administração Pública não tem responsabilidade.

No entanto, a própria Constituição Federal, no seu art. 145, II, excepciona esta regra quando oportuniza que a Administração Pública cobre taxa como forma de contraprestação de um serviço, como, por exemplo, o fornecimento de alvará.

Além da previsão constitucional, o *princípio da gratuidade* tem respaldo legal. Assim é que a Lei Federal nº 9.784/99, no inciso XI, parágrafo

---

[49] O princípio está previsto no inciso III, art. 114, da Lei Complementar nº 33, do Estado de *Sergipe*; inciso IX, parágrafo único, art. 2º da Lei nº 11.781/2000, do Estado de *Pernambuco*; inciso IX, parágrafo único, da Lei nº 13.800/2001, do Estado de *Goiás*; inciso VII, art. 5º da Lei 14.184, do Estado de *Minas Gerais*; inciso IX, parágrafo único, art. 2º da Lei nº 2.794/2003, do Estado do *Amazonas*; inciso IX, parágrafo único, art. 2º da Lei nº 418/2004, do Estado de *Roraima*.

Curso de Processo Administrativo

único, art. 2º, o explicita, sendo seguido por leis estaduais que já regularam o processo administrativo no âmbito de suas competências.[50]

2.5.16. Do princípio da eficiência

O *princípio da eficiência* tem matriz constitucional expressa através do art. 37, *caput*, da Constituição Federal, positivado pela Emenda Constitucional nº 19/1998.

Segundo Marino Pazzaglini Filho,[51] não se trata de princípio novo porque a própria Constituição Federal já o admitia quando propugnava a necessidade de eficiência na avaliação dos resultados da gestão orçamentária, financeira e patrimonial dos órgãos e entidades da administração federal, através do art. 74, II.

Por ele, tem a Administração Pública, e por conseqüência, o administrador público que lhe dá vida e voz, o dever de produzir resultados, ser eficaz. Trata-se de um conceito moderno atribuído ao Estado-Administração. Os recursos públicos, pelo princípio, devem ser dispostos visando a um retorno correspondente ao que foi empregado e não mais ao emprego disperso de resultado, como se os recursos públicos não devessem ser vinculados a um resultado. Para que a Administração Pública seja eficiência, produza equilíbrio entre o dispêndio público e o resultado obtido pressupõe estratégia administrativa e estudo de viabilidade econômico-social de ampla discussão a ser implementada nos orçamentos. A Lei de Responsabilidade Fiscal, estabelecendo de forma rígida os limites de gastos que a Administração Pública pode fazer com pessoal, é uma demonstração de implementação pelo legislador ordinário do princípio da eficiência.

O Estado tem por finalidade produzir o bem comum, conceito difuso que abrange várias vertentes. Portanto, numa visão essencialmente empresarial, este é o seu produto. O bem comum está disperso em vários tópicos como saúde, educação, proteção ao menor e ao idoso, por exemplo. Assim, a eficiência no emprego das verbas públicas pressupõe administração competente.

O desvirtuamento do novo conceito de administração da coisa pública por emprego ineficiente de verbas orçadas impõe o necessário controle dos Tribunais de Contas e, se provocado, o controle do Poder Judiciário, já que ser eficiente passou a ser obrigação positiva e, portanto, deixou de ser dis-

---

[50] O princípio se encontra regrado no inciso, VII, art. 114 da Lei Complementar nº 33, do Estado de *Sergipe*; inciso XI, parágrafo único, art. 2º da Lei nº 11.781/2000, do Estado de *Pernambuco*; inciso XI, parágrafo único, art. 2º da Lei nº 13.800/2001, do Estado de *Goiás*; inciso IX, art. 5º da Lei nº 14.184/2002, do Estado de *Minas Gerais* e inciso XI, parágrafo único, art. 2º da Lei nº 2.794/2003, do Estado do *Amazonas*.

[51] FILHO, Marino Pazzaglini. *Op. cit.*, p. 32.

crição administração para se transformar em regra de cumprimento obrigatório.

No processo administrativo, o princípio da eficiência tem aplicação quando o Administrador Público não permite sua instauração em situações onde inexistem conflitos com administrados ou terceiros, impede a prática de atos administrativos impertinentes ou inoportunos que somente importarão em dispêndios para a Administração Pública e, ao fundamentar sua decisão, o considera como motivação importante.

2.5.17. Do princípio da igualdade

O *princípio da igualdade* tem sustentação constitucional. Embora não disposto no elenco do art. 37 da Constituição Federal, que trata especifica e diretamente dos princípios vinculadores da Administração Pública, o *princípio da igualdade* é encontrável no rol dos princípios fundamentais que protegem o indivíduo, exatamente no art. 5º, *caput*, ao afirmar *que todos são iguais perante a lei, sem distinção de qualquer natureza.*[52]

Portanto, se a Constituição Federal o catalogou como estrutura essencial na categoria de direito fundamental do indivíduo, afirmou, de outro lado, a existência de uma obrigação merecedora de respeito por todos, inclusive pela Administração Pública.

É de se observar que a igualdade exaltada pela Constituição Federal tem parâmetro na lei. Isto significa que na aplicação da regra positiva todos são iguais. Dessa forma, não pode o exegeta aplicar a mesma lei de uma forma para A e de outra forma para B.

No entanto, no direito administrativo a lei pode estabelecer desigualdades especialmente para cumprimento das políticas públicas protetivas das minorias. O Estatuto da Criança e do Adolescente e o Estatuto do Idoso são exemplos de leis que primam pela desigualdade já que buscam proteger de forma ampla a criança, o adolescente e o idoso e, com isso, relativando outros direitos. A reserva de vagas na Administração Pública para os deficientes é outro exemplo

Marino Pazzaglini Filho[53] salienta que a exigência constitucional pode ser resumida na necessidade de tratamento igual para situações iguais e desigual para situações desiguais na medida da desigualdade.

---

[52] ADMINISTRATIVO – AUTORIZAÇÃO – BANCA DE JORNAIS – REVOGAÇÃO – INEXISTÊNCIA DE MOTIVO – IMPOSSIBILIDADE – ANULAÇÃO. A autorização conferida para exploração de banca de jornais e revistas só pode ser cancelada se houver motivo superveniente que justifique tal ato. Existindo mais de uma banca no mesmo local, a revogação operada a apenas uma delas fere o princípio da igualdade. Tratando-se de ato arbitrário, é cabível sua anulação pelo Poder Judiciário. Recurso provido (RMS 9437/RJ. STJ. Relator: Ministro Garcia Vieira. Publicado no DJ, em 01.07.1999).

[53] FILHO, Marino Pazzaglini. *Op. cit.*, p. 37.

Curso de Processo Administrativo

No campo do processo administrativo, embora a Administração Pública seja ao mesmo tempo parte e juiz, este conflito de atribuições é aparente. Quando a lei que rege o processo administrativo invoca regras de impedimento e suspeição para o condutor do processo e dele exige decisão fundamentada, entre outras situações, está deixando claro que o administrador público responsável pela condução do processo administrativo tem critérios objetivos a seguir e que, por isso, não pode confundir essa atribuição com a da Administração Pública na condição de parte.

A lei processual administrativa que fixar prazos mais alongados para a Administração Pública na condição de parte não fere o princípio da igualdade. O respeita, porque na busca da resolução do conflito Administração *versus* interessado, aquela representa o interesse público e este, o privado. Logo, no embate de interesses a lei pode buscar proteger o que entende de maior relevância. O que não pode ocorrer é, na ausência de disposição legal, o Administrador Público buscar proteger a Administração que integra. Se o faz, fere o princípio da igualdade e possibilita o controle jurisdicional de seu ato porque ilegal.

Não penso como Carmem Lúcia Antunes Rocha,[54] que entende serem inconstitucionais os privilégios legais concedidos a qualquer pessoa, como ocorre com os prazos em quádruplo para contestar e em dobro para recorrer e o reexame necessário concedidos à Administração Pública. O *princípio da igualdade* tem seu limite na aplicação da lei, não na sua criação. O processo legislativo brasileiro está prenhe de exemplos de leis cujo fundamento existencial é a desigualdade entre as partes por elas envolvidas.

Uma constituição que está recheada de dispositivos nitidamente criados para proteger minorias só pode ser regulada por leis de igual invergadura, basta que se tome por exemplo o princípio da função social da propriedade.

2.5.18. Do princípio da dupla instância administrativa

O *princípio da dupla instância administrativa* tem base constitucional. No campo do processo civil, ele é conhecido como *princípio do duplo grau de jurisdição*, que nada mais é do que a previsão legal de submissão da decisão proferida por juiz do primeiro grau a um órgão coletivo superior, estruturado na organização judiciária de Tribunal a que pertence. O art. 5º, inciso LV, da Constituição Federal, outorga fundamentação constitucional a esta afirmação, quando diz que *aos litigantes em processo judicial ou administrativo em geral são assegurados o contraditório e ampla defesa, com os meios e recursos a ela inerentes.* Como *recurso* é o meio de provocar

---

[54] ROCHA, Carmem Lúcia Antunes. "Princípios Constitucionais do Processo Administrativo no Direito Brasileiro", *Revista Trimestral de Jurisprudência*, nº 17, p. 28.

a reforma ou a modificação de uma decisão desfavorável, excepcionalmente atribuída ao prolator da decisão atacada, mas, mesmo nestes casos, com previsão de recurso a um órgão superior, porque a regra é que seja ele dirigido seqüencialmente a uma outra esfera superior, tem-se que, quando a constituição fala em *recursos* em verdade está possibilitando a submissão de uma decisão desfavorável a uma instância administrativa superior, quando a decisão for administrativa, ou a um tribunal, quando a questão envolver jurisdição que é a dicção do Poder Judiciário no conflito.

A opção pela nomenclatura de *dupla instância administrativa*, e não pelo *duplo grau de jurisdição* deve-se, primeiramente, porque esta é a terminologia utilizada pela Lei nº 9.784/99, que é a base principiológica de todo processo administrativo brasileiro, quando, no seu art.57 estabelece que *o recurso administrativo tramitará no máximo em três instâncias administrativas* e, em segundo lugar, porque *grau de jurisdição* está geneticamente imbricado com organização judiciária e suas conseqüências, como é a coisa julgada, situação bem diferente do que ocorre na esfera administrativa.

O princípio da *dupla instância administrativa* é sucedâneo do *princípio do devido processo legal*, significando, por isso mesmo, que este só se completa com o exaurimento daquele.

Diferentemente do processo judicial, o processo administrativo, de regra, não tem multiplicidade de recursos. Sob o pálio *recursos*, o processo civil admite agravo de instrumento, apelação, embargos infringentes, embargos de declaração, reexame necessário, recurso ordinário, recurso especial e recurso extraordinário. No entanto, o processo administrativo sob a denominação de *recurso administrativo* possibilita a provocação de reforma ou a modificação de qualquer decisão administrativa desfavorável, estabelecendo um único procedimento recursal.

2.5.19. Do princípio da proibição de prova ilícita

O *princípio da proibição de prova ilícita* no processo administrativo tem matriz constitucional e, como no processo civil, está diretamente vinculado ao princípio do devido processo legal, já que para que um processo cumpra os trâmites legais é preciso que a instrução se complete com a produção de provas admitida em lei.[55]

---

[55] ADMINISTRATIVO. MANDADO DE SEGURANÇA. DELEGADO DE POLÍCIA CIVIL. PROCESSO ADMINISTRATIVO DISCIPLINAR. DEMISSÃO. QUEBRA DE SIGILO FUNCIONAL. PROVA ILÍCITA. INVALIDADE. – O direito constitucional-penal inscrito na Carta Política de 1988 e concebido num período de reconquista das franquias democráticas consagra os princípios do amplo direito de defesa, do devido processo legal, do contraditório e da inadmissibilidade da prova ilícita (CF, art. 5º, LIV, LV e LVI). – O processo administrativo disciplinar que impôs a Delegado de Polícia Civil a pena de demissão com fundamento em informações obtidas com quebra de sigilo funcional, sem

Curso de Processo Administrativo

A natureza jurídica que rege o princípio está no art.5°, inciso LVI, da Constituição Federal ao afirmar que *são inadmissíveis, no processo, as provas obtidas por meios ilícitos*. *Meio ilícito* de prova é o expediente utilizado contrariamente à lei para demonstração de uma pretensão fática no processo civil ou administrativo.

Como o Código de Processo Civil, as leis que regem o processo administrativo, especialmente a Lei Federal n° 9.784/99, que estabelece normas básicas sobre processo administrativo no âmbito federal e que tem sido padrão de criação legislativa de todas as leis de processo administrativo criadas pelos Estados, reafirma o princípio quando sustenta no art. 30, que *são inadmissíveis no processo administrativo as provas obtidas por meios ilícitos*. Assim, a escuta telefônica, quando não autorizada judicialmente; a confissão mediante tortura, são exemplos típicos de provas obtidas por meio ilícitos.

A obtenção de prova ilícita inocula o processo administrativo de nulidade, impossibilitando o seu conhecimento no julgamento da causa ou, se conhecida e relevante para a decisão do conflito administrativo, inquinando o ato administrativo decisório de nulidade absoluta.

2.5.20. Do princípio do juízo natural

A aplicação do *princípio do juízo natural* no processo administrativo tem natureza constitucional. Quando o art. 5°, inciso LIII, da Constituição Federal afirma que *ninguém será processado nem sentenciado senão por autoridade competente*, está sustentando em outras palavras que, em qualquer processo, civil ou administrativo, deve o litigante conhecer previamente o juízo ou autoridade competente que o irá processar e julgar.

Competência é a faculdade concedida por lei a alguém, um juiz ou autoridade administrativa, para processar e julgar um pleito.[56]

---

a prévia autorização judicial, é desprovido de vitalidade jurídica, porquanto baseado em prova ilícita. – Sendo a prova ilícita realizada sem a autorização da autoridade judiciária competente, é desprovida de qualquer eficácia, eivada de nulidade absoluta e insusceptível de ser sanada por força da preclusão. – Recurso ordinário provido. Segurança concedida (RMS 8327/MG. STJ. Sexta Turma. Relator: Ministro Vicente Leal. Publicado no DJ, em 23.08.1999).

[56] Mandado De Segurança. Administrativo. Tributário. IOF-IR. Depósito Judicial Indeferido (art. 151, II, CTN). Liminar (art. 7°, II, Lei 1533/51). Segurança Denegada. Súmula 405/STF. 1. Exame contido nos limites objetivos do verrumado aresto (questão processual), ficando sem apreciação a questão jurídico-litigiosa de natureza tributária. 2. À parla de liminar, o convencimento do Juiz natural somente deve ser substituído na instância recursal quando a decisão revelar a ilegalidade ou abusividade, uma vez que o seu conteúdo, com o sinete da provisoriedade, está adstrito a requisitos essenciais, conexos ou aditivos e não alternativos (art. 7°, II, Lei 1533/51). Demais, no caso, o *fumus boni iuris* está sombreado por compreensão pretoriana contrária à questionada questão tributária. 3. Recurso sem provimento (RMS 10879/SP. STJ. Primeira Turma. Relator: Ministro Milton Luiz Pereira. Publicado no DJ, em 11.03.2002).

Assim, no processo administrativo, quando a lei estabelece *como, de que forma* e *por quem* o pleito de alguém será processado e julgado, está respeitando o *princípio do juízo natural*. A previsibilidade legal da autoridade que processará e julgará a pretensão de alguém resguarda a segurança no andamento do processo e da isenção de seu julgamento.

O *princípio do juízo natural* impede que alguém possa escolher o juiz ou autoridade administrativa de sua conveniência ou interesse ou tente afastá-los por entender inconveniente aos seus interesses.

Não se pode confundir juiz ou autoridade competente, que é o órgão judicial ou o agente administrativo, funções pertencentes ao Estado, com a pessoa física que detém a jurisdição ou poder de decidir na esfera administrativa. Aquele é permanente e integra a estrutura do Estado e, este, temporário, substituíveis por promoção, aposentadoria etc. Assim, a distribuição um processo de reintegração de posse, por exemplo, para a 1ª Vara Cível de Porto Alegre, ou o encaminhamento de um processo administrativo sancionatório contra servidor público para o superior hierárquico detentor da chefia do órgão em que se encontra lotado o processado, terão no juiz classificado naquela vara por previsão do Código de Organização Judiciária do Estado ou no servidor titular do poder hierárquico, conforme previsão do Estatuto do Servidor Público, os *juízes naturais* do processo judicial ou administrativo, respectivamente, pouco importando que posteriormente estas pessoas sejam substituídas.

No campo do processo civil, e durante muito tempo levou-se a extremos o *princípio do juízo natural*, sustentando-se, por exemplo, que o juiz que colhesse a prova pessoal estaria vinculado para o julgamento do processo. Hoje, ante a realidade da necessidade de modificações sempre constantes na organização judiciária, o princípio deixou o rigorismo e passou a uma relativação permitindo que, se o juiz não se encontrar habilitado, poderá repetir a prova.

Naturalmente que as pessoas investidas na jurisdição ou na função de autoridade processante não podem ter interesse direto ou indireto na causa; ter parente participando como perito, testemunha ou representante de qualquer das partes porque, nesta situação, estariam impedidos de processar e julgar o feito. De outro lado, a existência de amizade íntima ou inimizade notória, como causas de suspeição, tornam o juiz ou a autoridade administrativa processante suspeita para o processo. A permanência de qualquer delas na constância do impedimento ou da suspeição fere o princípio do juízo natural e inocula de vício os atos por elas praticados.

Curso de Processo Administrativo

2.6. DOS COMENTÁRIOS SOBRE OS PRINCÍPIOS PROCESSUAIS ADMINISTRATIVOS TÍPICOS

2.6.1. Generalidades

A Lei Federal nº 9.784/99, que estabelece normas básicas sobre o processo administrativo no âmbito federal, mas que tem servido de fundamento originário de quase todas as leis estaduais sobre processo administrativo, algumas com pequenas modificações, depois de elencar os princípios a que a Administração Pública deveria se subordinava no seu art. 2º acresceu no parágrafo único deste mesmo artigo, que também deveriam ser observados no processo administrativo vários *critérios* que enumera.

Critério vem do grego *kritérion* e do latim *criteriu* e, em ambas as origens, significa aquilo que serve de base para julgamento ou apreciação ou, ainda, o princípio que consiste distinguir o erro da verdade. No campo da filosofia, significa caráter, norma ou modelo que serve para apreciação de um objeto (coisa, idéia ou acontecimento). Portanto, os *critérios* indicados pelo legislador nada mais são do que *princípios de direito processual-administrativos típicos*.

2.6.2. Do princípio da atuação conforme a Lei e o Direito

O inciso I, parágrafo único, do art. 2º da Lei Federal nº 9.784/99, estabelece que deve ser observado no processo administrativo a *atuação conforme a lei e o Direito*, dispositivo que é repetido em quase todas as demais leis estaduais.[57]

O *princípio de atuação no processo administrativo conforme a lei e o Direito* significa uma variante ampliativa do princípio da legalidade. Conquanto este vincule diretamente o agir da Administração Pública ao que dispuser a lei em qualquer de suas ações, inclusive no processo administrativo, aquele alarga esta abrangência de duas formas bem distintas. Primeiramente, porque também condiciona a ação do administrado no processo administrativo a parâmetros legais e, em segundo lugar, porque dimensiona ampliativamente o conceito de que, no processo administrativo, a atuação pode e deve se operar conforme o Direito, conceito bem mais abrangente do que a lei.

---

[57] O dispositivo da Lei Federal é repetido pelo art. 2º, parágrafo único, da Lei 11.781/2000, do Estado de *Pernambuco*; art. 2º, parágrafo único, da Lei nº 13.800/2001, do Estado de *Goiás*; art. 5º da Lei 14.184/2002, do Estado de *Minas Gerais*; art. 2º, parágrafo único, da Lei nº 2.794/2003, do Estado de *Amazonas*; art. 2º, parágrafo único, do Estado *de Roraima*. O art. 5º da Lei nº 10.177 do Estado de *São Paulo* e também o art. 5º da Lei nº 7.692/2002, do Estado de *Mato Grosso*, conquanto não especifiquem critérios de aplicação no processo administrativo, estabelecem que a norma administrativa deve ser interpretada e aplicada de forma que melhor garanta a realização do interesse público a que se dirige.

Portanto, a atuação das partes no processo administrativo permite a aplicação de elementos que, aceitos e adotados universalmente como verdades axiomáticas, atuam na formação da consciência jurídica do homem. Assim são admissíveis no processo administrativos todos os princípios gerais do direito constituídos por axiomas do direito natural, da sociologia, da filosofia, dos costumes, do direito comparado e da analogia.

Dessa forma, embora nenhuma das leis que tratam do processo administrativo, nos âmbitos federal e estaduais regule a forma de concretização do contraditório ou da intervenção de terceiros, nem por isso estes institutos devem ser olvidados porque, por analogia, do processo civil, portanto, pelo princípio de atuação conforme o Direito, ele deve ser aplicado.

2.6.3. Do princípio da irrenunciabilidade de poderes ou competências administrativas

O inciso II do parágrafo único do art. 2º da Lei Federal nº 9.784/99, que estabelece normas básicas sobre o processo administrativo no âmbito federal e tem servido de modelo para várias leis estaduais[58] que tratam do processo administrativo no âmbito de seus respectivos estados, catalogou como norma a ser seguida a impossibilidade de renúncia de poderes ou competências administrativas no âmbito processual administrativo.

Ao particular, em qualquer processo civil ou mesmo administrativo, é possível renunciar a direitos disponíveis ou desistir total ou parcialmente do pedido formulado, inclusive de forma tácita, quando, por exemplo, instado a cumprir determinada diligência de seu exclusivo interesse em prazo certo, mantém-se inerte. No entanto, esta possibilidade é vedada à Administração Pública por uma simples razão: os poderes e as competências atribuídas à Administração Pública o são por força de lei. Portanto, não pode um simples ato administrativo de cunho processual tornar inexistente aquilo que foi estabelecido por lei.

Quando a lei processual administrativa declara que são legitimados como interessados no processo administrativo as pessoas físicas ou jurídicas que o iniciem como titulares de direitos ou interesses individuais ou no exercício do direito de representação; aqueles que, sem terem iniciados o processo, têm direitos ou interesses que possam ser afetados pela decisão

---

[58] O princípio ou critério, como é usualmente denominada a impossibilidade de renúncia de poderes ou competência administrativa no âmbito do processo administrativo, está expressado no inciso II, parágrafo único, art. 2º da Lei nº 11.761/2000, do Estado de *Pernambuco*; inciso II, parágrafo único, art. 2º da Lei nº 13.800/2001, do Estado de *Goiás*; inciso II, art. 5º da Lei nº 14.184/2002, do Estado de *Minas Gerais*; inciso II, parágrafo único, art. 2º da Lei Ordinária nº 2.794/2003, do Estado do *Amazonas*; inciso II, parágrafo único, art. 2º da Lei nº 418/2004, do Estado de Roraima e, de forma genérica, sob o pálio de que *a norma administrativa deve ser interpretada e aplicada de forma que melhor garanta a realização do interesse público a que se dirige*, no art. 5º da Lei nº 10.177/1998, do Estado de *São Paulo* e art. 5º da Lei nº 7.692/2002, do Estado de *Mato Grosso*.

a ser adotada ou, ainda, as pessoas ou as associações legalmente constituídas quanto a direitos ou interesses difusos, como ocorre no art. 9° da Lei Federal n° 9.784/99, está criando direitos para tais legitimados e, por conseqüência, deveres para a Administração Pública, a quem cabe respeitar, sob pena de ferimento ao princípio do devido processo legal, acarretando nulidade dos atos praticados na constância da infração. De outro lado, quando a lei estabelece que, em caso de risco iminente, poderá a Administração Pública, de forma motivada, adotar providências acauteladoras, sem a prévia manifestação do interessado, como ocorre com o art. 45 da citada Lei Federal n° 9.784/99 está criando com isso um direito-dever irrenunciável porque visível a intenção legislativa de proteção ao interesse público. Entender-se que este dispositivo é de aplicação facultativa, passível, portanto, de renúncia ou de desistência expressa ou mesmo tácita pelo agente público condutor do processo administrativo, enseja a conclusão de que, por mero ato processual administrativo, é possível agir-se contrariamente à lei. O que, convenhamos, é uma interpretação irrazoável, pois fere o bom-senso, princípio que norteia qualquer exegese.

A renúncia de poderes ou competências administrativas só é possível quando autorizadas em lei.

Renunciado o poder ou a competência administrativa está-se diante de ato administrativo nulo, passível de declaração pela própria administração ou através de qualquer ação de controle, como o mandado de segurança.

2.6.4. Do princípio da objetividade no atendimento do interesse público

O *princípio da objetividade no atendimento do interesse público* está expresso no inciso III, parágrafo único, art. 2° da Lei Federal n° 9.784/99 e em várias outras leis estaduais que tratam do processo administrativo.[59]

Objetividade é o caráter da atitude ou do procedimento que é, ou pretende ser, estritamente adequado às circunstâncias, segundo o Dicionário Aurélio – Século XXI. Portanto, objetividade no atendimento do interesse público no processo administrativo significa o comportamento dos envolvidos, Administração Pública e interessados, utilizando-se dos meios processuais estritamente necessários que tenha em vista o interesse da coletividade.

A prática de atos processuais desnecessários, protelatórios ou tumultuários, como, por exemplo, a produção de prova com nenhuma pertinência

---

[59] O dispositivo é encontrado no inciso III, parágrafo único, do art. 2° da Lei n° 11.781/2000, do Estado de *Pernambuco*; inciso III, parágrafo único, art. 2° da Lei n° 13.888/2001, do Estado de *Goiás*; inciso III, parágrafo único, art. 2° da Lei n° 2.794/2003, do Estado do *Amazonas* e inciso III, parágrafo único, art. 2° da Lei n° 418, do Estado de *Roraima*. O art. 5° da Lei n° 10.177/1998, do Estado de *São Paulo* e o art. 5° da Lei n° 7.692/2002, do Estado de *Mato Grosso*, admitem o princípio de forma implícita ao sustentarem que a norma administrativa deve ser interpretada e aplicada de forma que melhor garanta a realização do interesse público.

no desfecho da questão, atenta contra a objetividade e desatende o interesse público.

A prática de atos processuais sem objetividade ou que desatenda o interesse público fere o princípio e deve ser evitada ou, se praticada, deve ser escoimada de ofício, por provocação da parte interessada ou até mesmo através de ações de controle judicial da Administração Público, como é o mandado de segurança.

2.6.5. Do princípio de atuação segundo padrões éticos de probidade, decoro e boa-fé

O *princípio de atuação segundo padrões éticos de probidade, decoro e boa-fé* tem fundamento legal, através do inciso IV, parágrafo único, art. 2º da Lei Federal nº 9.784/99, e em várias leis estaduais que tratam do processo administrativo.[60]

Probidade é a qualidade de quem é probo, íntegro, honesto. *Decoro* significa compostura, e *boa-fé* é a ausência de intenção dolosa. As três palavras possuem conceitos sinônimos quando se trata de definir padrões éticos de comportamento. Embora expressadas em lei, estas formas de agir integram o comportamento humano. Sua afirmação legal apenas torna expresso no âmbito do processo administrativo aquilo que deve integrar o patrimônio de todo homem. Assim, mesmo que o princípio não fosse declarado por lei ele integraria o rol dos princípios implícitos, já que diz respeito ao comportamento do homem em sociedade.

Portanto, o comportamento das partes no processo administrativo exige honestidade, compostura e ação isenta de dolo.

A atuação no processo administrativo de forma desonesta, sem compostura ou de má-fé, se praticada pela Administração Pública, é ato ilegal classificável como de improbidade administrativa e, dessa forma, passível de controle pela própria Administração ou pelo Judiciário, através de ações de controle. Quando praticado pelo interessado, deve ser afastado, com aplicação de sanções processuais, como, por exemplo, a proibição de retirada do processo em carga ou de se manifestar nos autos, por aplicação analógica do que ocorre no processo civil.

2.6.6. Do princípio da adequação entre os meios e os fins processuais

O *princípio da adequação entre os meios e os fins processuais* tem previsão no inciso VI, parágrafo único, art. 2º da Lei Federal nº 9.784/99,

---

[60] Este princípio processual administrativo está previsto no inciso IV, parágrafo único, art. 2º da Lei nº 11.781/2000, do Estado de *Pernambuco*; inciso IV, parágrafo único, art. 2º da Lei 13.800/2001, do Estado de *Goiás*; inciso III, art. 5º do Estado de *Minas Gerais*; inciso IV, parágrafo único, art. 2º da Lei 2.794/2003, do Estado do *Amazonas* e inciso IV, parágrafo único, art. 2º do Estado de *Roraima*.

Curso de Processo Administrativo

que regula o processo administrativo no âmbito da Administração Pública Federal, e em várias leis estaduais que se seguiram.[61]

O princípio significa que deve haver correspondência entre os meios processuais utilizados e os fins para os quais ele foi instaurado. No processo administrativo sancionatório, por exemplo, se a portaria acusatória narra um fato punível apenas com pena de advertência, geralmente a de menor grau de punibilidade administrativa entre as previstas no estatuto do servidor, não pode o agente público responsável por aplicação de tal pena produzir uma instrução exaustiva como se fora para a aplicação da pena de demissão. Se assim age, está utilizando-se do meio processual inadequado. Aproveitando este mesmo exemplo, fere o princípio da adequação se a autoridade administrativa responsável pela aplicação da pena aplica a suspensão quando o fato é de mera advertência.

Este princípio de cunho estritamente processual tem imbricação com o princípio da razoabilidade e proporcionalidade.

A inadequação processual entre os meios e os fins possibilita o controle quer pela própria Administração Pública, quer pelo Poder Judiciário.

2.6.7. Princípio da observância das formalidades essenciais à garantia dos direitos dos administrados

O *princípio da observância das formalidades essenciais à garantia dos direitos dos administrados* tem previsão nos incisos VIII e X, parágrafo único, art. 2º da Lei Federal nº 9.784/99, que estabeleceu normas básicas sobre o processo administrativo no âmbito Administração Federal, e em várias leis que regulam o processo administrativo no âmbito estadual e que tomaram a lei federal como parâmetro.[62]

No processo administrativo, além dos direitos fundamentais outorgados na Constituição Federal, o administrado, chamado de *interessado* no processo, tem direitos perante a Administração Pública, conforme o art. 3º da Lei Federal nº 9.784/99, e que é repetidos em todas as leis estaduais que já regulamentaram o processo administrativo no âmbito de sua competência, que podem ser assim enumerados:

I – ser tratado com respeito pelas autoridades e servidores, que deverão facilitar o exercício de seus direitos e o cumprimento de suas obrigações;

---

[61] Repetindo o princípio ungido pela lei federal, estão a Lei nº 11.781/2000, do Estado de *Pernambuco* (inciso IV, parágrafo único, art. 2º), a Lei nº 13.800/2001, do Estado de *Goiás* (inciso VI, parágrafo único, art. 2º); a Lei nº 2.794/2002, do Estado do *Amazonas* (inciso VI, parágrafo único, art. 2º) e a Lei nº 418/2004, do Estado de *Roraima*.

[62] O princípio se encontra repetido nos incisos VIII e X, parágrafo único, art. 2º da Lei nº 11.781/2000, do Estado de *Pernambuco*; incisos VIII e X, parágrafo único, art. 2º da Lei nº 13.800/2001, do Estado de *Goiás*; incisos VI e VIII, art. 5º da Lei nº 14.184/2002, do Estado de *Minas Gerais*; incisos VIII e X, parágrafo único, art. 2º do Estado do *Amazonas* e incisos VIII e X, parágrafo único, art. 2º do Estado de *Roraima*.

II – ter ciência da tramitação dos processos administrativos em que tenha a condição de interessado, ter vista dos autos, obter cópias de documentos neles contidos e conhecer as decisões proferidas;

III – formular alegações e apresentar documentos antes da decisão, os quais serão objeto de consideração pelo órgão competente;

IV – fazer-se assistir, facultativamente, por advogado, salvo quando obrigatória a representação, por força de lei.

O que o princípio estabelece é que, na implementação desses direitos, deve a Administração Pública observar as formalidades essenciais. Ou seja, embora o processo administrativo tenha na informalidade seu ponto forte, o que o diferencia substancialmente do processo civil, quando se tratar da implementação dos direitos processuais do administrativo, essa informalidade cede ao formalismo, já que, por força de lei, eles são considerados essenciais. Ser comunicado de todo ato processual administrativo no processo que possa resultar sanção ou nas situações de litígios, poder apresentar alegações finais, produzir provas e interpor recursos, são formalidades essenciais garantidores dos direitos dos administrados.

A inobservância desse formalismo na implementação dos direitos processuais do administrado, embora a lei expressamente não o diga, é causa de ilegalidade, e, por conseqüência, resultando a nulidade do ato administrativo processual infringente ou do próprio processo se concluído em desrespeito ao princípio, consoante previsão exarada no art. 53, da Lei Federal nº 9.784/99, repetido nas várias leis estaduais que já regraram o processo administrativo no âmbito de sua competência e, nos estados e municípios que ainda não regraram, por aplicação analógica.

O desrespeito ao princípio pode ser sanado pela própria administração ou através de controle jurisdicional.

2.6.8. Do princípio da interpretação da norma administrativa conforme o fim público a que se dirige

O *princípio da interpretação da norma administrativa conforme o fim público a que se dirige* é princípio administrativo típico cuja base legal se encontra no art. 2º, parágrafo único, inciso XIII, da Lei Federal nº 9.784/99 e também em várias leis estaduais que regram o processo administrativo.[63]

---

[63] O dispositivo da lei federal está assim redigido:
Art. 2º ...
Parágrafo único. Nos processos administrativos serão observados, entre outros, os critérios de:
XIII – interpretação da norma administrativa da forma que melhor garanta o atendimento do fim público a que se dirige;
O princípio se encontra previsto no art. 5º da Lei nº 10.177/1998, do Estado de *São Paulo*; no inciso XIII, parágrafo único, art. 2º da Lei nº 11.781/2000, do Estado de *Pernambuco*; no art. 5º da Lei nº 7.692/2002, do Estado de *Mato Grosso*; no inciso XIII, parágrafo único, art. 2º da Lei nº 13.800/2001, do Estado de *Goiás*; no art. 3º da Lei nº 14.184/2002, do Estado de *Minas Gerais*; no inciso XIII,

Curso de Processo Administrativo

Interpretar é explicitar, aclarar determinada palavra ou texto dentro de um conteúdo literário. *Interpretação de norma*, portanto, conceito essencialmente jurídico, é a busca da verdadeira intenção do legislador para determinada palavra ou texto de lei.

Nas leis ou textos legais de conteúdo paradigmático ou emoldural, em que o legislador tão-somente enuncia uma intenção, deixando ao intérprete a função de preencher o vazio do conceito, é muito forte a influência da interpretação para a consolidação do direito. Pode servir de exemplos a inserção pelo Código Civil dos conceitos de *função social dos contratos, probidade e boa-fé.*

Mas, especialmente no direito brasileiro moderno, quase todo ele positivado pelo Estado, o legislador tem-se preocupado em jurisdicizar todas as relações sociais, se não isso, a quase totalidade dessas relações, chegando mesmo até nas minúcias, criando um cipoal de leis não raramente com imbricação de disposições. Isso deixa muito pouco ao intérprete e, o que é importante ou preocupante, ainda estabelece regras tipicamente conceituais do gênero *para os efeitos desta lei, consideram-se,* indicando ao aplicador da lei sobre os limites e intenções para sua aplicação.

O *princípio da interpretação da norma administrativa conforme o fim público a que se dirige* é exemplo típico de ingerência do legislador na função interpretativa do direito. O princípio, como criado na lei federal e nas leis estaduais, é de orientação específica àquele que tem a função de interpretar a norma administrativa quando em atuação no processo administrativo. Com esta orientação legal, na ausência de dispositivo específico, deve o intérprete administrativo aplicar a norma administrativa tendo como norte o fim público a que a norma se dirige.

No entanto, mesmo que o princípio ainda não tenha sido positivado por algumas Administrações Públicas, como é o caso do Estado do Rio Grande do Sul e de vários outros Estados, ele é de aplicação obrigatória porque, embora implícito, decorre da própria estrutura que orienta o direito administrativo que é a proteção à Administração Pública, exegese sempre possível na ausência de regra protetiva ao indivíduo em obediência ao cânone de primazia do fim do Estado.

Fim ou finalidade pública é o dever inerente à própria existência do Estado. O Estado, como criatura, tem uma finalidade estrutural que justifica sua própria existência. E esta finalidade é o bem estar do povo como ponto mais distante e o atendimento às exigências administrativas como ponto mais próximo. Na função do Estado, portanto, estão ínsitas estas obrigações.

---

parágrafo único, art. 2º da Lei nº 2.794/2003, do Estado do *Amazonas* e no inciso XIII, parágrafo único, art. 2º da Lei nº 418/2004, do Estado de *Roraima.*

Decisões proferidas em afronta ao princípio são passíveis de revisão pela própria Administração Pública ou pelo Poder Judiciário.

2.6.9. Do princípio da irretroatividade da nova interpretação

O *princípio da irretroatividade da nova interpretação* tem base positiva no art. 2º, parágrafo único, inciso XIII, parte final, da Lei Federal nº 9.784/99, quando, depois de afirmar que a interpretação da norma administrativa deve atender o que melhor atenda o fim público, diz ser vedada a aplicação retroativa de nova interpretação. Esta redação é repetida em várias leis estaduais que regram o processo administrativo.[64]

Interpretar, no conceito de direito, é explicar, aclarar o sentido de determinada palavra ou texto legal.

A interpretação que se faça de qualquer dispositivo legal no processo administrativo é ato administrativo e, como tal, tem efeito *ex nunc*, ou seja, do momento de sua edição para adiante. Diferente é a declaração de invalidação de um ato por ilegalidade. Aí os efeitos são *ex tunc*, portanto, retroagem ao momento de sua edição.

Pelo *princípio da irretroatividade da nova interpretação* ficam limitados os efeitos da manifestação administrativa proferida anteriormente no processo administrativo. Trata-se de um típico limitador para o condutor do processo administrativo.

O princípio garante que o processo administrativo não sofra reversão no seu desenvolvimento por pura oscilação interpretativa do administrador que o conduz. Dessa forma, dada uma determinada interpretação a um conceito de direito na constância de um processo administrativo, desde que esta interpretação não viole disposição legal, não pode o responsável pelo processo voltar sobre seus passos sob o fundamento de que a nova interpretação é a mais justa para os fins administrativos.

Penso que efetuada a retroação da nova interpretação, estar-se diante de uma violação ao princípio em análise e aos princípios da boa-fé processual e da segurança jurídica.

2.6.10. Do princípio da *reformatio in pejus*

O *princípio da reformatio in pejus* encontra ressonância legislativa no art. 64 e seu parágrafo único, da Lei Federal nº 9.784/99, que tem esta redação:

---

[64] O princípio se encontra previsto na parte final, do inciso XIII, parágrafo único, art. 2º da Lei nº 11.781/2000, do Estado do Pernambuco; parte final, do inciso XIII, parágrafo único, do art. 2º da Lei nº 13.800/2001, do Estado de Goiás; no inciso XIV, do parágrafo único, do art. 2º da Lei nº 2.794/2003, do Estado do Amazonas e na parte final, do inciso XIII, do parágrafo único, do art. 2º da Lei nº 418/2004, do Estado de Roraima.

Curso de Processo Administrativo

Art. 64. O órgão competente para decidir o recurso poderá confirmar, modificar, anular ou revogar, total ou parcialmente, a decisão recorrida, se a matéria for de sua competência.

Parágrafo único. Se da aplicação do disposto neste artigo puder decorrer gravame à situação do recorrente, este deverá ser cientificado para que formule suas alegações antes da decisão.[65]

O interessado em qualquer processo administrativo tem como garantia constitucional a possibilidade de submeter a decisão administrativa em que foi sucumbente a uma segunda instância administrativa. Trata-se de aplicação do *princípio da dupla instância administrativa* também chamado de *princípio da revisibilidade,* disposição também existente nos processos penal e civil.

O grande fator que diferencia o exame pela segunda instância no processo administrativo daquele feito pelo segundo grau na esfera penal ou civil é que, nestes, não existe a possibilidade de reforma da decisão contra o recorrente. Ou se julga improcedente o recurso ou se lhe dá provimento, total ou parcialmente.

A possibilidade do recurso administrativo interposto pelo interessado vir a sofrer modificação ou revogação causando prejuízo ao recorrente decorre da natureza do próprio litígio. O embate em qualquer processo administrativo coloca, de um lado, a Administração Pública, e, de outro, o administrado ou interessado. Portanto, ela envolve um interesse público *versus* interesse privado. O conceito de interesse público não é algo vago ou absolutamente conceituável pela Administração Pública. Interesse público é aquilo que for definido na Constituição Federal, nas constituições estaduais e nas leis que as regulamentam, inclusive no âmbito municipal. O interesse público assim definido, no entanto, sofre limitação quer seja pelos direitos fundamentais do indivíduo e da sociedade constante na Constituição Federal, quer por direitos outros instituídos nas constituições estaduais ou em leis federais, estaduais ou municipais.

A possibilidade da *reformatio in pejus*, ou de reforma da decisão de primeira instância para pior, em recurso administrativo interposto pelo interessado, dessa forma, não é manifestação infundada do órgão decisor de segunda instância administrativa. Essa decisão, além de fundamentada, deve considerar que, no conflito de interesses em disputa, há supremacia do interesse da Administração Pública sobre o interesse privado do administrado ou do terceiro interessado.

---

[65] Dispositivo idêntico é encontrado no art. 64 e seu parágrafo único, da Lei nº 11.781/2000, do Estado de *Pernambuco*; no art. 64 e seu parágrafo único, da Lei nº 13.800/2001, do Estado de *Goiás*; no art. 66, parágrafo único, da Lei nº 2794/2003, do Estado do *Amazonas* e no art. 64 e seu parágrafo único, da Lei nº 418/2004, do Estado de *Roraima*.

A decisão da segunda instância que modifique ou revogue decisão anterior, se não for motivada ou, se motivada, embutir manifestação pessoalizada ou imoral, é decisão nula, que deve ser controlada no próprio âmbito administrativo ou pelo Poder Judiciário.

2.7. DOS COMENTÁRIOS SOBRE OS PRINCÍPIOS SUBSIDIÁRIOS DE PROCESSO CIVIL, APLICÁVEIS AO PROCESSO ADMINISTRATIVO

2.7.1. Generalidades

A tradição do processo judicial como instrumento de resolução de conflitos é inquestionável. Talvez isso decorra da visão estreita de que os conflitos somente podem ser resolvidos através do Poder Judiciário.

Trata-se de um pensamento apenas parcial porque, por dispositivo constitucional, o processo administrativo também foi alçado à condição de instrumento para resolução dos conflitos, só que administrativos.

Como estrutura mais sedimentada, o processo judicial produziu princípios que norteiam a exegese daquele que o opera.

Assim, conquanto o processo judicial tenha estrutura mais formalista muitos dos seus princípios são aplicáveis ao processo administrativo de forma subsidiária.

2.7.2. Do princípio da economia processual

O processo é um instrumento através do qual se busca obter a solução de um litígio. Portanto, suas regras se pautam por esta finalidade. Vai longe o tempo em que o processo era o fim em si mesmo.

Mas as regras do processo não são criação do juiz, no âmbito do processo penal ou civil, ou da administração, no âmbito do processo administrativo. Seu comportamento é fixado por regras objetivas. No seu desenvolvimento, portanto, deve-se executar regras previamente dispostas em leis processuais próprias.

No entanto, situações existirão que não foram previstas pelo legislador processual mas que são necessárias para a solução da contenda. Neste caso, incide o *princípio da economia processual*, segundo o qual se devem utilizar os meios menos onerosos para o suprimento da lacuna.

No processo administrativo o *princípio da economia processual* deve ser aplicado sempre que houver lacuna na lei que o rege, buscando a Administração atingir a finalidade pretendida no processo de forma breve.

2.7.3. Do princípio do ônus da prova

Desde o direito romano que se conhece o *princípio do ônus da prova*, segundo o qual compete àquele que alega demonstrar a existência de sua alegação.

O Código de Processo Civil adotou este princípio no art. 333, incisos I e II, apenas o estruturando com relação a quem faz a alegação: ao autor, quanto ao fato constitutivo de seu direito e, ao réu, quanto à existência de fato impeditivo, modificativo ou extintivo do direito do autor.

Este princípio também é aplicado ao processo administrativo de forma subsidiária.

2.7.4. Do princípio da verdade real

Durante muito tempo grassou no direito processual a máxima da verdade formal, inclusive com valoração quantitativa sobre determinados tipos de provas. A confissão era a rainha das provas. Diante dela, soçobrava qualquer outra prova. Duas testemunhas valiam mais do que uma.

Hoje, a busca da verdade real, modernidade no direito processual, determina que na busca do que realmente aconteceu, deve o magistrado ou o a autoridade administrativa processante buscar, independentemente da atuação da parte, comprovar elementos para embasar sua decisão.

Dessa forma, no processo administrativo o silêncio da administração ou do interessado não importa em confissão, podendo a autoridade administrativa responsável pelo processo determinar providências independentemente de manifestação da parte interessada.

Na aplicação do *princípio da verdade real* pode a autoridade processante, inclusive, indeferir a produção de prova impertinente ou procrastinatória.

2.7.5. Do princípio da sucumbência

Sucumbência vem do latim *succumbentia,* que é o ato de sucumbir. Por sua vez, *sucumbir*, no conceito jurídico, significa ser vencido no processo ou ter perdido a causa.

Vulgarmente, o termo sucumbência passa a idéia de responsabilização de quem perdeu o processo e foi condenado em honorários advocatícios e despesas processuais. No entanto, isto significa apenas conseqüências pecuniárias de quem foi vencido na disputa processual.

No processo administrativo, diante do *princípio da gratuidade* (todos os atos praticados no processo são gratuitos) inexiste sucumbência na perspectiva de responsabilização pecuniária de quem perde a causa, mas o princípio existe para efeitos recursais.

Dessa forma, só pode recorrer quem sucumbiu, no todo ou em parte, do pedido administrativo formulado. Aplica-se aqui, de forma menos extensiva, o *princípio da sucumbência* do processo civil.

O vencedor da demanda administrativa, por óbvio, não tem legitimidade recursal, salvo se sucumbiu em parcela mínima.

Situação curiosa ocorrida no processo civil é a da parte que, embora vencedora no primeiro grau e beneficiária de verba honorária, interpõe recurso porque sabe que o entendimento do segundo grau é contrário ao manifestado pelo primeiro. Neste caso, o recurso é inadmissível porque não houve sucumbência.

2.7.6. Do princípio da dialeticidade recursal

O *princípio da dialeticidade recursal* presente no processo civil também é aplicado no processo administrativo.

Todo recurso deve ser interposto com argumentos, com razões que demonstrem ao julgador do segundo grau, na órbita do processo civil, ou da segunda instância, no processo administrativo, da necessidade de se modificar a decisão anterior. E argumentar para se contrapor a uma idéia oposta é procedimento dialético. Daí por que o princípio é denominado de *princípio da dialeticidade recursal*.

A argumentação em sentido contrário é essencial para o acolhimento ou não do recurso. Sem ela, não tem o julgador condições de sopesar se a decisão anterior é ou não correta.

Ademais, não existe na teoria do processo o recurso de ofício, como regra. Ele existe como exceção e apenas utilizada como forma de privilégio para as pessoas de direito público como são a União, os estados, o Distrito Federal, os municípios e as autarquias, como deferência à própria condição de representarem o estado brasileiro.

Recurso sem razões fere o *princípio da dialeticidade* e, portanto, não deve ser recebido.

O art. 60 da Lei Federal nº 9784/99 tangencia o princípio, quando afirma que o recurso deve se interposto por meio de requerimento no qual o recorrente *deve expor os fundamentos do pedido de reexame.*

Embora a lei não atribua efeitos ao recurso sem fundamentos ou mal fundamentado, é de se ter sua necessidade como elemento intrínsico de sua admissibilidade.

2.7.7. Do princípio da unicidade recursal

O *princípio da unicidade recursal* significa que para cada decisão deve ser interposto um único recurso, mesmo que ele seja preparatório do seguinte, como é o caso dos embargos de declaração, e que, seja ele provido ou não, goste ou não o recorrente do que foi decidido, estará impedido de interpor outro recurso substitutivo do primeiro.

Pelo *princípio da unicidade recursal* não pode haver concomitância de recursos.

No entanto, o indeferimento do recurso administrativo por questão de estrutura formal, desde que dentro do prazo, pode oportunizar nova interposição.

Este princípio típico do processo civil também é aplicado ao processo administrativo.

2.7.8. Do princípio da voluntariedade recursal

O *princípio da voluntariedade recursal* significa que recorrer é ato voluntário da parte.

Salvo no recurso de ofício, também chamado de reexame necessário, benefício típico que a lei concede à Administração Público, se não houver manifestação expressa de recorrer, não haverá recurso.

No entanto, pode a autoridade processante, mesmo tomando conhecimento do recurso voluntário do interessado, modificar a decisão de primeira instância em desfavor do recorrente, se encontrar nulidade ou a decisão proferida contrariar o interesse público.

3. Dos institutos comuns a todos os processos administrativos

3.1. DAS PARTES

3.1.1. Considerações gerais

Existe uma multiplicidade de processos administrativos mesmo no âmbito de cada administração. Isso gera uma grande dificuldade para seus operadores. No entanto, apesar dos regramentos distintos e muitas vezes casuísticos existem institutos que são comuns a todos eles.

O que se pretende neste estudo é uniformizar regras possíveis de serem aplicadas ou na ausência de regras gerais nos processos especiais ou na ausência de previsão legal de processo típico.

Daí porque estes comentários são agrupados sob o título *Dos institutos comuns a todos os processos administrativos.*

O processo administrativo, aqui sendo entendido como aquele em que há litígio administrativo envolvendo interessados e Administração Pública, não apresenta a definição de partes tão bem delineada no processo civil ou penal, em que o autor e o réu são identificados por seus direitos ou interesses em disputa.

Essa dificuldade advém da incipiente doutrina sobre o processo administrativo que ainda o vê como mero procedimento inquisitorial, motivo que se transforma em fator de desinteresse para o aprofundamento do estudo de seus institutos, confundindo a Administração Pública *parte* com aquele que o processa e o *julga*. Mas a nebulosidade não existe, pois se trata de uma aparente confusão que se faz entre o conceito de Administração Pública na condição de parte e de condutora e julgadora do processo.

No conceito de Administração Pública são encontráveis estruturas com competências próprias e que possuem atribuições inconfundíveis. Assim, quando se fala em administração direta, indireta, entes, entidades ou pessoas públicas, órgãos e autoridade, está se identificando unidades integrativos de um todo, mas que, no entanto, detêm, cada um dentro daquilo que a lei lhe outorgar, competência específica e, em decorrência dela, autonomia de atuação. O conceito difuso contido no termo *Administração Pública* passa, dessa forma, a ter identidade própria por força de lei. Portanto, quando o dispositivo legal fala em *administração direta* está se referindo à parte da Administração Pública integrada pela União, cada um dos Estados, pelo Distrito Federal, por cada um dos Municípios e seus respectivos órgãos abrangendo, ainda, os Poderes Legislativo e Judiciário enquanto administração. E quando se refere à *administração indireta*, por sua vez, está fazendo referência à Administração Pública integrada pelas autarquias, sociedades de economia mista, empresas públicas e fundações. De outro lado, quando a lei menciona *entes* ou *entidades públicas*, também chamadas de *pessoas jurídicas de direito público*, está conceituando todas aquelas estruturas que possuem personalidade jurídica integradoras da Administração Pública, logo passíveis de assumirem direitos e obrigações. Já a menção a *órgãos públicos* diz respeito às unidades integrantes dos entes públicos. Por fim, o termo *autoridade pública* tem conceituação daquele agente ou servidor público dotado de poder de decisão. Seria este, na comparação entre o processo civil e penal, o juiz do processo administrativo.

Tem-se, portanto, que a Administração Pública na condição de *parte* no processo administrativo tem direitos e deveres que não se confundem com a Administração Pública *condutora e julgadora do processo*. Embora integrem um conceito difuso, por força de lei, no entanto, detêm competências específicas que devem ser respeitadas. Confundir especialmente a autoridade processante ou julgadora estas diferenças é agir contra os princípios da legalidade, da moralidade, da impessoalidade, da igualdade, da probidade, da boa-fé e do decoro administrativo.

A outra parte no processo administrativo é comumente chamada de *interessado*.[66] Trata-se de uma denominação típica do processo administrativo bem diferenciada do processo civil ou penal. Assim não há autor, réu ou acusado no processo administrativo. Mas simplesmente *interessado*, que é o administrado, pessoa física ou jurídica que tem direitos ou interesses que podem ser atingidos por decisão administrativa.

3.1.2. Da Administração Pública

3.1.2.1. Do conceito de Administração Pública como parte

A Administração Pública como *parte* no processo administrativo pode ser qualquer das suas unidades conceituais, como a União, cada um dos

---

[66] Aliás, a Lei nº 9.784/99, que trata do processo administrativo no âmbito da administração federal, mantém este denominação, que é seguida em todas as legislações estaduais que se seguiram à lei federal.

Estados, o Distrito Federal, cada um dos Municípios, as autarquias, cada um dos órgãos dessas pessoas públicas, as empresas públicas, as sociedades de economia mista, as empresas públicas e as fundações, estas últimas enquanto Administração Pública,[67] desde que tenha alguma pretensão de direito ou de interesse e competência para ser parte especificada em lei.

Para não deixar dúvida, é bom repetir que a União, cada um dos Estados, o Distrito Federal, cada um dos Municípios, as autarquias e os órgãos que compõem estas pessoas públicas sempre integram o conceito de Administração Pública para efeitos de processo administrativo, desde que demonstrem interesse e tenham competência.

Dúvida surge quanto às empresas públicas, sociedades de economia mista e fundações, já que tais pessoas apenas excepcionalmente agem como Administração Pública. Neste caso, estas pessoas só são partes quando a lei as classificar como portadoras de funções administrativas. É o caso dos processos que envolvam concurso público, sancionamento de empregados públicos, desde que haja previsão regulamentar, licitação e contratos, contratação temporária para necessidades emergenciais, prestação de contas por recebimento de verbas públicas, processo administrativo por improbidade administrativa contra seus administradores, entre outros.

A Administração Pública somente poderá ser considerada como *parte* se o processo administrativo for instaurado no âmbito de sua competência. Aquelas Administrações Públicas que tiverem interesses em processo instaurado por outra Administração Pública serão apenas *interessados*.

3.1.2.2. Do legítimo interesse

O conceito de *interesse* para que a Administração Pública seja parte no processo administrativo reside na existência de uma sua pretensão jurídica positiva ou negativa passível de ser resistida por atingir direitos e interesses de qualquer interessado. Essa pretensão jurídica naturalmente que deve estar vinculada aos fins da administração que, em outras palavras, é o bem comum.[68]

---

[67] É sabido que as empresas públicas, as sociedades de economia mista e as fundações, por força do inciso 19, do art. 37, da Constituição Federal, com a redação que lhe deu a Emenda Constitucional nº 19/98, não são mais criadas por lei específica, como ocorria na vigência do Decreto-lei nº 200/67. A lei apenas autoriza que possam ser criadas, deixando à Administração Pública a competência para a formulação de seus atos constitutivos e registro no Cartório de Registro Civil de Pessoas Jurídicas ou na Junta Comercial, dependendo da respectiva natureza jurídica. Essa mudança importou numa descaracterização da empresa pública, sociedade de economia mista e fundação como Administração Pública e, na proporção inversa, aumentou o grau de pessoa jurídica privada. Elas integrarão o conceito de Administração Pública sempre e quando a lei assim determinar. No silêncio, suas manifestações são de pessoas jurídicas privadas e, portanto, não necessitam de processo administrativo para instrumentalizá-las.

[68] Administrativo – FGTS – Servidor publico – Mudança de regime – Movimentação da conta vinculada – Interesse da união – Sumula TFR-148 – Precedentes. 1. a União Federal tem legitimo interesse para

Mas, diferentemente do *interessado*, que pode iniciar um processo administrativo para buscar reparação de situações jurídicas estritamente pessoal, como é o pedido de afastamento das funções formulado por servidor público para tratar de interesses particulares por determinado tempo, a Administração Pública, enquanto parte, fica limitada a parâmetros estritamente regrados na Constituição Federal, na Constituição Estadual, nas leis orgânicas municipais ou nas leis ordinárias de qualquer esfera de competência.[69]

Mesmo no puro exercício do poder discricionário, que é a essência maior de ação da Administração Pública, como é a revogação do ato administrativo, em que a oportunidade e a conveniência são misteres administrativos, ela detém legítimo interesse *negativo* e, portanto, está obrigada a instaurar o processo administrativo, se tal revogação atingir direitos ou interesses individuais, e por isso deve oportunizar o respeito a todos os atos e termos que lhe são integrantes, como são exemplos mais flagrantes o contraditório e a ampla defesa para, somente depois disto e ao final, editar o ato motivadamente.

O *legítimo interesse* para que a Administração Pública determine a instauração de processo administrativo pode surgir por provocação de qualquer administrado através de denúncia ou representação. Esta comunicação

integrar a lide, como litisconsorte necessário, nas ações de servidores públicos objetivando movimentar os depósitos do FGTS. 2. A passagem do regime jurídico celetista para o estatutário, por força da lei 8112/90, confere a esses servidores o direito a movimentação de suas contas vinculadas. 3. Permanece atual o entendimento sumulado pelo extinto TFR sobre a matéria. 4. Recursos não conhecidos (RESP 33090/CE. STJ. Segunda Turma. Relator: Ministro Peçanha Martins. Publicado no DJ, em 07.06.1993).

[69] I. Tribunal de Contas: competência: contratos administrativos (CF, art. 71, IX e §§ 1º e 2º). O Tribunal de Contas da União – embora não tenha poder para anular ou sustar contratos administrativos – tem competência, conforme o art. 71, IX, para determinar à autoridade administrativa que promova a anulação do contrato e, se for o caso, da licitação de que se originou. II. Tribunal de Contas: processo de representação fundado em invalidade de contrato administrativo: incidência das garantias do devido processo legal e do contraditório e ampla defesa, que impõem assegurar aos interessados, a começar do particular contratante, a ciência de sua instauração e as intervenções cabíveis. Decisão pelo TCU de um processo de representação, do que resultou injunção à autarquia para anular licitação e o contrato já celebrado e em começo de execução com a licitante vencedora, sem que a essa sequer se desse ciência de sua instauração: nulidade. Os mais elementares corolários da garantia constitucional do contraditório e da ampla defesa são a ciência dada ao interessado da instauração do processo e a oportunidade de se manifestar e produzir ou requerer a produção de provas; de outro lado, se se impõe a garantia do devido processo legal aos procedimentos administrativos comuns, a fortiori, é irrecusável que a ela há de submeter-se o desempenho de todas as funções de controle do Tribunal de Contas, de colorido quase – jurisdicional. A incidência imediata das garantias constitucionais referidas dispensariam previsão legal expressa de audiência dos interessados; de qualquer modo, nada exclui os procedimentos do Tribunal de Contas da aplicação subsidiária da lei geral de processo administrativo federal (L. 9.784/99), que assegura aos administrados, entre outros, o direito a "ter ciência da tramitação dos processos administrativos em que tenha a condição de interessado, ter vista dos autos (art. 3º, II), formular alegações e apresentar documentos antes da decisão, os quais serão objeto de consideração pelo órgão competente". A oportunidade de defesa assegurada ao interessado há de ser prévia à decisão, não lhe suprindo a falta a admissibilidade de recurso, mormente quando o único admissível é o de reexame pelo mesmo plenário do TCU, de que emanou a decisão (MS 23550/DF. STF. Tribunal Pleno. Relator: Ministro Marco Aurélio. Publicado no DJ, em 31.10.2001).

é puro exercício de cidadania que não se confunde com interesse próprio do denunciante ou representante.

3.1.2.3. Da representação

Formalmente, a Administração Pública será representada como parte no processo administrativo por quem a lei ou o regulamento assim dispuser. A isto se chama *competência*, que são os poderes outorgados a um órgão ou autoridade para agir em nome da Administração.

Como regra, a *competência* para que o órgão ou a autoridade atue no processo administrativo representando a Administração Pública é *irrenunciável*, salvo quando houver disposição expressa para sua delegação.

O ato de delegação para representação do órgão ou autoridade no processo administrativo representando a Administração Pública deve especificar as matérias e os poderes transferidos, os limites da atuação do delegado, a duração e os objetivos da delegação, podendo, inclusive, conter ressalvas.

O ato de delegação deve ser *publicado* e pode ser *revogado* a qualquer momento.

Os atos processuais praticados em decorrência da delegação devem fazer referência expressa a esta qualidade e são tidos como praticados pelo órgão ou autoridade delegante.

A representação irregular da Administração Pública no processo administrativo é causa de nulidade que pode ser declarada pela autoridade processante ou julgadora ou pelo Poder Judiciário através da ação de controle típica.

Na pretensão de controle judicial pelo interessado de qualquer ato resultante de delegação de representação da Administração Pública no processo administrativo deve ele considerar a figura do órgão ou autoridade delegante e não o órgão ou autoridade delegada. Assim, como exemplo próximo, se na organização judiciário do Poder Judiciário da União ou dos Estados contiver competência privilegiada em razão da pessoa que delegou a prática de atos processuais administrativos é contra esta que a ação de controle deverá ser dirigida e não contra o delegado, o que exige o ajuizamento da demanda de controle perante o órgão judiciário competente para julgar a autoridade delegante.

O ato do delegado é mero ato de execução e, portanto, ato vinculado a uma determinação administrativa superior.[70]

---

[70] No Estado do Rio Grande do Sul, os atos administrativos praticados pelo Presidente do Tribunal de Justiça, enquanto emitidos nesta competência, são julgados pelo Órgão Especial, podendo servir de exemplos as multas administrativas aplicadas por inadimplementos de contratos administrativos firmados pelo Tribunal de Justiça e particulares. No entanto, o ato administrativo do Presidente do Tribunal de Justiça, enquanto emanado de sua condição de Presidente do Conselho da Magistratura, como é o caso de demissão de servidor público do Poder Judiciário, tem o foro competente no 2º Grupo Cível.

Curso de Processo Administrativo

3.1.3. Do interessado

3.1.3.1. Do conceito de interessado como parte

O processo administrativo admite apenas duas partes: a *Administração Pública* e o *interessado.*

Diferentemente do processo civil, não existe a figura do litisconsorte, do assistente ou do terceiro interessado em qualquer de suas classificações, nem é regrado através de procedimento específico para suas inclusões ou manifestações no processo.

Todos aqueles que direta ou indiretamente iniciarem o processo administrativo como titulares de direitos ou de interesses individuais ou no exercício do direito de representação; que forem afetados em seu direito ou interesse pela decisão a ser proferida no processo, mesmo sem o terem iniciado; as organizações e associações representativas de direitos e interesse coletivos e as pessoas ou as associações legalmente constituídas atingidas pela decisão, todos, sem exceção, são *interessados* e por isso legitimados como *parte* no processo, com os mesmos direitos e deveres.

Aqui tem aplicação plena o *princípio do informalismo em favor do interessado,* afastando-se da lide administrativa a tormentosa superação da admissão e da aplicação dos efeitos da coisa julgada ao litisconsorte, ao assistente ou ao terceiro interessado, como ocorre no processo civil.

Do ato que não admitir qualquer interessado como parte no processo administrativo cabe pedido de reconsideração e recurso administrativo, se houve previsão legislativa a respeito.

3.1.3.2. Do legítimo interesse

A condição de *interessado* no processo administrativo, apesar de larga, não é indistinta.[71]

Para que uma pessoa física ou jurídica pública ou privada, estas através de empresas comerciais, associações civis, sociedades, sindicatos, federações ou confederações legalmente constituídas, ou até mesmo organizações e associações de fato representativas de defesa de direitos e interesse coletivos, para atuarem no processo administrativo na condição de *interessado*, precisarão demonstra o direito ou o interesse a ser atingido pela decisão administrativa.

---

[71] Processual – Mandado de segurança – Processo administrativo – Encerramento – Absolvição – legitimo interesse – Extinção do processo judicial. Encerrado o processo administrativo, com absolvição do acusado, extingue-se, por falta de interesse o processo de mandado de segurança destinado a paralisar a investigação administrativa (RMS 1963/BA. STJ. Primeira Turma. Relator: Ministro Humberto Gomes de Barros. Publicado no DJ, em 08.11.1993).

Não basta a simples alegação. O *interessado* deve provar de que forma o seu direito ou interesse será atingido pela decisão administrativa a ser proferida no processo.

Esse juízo de admissibilidade deve ser efetuado pela autoridade processante de forma prévia, mas, se isto depender de instrução, poderá fazê-lo, como matéria preliminar, na decisão a ser proferida no final do processo.

Do ato administrativo que deferir ou indeferir a presença de *interessado* no processo administrativo por presença ou ausência de legítimo interesse cabe pedido de reconsideração e recurso administrativo, se previsto na lei processual administrativa.

3.1.3.3. Da capacidade do interessado como pessoa natural

A *pessoa natural* ou *física* para legitimar-se como *interessado* no processo administrativo precisa ter capacidade, que é a aptidão legal de alguém para adquirir e exercer direitos e contrair obrigações na vida civil.

A *capacidade* é instituto de direito civil e é adquirida ao se completar 18 anos, nos termos do art. 5º do Código Civil.

No entanto, de forma pragmática e excepcional e dependendo de previsão em ato próprio, essa capacidade pode ser admitida para os acima de 16 anos ou para aqueles que a adquirirem mediante concessão dos pais ou suprimento judicial, pelo casamento, pelo exercício de emprego público efetivo, colação de grau de ensino superior ou pelo estabelecimento civil ou comercial, ou relação de emprego, desde que, em função deles o menor de 16 anos completos tenha economia própria.

Os menores de 16 anos, aqueles que, por enfermidade ou deficiência mental, não tiverem o necessário discernimento para a prática dos atos da vida civil e os que, mesmo por causa transitória, não puderem exprimir sua vontade, por absolutamente incapazes, conforme o art. 3º do Código Civil, não são legitimados para ingressarem pessoalmente no processo administrativo. Podendo, no entanto, ser representados pelos pais ou curadores.

Os maiores de 16 anos e menores de 18 anos, os ébrios habituais, os viciados, e os que, por deficiência mental tenham discernimento reduzido, os excepcionais, sem desenvolvimento mental completo e os pródigos, apesar de relativamente incapazes, podem ser legitimados como interessados no processo administrativo, se houver permissivo legal, quanto aos menores de 16 anos e menores de 18 anos, ou, quanto aos demais, prova médica de que tenham conhecimento pleno da ação que praticam, consoante exegese do art. 4º do Código Civil.

Se porventura surgirem dúvidas sobre a capacidade do *interessado* deve a autoridade administrativa processante:

a) indeferir liminarmente o requerimento, se o pedido é individual e foi ele iniciado pelo próprio interessado;

b) afastá-lo do processo, se o pedido foi formulado por mais de um interessado ou iniciado pela Administração Pública;

c) declarar que a decisão final não o atinge, se a irregularidade for detectada durante o desenvolvimento do processo.

Em qualquer situação cabe pedido de reconsideração e recurso administrativo, se houver previsão na lei processual administrativa.

3.1.3.4. Da representação do interessado

O *interessado,* seja ele pessoa natural ou jurídica, pública ou privada, pode ingressar no processo administrativo *pessoalmente.*

Não há exigência de que seja representado necessariamente por advogado, como ocorre no processo civil ou penal. Isso em respeito ao *princípio do informalismo a favor do administrado,* salvo se houver preceito legal em sentido contrário dado a natureza do processo ou a sua complexidade.

Nesta situação, não podendo o interessado constituir advogado, deve a autoridade processante nomear-lhe advogado dativo, tal qual se opera no processo civil e penal. A nomeação decorre do respeito aos *princípios do devido processo legal, do contraditório e da ampla defesa.*

A Administração Pública na qualidade de interessado deve apenas identificar seu representante, apontando-lhe a competência legal ou regulamentar.

A pessoa jurídica privada deve apresentar cópia de seu estatuto que demonstre sua existência e a da pessoa que judicialmente a representa.

Surgindo dúvidas sobre a representação do *interessado,* a autoridade processante que não tem força jurisdicional para determinar seu suprimento, o afastará do processo ou declarará que os efeitos de sua decisão não o atingem.

Em qualquer situação cabe reconsideração e recurso administrativo, se houver previsão legal.

3.1.3.5. Da intervenção de interessados quando já iniciado o processo

Diferentemente do processo civil, o processo administrativo não faz distinção entre os que atuam no processo na defesa de direitos ou de interesses perante a Administração Pública. Assim não existem litisconsortes, assistentes ou terceiros como no processo civil. Todos são *interessados* ou *partes,* denominação genérica para os que se contrapõem à Administração Pública.

92   *Wellington Pacheco Barros*

Portanto, todas as pessoas físicas ou jurídicas cujos direitos ou interesses forem indiretamente afetados no processo; as organizações e associações representativas, no tocante a direitos e interesses coletivos e os cidadãos ou associações, quanto a direitos e interesses difusos podem ingressar no processo a qualquer momento assumindo a qualidade de *interessado* ou de *parte*.

Essa intervenção pode ocorrer até mesmo para interposição de recurso administrativo, oportunidade que a legitimidade de interessado será analisada como questão prejudicial.

3.2. DA INSTAURAÇÃO DO PROCESSO

3.2.1. Considerações gerais

O processo administrativo pode ser instaurado por manifestação da Administração Pública, no que é indevidamente chamado de *instauração de ofício*, ou a requerimento do interessado. E nesta última situação na forma escrita ou oral.

Situações administrativas ocorrem que exigem da Administração Pública a instauração de processo administrativo porque as conseqüências jurídicas delas derivadas atingem direitos ou interesses de determinados administrados. Nestas situações, e até mesmo por respeito ao princípio constitucional do devido processo legal e aos princípios congruentes do contraditório, da ampla defesa e da possibilidade recursal, tem a Administração Pública o dever de instaurar processo por iniciativa própria.

É possível enumerar de forma exemplificativa as seguintes situações como ensejadoras de instauração de processo pela própria Administração Pública:[72]

---

[72] *O Código de Organização e de Procedimento da Administração Pública do Estado de Sergipe, Lei Complementar nº 33, de 26 de dezembro de 1996*, no seu art. 115, é a única legislação que trata de processo administrativo a se preocupar, de forma expressa, com as situações em que a Administração Pública tem o dever de instaurar processo administrativo de ofício. A Lei Federal nº 9784/99, que tem servido de base para a criação de várias leis estaduais sobre processo administrativo, apenas por linha oblíqua faz referência à instauração de processo pela Administração Pública quando, no seu art. 50, enumera quais os atos administrativos que deverão ser motivados, arrolando aqueles que neguem, limitem ou afetem direitos ou interesses; imponham ou agravem deveres, encargos ou sanções; decidam processos administrativos de concurso ou seleção pública; dispensem ou declarem a inexigibilidade de processo licitatório; decidam recursos administrativos; decorram de reexame necessário; deixem de aplicar jurisprudência firmada sobre a questão ou discrepem de pareceres, laudos, propostas e relatórios oficiais e importem anulação, revogação, suspensão ou convalidação de ato administrativo. Na anunciação dos atos que deverão ser motivados se observa que vários deles decorrem da ação de ofício da Administração Pública.

Curso de Processo Administrativo

a) imposições de sanções;

b) invalidação de ato administrativo;

c) privação ou restrição de bens ou direitos;

d) provocação do interessado, no exercício do direito de petição;

e) invalidação ou revogação de procedimento licitatório;

f) dispensa ou inexigibilidade de licitação.

Penso que a conceituação de instauração de processo administrativo pela Administração Pública como *instauração de ofício,* como faz a Lei Federal n° 9.784/99, no seu art. 5°, circunstância que é repetido em todas as leis estaduais que a copiaram, gera uma razoável dúvida porque dá a entender que a Administração Pública estaria instaurando um processo na dupla condição de parte e ao mesmo tempo de autoridade processante, nisso projetando o resultado de uma decisão final facilmente previsível porque, se a Administração Pública é quem instaura e preside o processo administrativo, é porque tinha interesse no resultado final, constituindo seus atos e termos meros instrumentos formais de realce de uma decisão previsível.

A dúvida é meramente nominal, porque existe uma nítida dicotomia entre a Administração Pública que instaura o processo administrativo e aquela que o processará e o julgará. Embora o processamento e a decisão final não sejam nos moldes do juiz no processo civil ou penal, que tem estrutura típica de poder, no entanto, a Administração Pública que conduz o processo administrativo e profere a decisão administrativa, por força de lei ou mesmo regulamento, tem autonomia e autoridade bem definida daquela que propôs a instauração do processo. A confusão é apenas aparente. Mas, reconheço, não contribui para o aprimoramento da sedimentação do processo administrativo porque muitos agentes administrativos não delimitam suas prerrogativas de *condutores* com os interesses da Administração Pública *parte.*

3.2.2. Da instauração pela Administração Pública

Situações administrativas existem que impõe à Administração Pública a necessidade de propor a instauração de processo administrativo.

Já vai longe o tempo da *doutrina do fato sabido*, situações típicas de *estados de exceção* e não de *estados democráticos de direito,* em que a Administração Pública, sob o manto do predomínio absoluto do interesse público sobre o particular, impunha suas exigências de forma unilateral e através de ato administrativo simples, em completo desdém contra direitos e interesses de terceiros, seus administrados.

Com a elevação da necessidade do devido processo legal à categoria de garantia fundamental do cidadão, alargado pelos princípios de que, neste mesmo processo, seja possibilitado o contraditório, a ampla defesa e a possibilidade recursal, surgiu para a Administração Pública o dever de instaurar processo administrativo toda vez que tiver de proferir decisão que atente contra direitos ou interesses individuais.

A Lei Complementar nº 33/96, do Estado de Sergipe, como já visto no tópico anterior, é a única lei a enumerar situações de instauração obrigatória de processo administrativo pela Administração Pública, que, evidentemente não é exaustiva, tamanha a complexidade das ações administrativas a atingir direitos e interesses de administrados.

A instauração do processo administrativo pela Administração Pública pode se operar através de *decreto*, *portaria*, *auto de infração* ou até mesmo *despacho de autoridade competente*, que conterá, em qualquer de suas formas, como requisitos essenciais para efeito de respeito ao contraditório e a ampla defesa:

a) a identificação da autoridade signatária da portaria;

b) a identificação completa do interessado;

c) a exposição dos fatos e os fundamentos de direito para instauração do processo;

c) a data e assinatura da autoridade administrativa.

A autoridade processante pode, por força de atribuição típica de ser condutora e responsável pelo bom andamento do processo, não acolher o pedido de instauração de processo administrativo por ausência de requisitos formais essenciais ou determinar seu aditamento. Essa providência é salutar porque preventiva de futuras nulidades, já que este ato administrativo, por exemplo, que contenha vícios formais ou que impeçam o interessado de exercer uma contradição plena, por atentatória ao princípio constitucional que o garante, é absolutamente nula.

Pode a Administração Pública *parte* recorrer dessa decisão, se não houver previsão legal de recurso de ofício.

3.2.3. Do requerimento do interessado

O *interessado* pode propor a instauração de processo administrativo por escrito e, excepcionalmente, de forma oral.

O requerimento escrito do *interessado* deverá conter:

a) o órgão ou autoridade administrativa a que se dirige;

b) a identificação do interessado ou de quem o represente;

c) o domicílio do requerente ou local para recebimento de comunicações;

d) a formulação do pedido, com exposição dos fatos e de seus fundamentos;

e) a data e assinatura do requerente ou de seu representante.

Estes são requisitos formais importantes e têm cunho universal, já que identifica *quem pede*, *contra quem pede* e *o que pede*, circunstâncias sempre presentes em qualquer pedido.

Curso de Processo Administrativo

Por aplicação do *princípio do informalismo em favor do interessado*, pode a autoridade processante determinar o processamento de vários requerimentos em um único processo administrativo desde que tenham eles conteúdo e fundamentos idênticos, mesmo que formulados por interessados diversos.

O requerimento pode vir acompanhado de documentos ou requerimento para produção de qualquer prova durante a instrução.

O requerimento do *interessado* pode ser indeferido liminarmente quando:

a) não demonstrar sua capacidade processual;

b) ficar caracterizado de forma manifesta que não tem legítimo interesse.

No caso da letra *a*, o indeferimento somente é possível depois que o interessado, orientado a suprir a sua capacidade, não o faz no prazo fixado em lei para suas manifestações.

Desde que previsto na lei processual administrativa, o requerimento pode ser formulado por *fax* ou transmitido por *e-mail*.

O processo administrativo pode ter início também por solicitação oral. Nestes casos, deve existir previsão legal, inclusive quanto à forma. De regra, o requerimento do interessado formulado oralmente é lavrado em *termo*, ato administrativo que, além dos requisitos próprios do requerimento do interessado, deverá conter a assinatura do agente administrativo que o lavrou e suas características funcionais. Geralmente as repartições públicas elaboram modelos ou formulários padronizados para assuntos que importem pretensões repetidas.

Indeferido o requerimento do interessado, desde que previsto na lei processual, é possível pedir reconsideração.

Interposta ou não a reconsideração, o interessado pode interpor recurso administrativo no prazo estipulado na lei de processo administrativo própria.

3.2.4. Da autuação do processo

A portaria, o decreto ou o auto de infração, que são atos da Administração Pública instauradores de processo administrativo, ou o requerimento ou o termo do interessado deverá ser autuado, com respectivo número de seu registro e data, constando o nome do ou dos interessados e o tipo de processo. Essas formalidades são necessárias para identificar o processo administrativo deixando de constituir um amontoado de papéis.

O processo deverá ter suas páginas numeradas seqüencialmente e rubricadas por quem a lei ou regulamento do processo determinar.

É possível a adoção de termos de juntada, vista, intimação, conclusão ou outros semelhantes sempre datados e rubricados, procurando-se eliminar ou inutilizar os espaços em branco, ressalvando-se as rasuras.

3.3. DA COMPETÊNCIA

3.3.1. Das disposições gerais

Competência, na visão específica do processo administrativo, é o poder atribuído por lei ou regulamento a determinada autoridade ou órgão para processar e julgar um conflito administrativo.

É princípio de processo administrativo que a competência para processar e julgar um processo administrativo não pode ser renunciado. Portanto, aquele a quem por força de lei ou de regulamento for atribuída competência para atuar e decidir em processo administrativo não pode recusar essa atribuição. Em respeito ao poder hierárquico que detém a Administração Pública, adquire o servidor ou órgão o um dever funcional e dele não pode dispor.

É possível que a lei ou regulamento que trata do processo administrativo especifique competência em razão do *valor*, da *matéria*, da *pessoa* ou do *território*, da mesma forma como ocorre no processo civil.

Dessa afirmação decorre que os direitos ou interesses puramente patrimoniais de quaisquer interessados, até um determinado valor, poderão ser processado e julgados por autoridade ou órgão de competência inferior. Nesse caso, competência seria em razão do valor.

Nada impede também que a lei ou o regulamento fixe a competência em decorrência da matéria. Ou seja, para determinados tipos de pedidos administrativos, até mesmo buscando a especialização administrativa e a conseqüente celeridade processual, poderia ser designado autoridade ou órgão detentor de conhecimentos sobre a matéria. Ter-se-ia, assim, a competência em razão da matéria.

Também é possível que ocorra a competência em razão da pessoa no processo administrativo. Pedidos que envolvam direitos ou interesses de determinadas partes pessoas físicas detentoras de cargos públicos relevantes ou até mesmo de pessoas jurídicas públicas podem ter competência específica. A essa fixação seria em razão da pessoa.

Por fim, nada impede que a lei ou o regulamento que venha a regrar o processo administrativo delimite o território de competência de determinada autoridade ou órgão.

O que não se pode olvidar é que a competência, qualquer que seja a modalidade, deve vir fixada em lei ou em regulamento.

Curso de Processo Administrativo

A prática de atos administrativos processuais ou de atos que decidam o mérito do processo por autoridade incompetente é causa de nulidade do processo devendo vir a ser declarado pela Administração-Juiz quando do conhecimento do recurso ou pelo Poder Judiciário, se provocado por qualquer ação de controle, como é exemplo o mandado de segurança.

A competência será sempre especificada em lei ou regulamento, inclusive com a publicação das sedes administrativas dos órgãos ou das entidades encarregadas.

Havendo omissão na lei ou no regulamento sobre a competência, o processo administrativo deverá ser iniciado perante a autoridade de menor grau hierárquico para decidir.

3.3.2. Da delegação

A competência para processar e julgar o processo administrativo pode ser modificada por *delegação* ou por *avocação*. São situações próprias do processo administrativo e que não ocorrem no processo civil ou penal.

É certo que no processo judicial, no cumprimento ou requisição de atos processuais, existem as chamadas *cartas de ordem*, se o juiz for subordinado ao tribunal de que ela emana: *carta rogatória*, quando dirigida à autoridade judiciária estrangeira ou *carta precatória*, quando dirigida a juízes da mesma hierarquia.

As cartas no processo judicial não se confundem com a delegação de competência e muito menos com a avocação do processo administrativo.

A modificação da competência por delegação, também chamada de *competência delegada*, embora possível, somente se operará de forma parcial, em respeito ao princípio maior de que a competência é indelegável. E esta delegação só será válida se não houver impedimento legal ou regulamentar.

Ademais, a delegação de competência não se opera no exercício puro do poder discricionário da autoridade ou órgão processante. A conveniência e a oportunidade, embora presentes na delegação, se subordinam à circunstância de natureza técnica, social, econômica, jurídica ou territorial. Assim, não basta o delegante, por puro desígnio subjetivo, outorgar competência ao delegado. É preciso que o ato administrativo de delegação seja motivado pelas circunstâncias mencionadas.

São circunstâncias que sempre necessitarão de delegação motivada:

a) os exames, vistorias ou avaliações de circunstâncias que decorram de conhecimentos de uma determinada arte, ofício, profissão ou ciência;

b) o alargamento da discussão através de consulta pública à sociedade;

c) a aferição por órgão econômico da decisão a ser tomada;

d) a verificação de repercussão jurídica por órgão próprio e

e) a colheita de prova em territórios diferente daquele de tramitação do processo administrativo.

É certo que a delegação de competência pode ser efetivada a qualquer autoridade ou órgão administrativo, mas não se pode deixar de observar que a delegação somente será perfeitabilizada se o delegado tiver competência para executar as atribuições delegadas. Caso contrário os atos processuais praticados pelo delegado serão inválidos, nulificando o processo administrativo.[73]

A delegação de competência também se verifica quando o processo administrativo é de competência de órgão colegiado e este, por decisão de seus membros, atribui a prática de determinados atos a seu presidente.

3.3.3. Do que não pode ser delegado

A delegação de competência é uma faculdade da autoridade ou órgão processante e que só se opera validamente na forma de ato motivado por circunstância de natureza técnica, social, econômica, jurídica ou territorial. Com a delegação não perde a autoridade ou órgão processante a sua atribuição originária. Ela é repassada a outra autoridade ou órgão que a auxiliará. Mas, entendendo o delegante que os motivos da delegação cessaram, ele pode revogar a delegação. Como a delegação, a revogação é ato motivado.

No entanto, atos existem que não podem ser delegados. São os atos de típica emanação pessoal, os chamados *intuitu personae*.

São exemplos:

a) a edição de atos de caráter normativo;

b) a decisão de recursos administrativos;

c) as matérias de competência exclusiva do órgão ou autoridade

3.3.4. Do conteúdo do ato de delegação

O ato de delegação de competência é ato administrativo em que a motivação constitui pressuposto de validade e de eficácia. E não é qualquer

---

[73] MANDADO DE SEGURANÇA. MINISTRO DE ESTADO DE MINAS E ENERGIA. SERVIDOR. DEMISSÃO. COMPETÊNCIA DA AUTORIDADE IMPETRADA POR DELEGAÇÃO. SINDICÂNCIA E PROCESSO ADMINISTRATIVO. REGULARIDADE NO PROCEDIMENTO. CONTRADITÓRIO E AMPLA DEFESA OBSERVADOS. EXCESSO DE PRAZO AFASTADO. Aos Ministros de Estado, por delegação – Decreto 3.035/99 –, compete, no âmbito dos órgãos da Administração Pública que lhes são subordinados ou vinculados, julgar processos administrativos disciplinares e aplicar penalidades. Competência verificada. Não se verificaram as apontadas irregularidades, tanto na sindicância quanto no processo administrativo, principalmente no que diz respeito à observância aos princípios do contraditório e da ampla defesa. Excesso de prazo não configurado. Ausência do alegado direito líquido e certo. Ordem denegada (MS 9782/DF. STJ. Terceira Seção. Relator: Ministro José Arnaldo da Fonseca. Publicado no DJ, em 03.11.2004).

motivação, mas motivação que tenha como elemento material circunstância de ordem técnica, social, econômica, jurídica ou territorial.

Além de conteúdo essencialmente de mérito, o ato de delegação deve conter, como elementos tipicamente formais, os seguintes:

a) as matérias e poderes transferidos;

b) os limites da atuação do delegado;

c) a duração e os objetivos da delegação;

d) o recurso cabível

e) se necessário, ressalvas ao exercício das atribuições delegadas.

Executado o objeto delegado, extinta por adimplemento fica a delegação.

3.3.5. Da revogação da delegação

A competência atribuída a uma autoridade ou a órgão administrativo para atuar no processo administrativo é irrenunciável. Pode, todavia, desde que haja conveniência em razão de circunstância de natureza técnica, social, econômica, jurídica ou territorial expressada em ato administrativo que especifique as matérias e os poderes transferidos, os limites de atuação do delegado, a duração e os objetivos da delegação, o recurso cabível e, se necessário, as ressalvas do exercício das atribuições delegadas, essa competência ser delegada a outra autoridade ou órgão administrativo.

No entanto, a delegação não cria direitos para o delegado. A qualquer momento, desde que entenda conveniente, pode a autoridade ou órgão delegante revogar a delegação.

Assim, cessada a conveniência declarada no ato de delegação durante a sua execução, pode a autoridade ou órgão processante revogá-la, evidentemente justificando os motivos dessa cessação.

O ato de revogação, como o de delegação, necessita de publicação no meio oficial.

3.3.6. Da execução da delegação

A autoridade ou órgão delegado deve agir nos estritos termos da delegação. Seus atos são de execução daquilo que foi delegado.

Dessa maneira, as decisões adotadas pela delegado devem mencionar de forma expressa que são praticadas com essa qualidade.

Importante salientar que os atos praticados pelo delegado são atos próprios porque derivados da delegação.

O inconformismo de qualquer das partes no processo administrativo contra a prática de ato delegado deve se ater a este princípio.

3.3.7. Da avocação

Avocação, do latim *avocatione*, significa chamamento de uma causa a um juízo superior. Trata-se de uma quebra à regra de competência e, portanto, de uma restrição ao *princípio do juízo natural*.

No processo judicial a avocação é admitida apenas excepcionalmente e para evitar decisões tumultuárias. Mas é sempre motivo de grandes discussões especialmente quanto se trata de reforma do Poder Judiciário. Trata-se de quebra de jurisdição e sua aplicação é lembrada como forma de evitar decisões díspares sobre um mesmo tema.

No processo administrativo, a regra é a de que a competência de uma autoridade ou órgão administrativo para atuar no processo seja irrenunciável e somente em situações especificadas em lei ou no regulamento e desde que retratem comportamentos típicos e sejam editadas por ato formal típico, pode ser delegada.

Ora, avocar um processo administrativo, subtraindo a competência natural de quem por força de lei ou regulamento a detém, portanto, só deve ocorrer em situações excepcionalíssima e desde que *sobrevenham motivos relevantes plenamente justificados* para que esta quebra de competência se torne necessária.

Dessa forma, se para a delegação, que é uma exceção menor à regra da competência pois se trata tão-só de um deslocamento de execuções de atribuições, há exigência material e formal para sua prática, com muito mais exigência deve se pautar o superior hierárquico para a avocar um determinado processo.

Enquanto na delegação de competência ocorre apenas repasse momentâneo das atribuições do poder exercido pela autoridade ou órgão responsável pelo processo administrativo a outra autoridade ou órgão administrativo por circunstâncias típicas de impossibilidade de execução, na avocação a competência é subtraída para a autoridade hierarquicamente superior por motivos essencialmente subjetivos. *Situação excepcional* e *motivos relevantes* são molduras de quadros que somente a autoridade superior pode matizar.

Naturalmente que os motivos para a evocação não podem ter exercício discricionário absoluto. O superior hierárquico detentor da avocação deve fundamentar qual a situação excepcional e esclarecer quais os motivos relevantes para retirar a competência.

A ausência de motivação ou a motivação irrelevante torna o ato avocatório absolutamente nulo e, portanto, passível de recurso administrativo para que assim seja declarado, ou de controle jurisdicional, por intermédio das ações típicas de controle, como, por exemplo, o mandado de segurança.

A avocação, por ser ato excepcional, só será possível se houver previsão legal. Na ausência de permissivo legal ou regulamentar exsurge a regra da competência para princípio inderrogável.

A avocação, mesmo que possível, só deve ocorrer por tempo determinado. Assim, inexistindo vícios passíveis de sanação pelo superior hierárquico, o processo deve ser devolvido à autoridade ou órgão originário para prosseguimento.

A avocação não é recurso administrativo, nem tem a finalidade de substituí-lo. É medida prejudicial que visa afastar entraves ocorridos no andamento do processo. No campo do processo judicial, seria uma espécie de correição parcial com deslocamento do processo.

3.4. DA AUTORIDADE OU ÓRGÃO ADMINISTRATIVO PROCESSANTE

3.4.1. Dos poderes, dos deveres e da responsabilidade da autoridade ou do órgão processante

É preciso deixar claro, para início de comentários, que coexistem conceitos de Administração Pública bem distintos no processo administrativo.

O primeiro deles, é o de Administração Pública como *parte*. O segundo, como *autoridade ou órgão processante*.

A Administração Pública na qualidade de parte já foi motivo de comentários.

A Administração Pública como *autoridade ou órgão processante tem estrutura de poder própria* e, por isso mesmo, tem, por força de atribuições legais ou regulamenares, competência para dirimir questões eminentemente processuais e para julgar o mérito da causa administrativa de forma motivada.

Naturalmente que a autoridade ou o órgão processante não tem os poderes do juiz no processo civil ou penal porque estes decorrem da própria estrutura política em que se insere o Poder Judiciário no contexto da Constitucional consistente no monopólio da jurisdição e, por conseqüência, da coisa julgada.

Mas, afastando-se esta prerrogativa de poder, a autoridade ou órgão administrativo deve se pautar tendo sempre presentes os princípios:

1. do devido processo legal;
2. da legalidade;
3. da publicidade;
4. da finalidade motivada;

5. da razoabilidade
6. da proporcionalidade;
7. da moralidade;
8. do contraditório;
9. da ampla defesa;
10. da segurança jurídica;
11. do interesse público;
12. da oficialidade;
13. do informalismo em favor do administrado;
14. da gratuidade;
15. da eficiência;
16. da igualdade;
17. da dupla instância admistrativa
18. da proibição de prova ilícita;
19. do juízo natural;
20. da atuação conforme a lei e o direito;
21. da irrenunciabilidade de poderes ou competências administrativas;
22. da objetividade no atendimento do interesse público;
23. da atuação segundo patrões éticos de probidade, decoro e boa-fé;
24. da adequação entre os meios e os fins processuais;
25. da observância das formalidades essenciais à garantia dos direitos dos administrados;
26. da irretoratividade da nova interpretação
27. da reformatio im pejus;
28. da economia processual;
29. do ônus da prova;
30. da verdade real;
31. da sucumbência;
32. da dialeticidade recursal;
33. da unicidade recursal;
34. da voluntariedade recursal

A responsabilidade da autoridade ou do órgão processante no processo administrativo é típica do agente público e tem quatro esferas de responsabilidades autônomas e cumulativas: administrativa, civil, penal e por improbidade administrativa.

Assim, se pratica atos caracterizadores de infrações administrativas, será responsabilizado administrativamente consoante previsão estatutária; se os atos induzem a responsabilidade da Administração, deverá responder perante esta de forma regressiva; se estes atos constituírem infrações penais, responderá consoante as disposições do Código Penal ou leis extravagantes correlatas e se se constituírem improbidades administrativas, através da responsabilização da Lei nº 8.429/92

3.5. DOS IMPEDIMENTOS E DA SUSPEIÇÃO

3.5.1. Das disposições gerais

Os *impedimentos* e as *suspeições* que incidem sobre a autoridade ou o órgão administrativo responsável pelo processo administrativo não fogem muito daqueles previstos para o juiz no processo judicial.

Essa semelhança demonstra de forma bem clara a dicotomia entre a Administração Pública *na qualidade de parte* e a de *condutora e julgadora* do processo.

3.5.2. Dos impedimentos

Os *impedimentos*, geralmente, estão previstos na lei processual que rege o processo administrativo.

Se não o forem, por aplicação subsidiária do processo civil, está impedido de atuar no processo administrativo todo aquele que, como autoridade ou integrante de órgão processante ou julgador:

a) tenha interesse direto ou indireto na matéria;

b) tenha participado ou venha a participar como perito, testemunha ou representante, ou se tais situações ocorrem quanto ao cônjuge, companheiro ou parente afins até o terceiro grau;

c) esteja ligado judicial ou administrativamente com o interessado ou respectivo cônjuge ou companheiro.

A autoridade ou o servidor integrante de órgão processante ou julgador que incorrer em impedimento deve comunicar imediatamente o fato a seu superior hierárquico, abstendo-se de atuar no processo.

O impedimento pode também ser alegado nos próprios autos pela parte interessada em petição fundamentada e devidamente instruída, na primeira oportunidade em que lhe couber falar nos autos. A alegação não suspende o andamento do processo.

A autoridade ou o órgão administrativo proferirá decisão motivada cabendo à parte interessada o direito de recorrer no prazo previsto em lei ou regulamento.

A decisão que acolher o impedimento suspende o processo administrativo até que haja superação do óbice.

A prática de atos processuais administrativos pela autoridade ou servidor integrante de órgão colegiado responsável pelo processo redunda em nulidade dos atos praticados e deve ser declarada nos próprios autos, buscada mediante recurso administrativo ou até judicialmente.[74]

No campo da responsabilidade, a prática de atos administrativos quando incidente impedimento constitui falta funcional grave, ato de improbidade administrativa passível de sanção típica, ou ilícito penal.

3.5.3. Da suspeição

A suspeição da autoridade ou integrante de órgão colegiado processante no processo administrativo mantém a mesma estrutura do processo judicial.[75]

Portanto, pode ser argüida como suspeita a autoridade ou o servidor integrante de órgão colegiado processante ou julgador que tenha amizade íntima ou inimizade notória com algum dos interessados ou com os respectivos cônjuges, companheiros, parentes a afins até o terceiro grau.

---

[74] RECURSO ORDINÁRIO EM MANDADO DE SEGURANÇA. PROCESSUAL CIVIL. IMPEDIMENTO. DESEMBARGADOR QUE PARTICIPOU DO PROCESSO ADMINISTRATIVO DISCIPLINAR. 1. O artigo 134 do Código de Processo Civil impede que o juiz funcione, no mesmo processo, contencioso ou voluntário, decidindo-lhe as questões de fundo e de forma, em graus diversos da jurisdição. 2. A natureza administrativa do denominado processo voluntário determina que a interpretação da regra do impedimento alcance a instância administrativa, de modo a excluir do julgamento jurisdicional o juiz que haja participado da decisão administrativa. 3. É impedido de julgar o mandado de segurança o Desembargador que decidiu, na instância administrativa, a questão que serve de objeto à ação mandamental. 4. Recurso provido (RMS 16904/MT. STJ. Sexta Turma. Relator: Ministro Hamilton Carvalhido. Publicado no DJ, em 29.11.2004).

[75] CONSTITUCIONAL E ADMINISTRATIVO. SERVIDOR PÚBLICO ESTADUAL. PROCESSO ADMINISTRATIVO DISCIPLINAR. SUSPEIÇÃO DO PRESIDENTE DA COMISSÃO PROCESSANTE. AUSÊNCIA DE PROVA PRÉ-CONSTITUÍDA. OFENSA AOS PRINCÍPIOS DO CONTRADITÓRIO E DA AMPLA DEFESA. CONFIGURAÇÃO. RECURSO CONHECIDO E PARCIALMENTE PROVIDO. I – O mandado de segurança é ação constitucionalizada instituída para proteger direito líquido e certo, sempre que alguém sofrer violação ou houver justo receio de sofrê-la por ilegalidade ou abuso de poder, exigindo-se prova pré-constituída como condição essencial à verificação da pretensa ilegalidade. Neste contexto, não prospera a alegação de suspeição do Juiz Presidente da Comissão Processante, tendo em vista que não há nos autos subsídios suficientes que permitam a eficaz análise do contexto fático. II – A Constituição Federal de 1988, no art. 5º, LIV e LV, consagrou os princípios do devido processo legal, do contraditório e da ampla defesa, também, no âmbito administrativo. A interpretação do princípio da ampla defesa visa a propiciar ao servidor oportunidade de produzir conjunto probatório servível para a defesa. III – A legislação do Estado do Amazonas relativa a servidores públicos do poder judiciário – Lei nº 1762/86 e Código de Normas da Corregedoria Geral do Tribunal de Justiça – prevê expressamente a garantia do servidor de ser citado para apresentar defesa inicial, bem como de produzir provas. Não havendo a observância dos ditames previstos resta configurado o desrespeito aos princípios do devido processo legal, do contraditório e da ampla defesa, não havendo como subsistir a punição aplicada. IV – A declaração da nulidade de parte do procedimento não obsta que a Administração Pública, após o novo término do processo administrativo disciplinar, aplique a penalidade adequada à eventual infração cometida. V – Recurso conhecido e parcialmente provido para reformar o acórdão a quo, declarando-se a nulidade do processo administrativo a partir da Portaria que determinou sua instauração, com a conseqüente anulação do ato que impôs a pena de demissão ao servidor (RMS 18559/AM. STJ. Quinta Turma. Relator: Ministro Gilson Dipp. Publicado no DJ, em 16.11.2004).

Curso de Processo Administrativo

A argüição de suspeição deve ser feita no próprio processo administrativo através de petição fundamentada e devidamente instruída, na primeira oportunidade em que lhe couber falar nos autos. Sendo o processo administrativo informal por natureza, permitir a abertura de um incidente em autos apartados, seria atentar contra esta informalidade.

A argüição de suspeição não suspende o processo administrativo.

No entanto, a decisão que acolher o incidente, por impedir o desenvolvimento válido do processo, suspende seu andamento até a substituição da autoridade ou do integrante do órgão colegiado processante ou julgador.

Da decisão proferida cabe pedido de reconsideração e recurso administrativo no prazo previsto na lei ou regulamento.

É possível que a autoridade ou o integrante do órgão colegiado processante se declare suspeito por *motivo de foro íntimo*. Nessa situação, apesar da subjetividade da suspeição, é salutar que a autoridade ou o integrante do colegiado comunique de forma reservada a seu superior ou aos demais membros integrantes do órgão, por respeito ao princípio do juízo natural.

3.6. DOS SERVIDORES PÚBLICOS AUXILIARES DA AUTORIDADE OU DO ÓRGÃO PROCESSANTE

O processo administrativo ainda é visto como instrumento inquisitorial. Daí porque muitas das leis que o regram em cada competência administrativa não se preocupam com a sua devida estruturação.

Entre algumas dessas omissões, está a não previsão de cargos com atribuições típicas de auxílio ao processo processos administrativos ou mesmos funções a serem exercidas por servidores públicos que deverão auxiliar a autoridade ou o órgão processante ou até mesmo, desde que haja necessidade pelo volume de processos administrativos, a organização e as atribuições da secretaria que servirá de órgão de apoio para o andamento do processo.

Portanto, inexistindo previsão, a autoridade ou o órgão processante designará servidor ou servidores que:

a) redigirão, em forma legal, os ofícios e demais atos necessários para o desenvolvimento do processo:

b) executarão as determinações da autoridade ou do órgão processante, promovendo as intimações, bem como praticando todos os demais atos que lhe forem atribuídos;

c) terão, sob sua guarda e responsabilidade, os autos, não permitindo que saiam da repartição, salvo (1) quando forem conclusos à autoridade ou órgão processante, (2) com vista às partes ou (3) quando avocados;

d) darão, independentemente de decisão administrativa, certidão de qualquer ato ou termo do processo.

Os servidores designados responderão administrativamente quando, sem justo motivo, se recusarem a cumprir as determinações da autoridade ou do órgão processante ou praticarem ato nulo resultante de dolo ou culpa.

3.7. DA FORMA, TEMPO E LUGAR DOS ATOS PROCESSUAIS

3.7.1. Da forma

Os atos do processo administrativo, salvo quando a lei expressamente a exigir, não dependem de forma determinada. Aplica-se por inteiro o *princípio da informalidade em favor do interessado*.

Os atos processuais, como atos administrativos formais, devem ser editados por escrito e em português, com data, local de sua realização e a assinatura da autoridade responsável. Admitir-se-á documentos em língua estrangeira, desde que acompanhado da respectiva tradução.

Típico do informalismo que rege o processo administrativo, não se deve exigir o reconhecimento de firma, salvo existindo dúvidas sobre a autenticidade de documentos. Essa autenticação poderá ser feita pela própria Administração Pública à vista do documento original.

3.7.2. Do tempo

Os atos do processo devem ser realizados em dias úteis, no horário normal de funcionamento da repartição na qual tramitar o processo.

No entanto, poderão ser concluídos depois do horário normal os atos já iniciados e cujo adiamento prejudique o curso regular do procedimento ou cause dano ao interessado ou à Administração Pública.

Não existindo regra específica e por já ser admitido no direito como prazo razoável, os atos da autoridade ou do órgão responsável pelo processo, dos interessados ou da Administração Pública como parte, deverão ser praticados no prazo de 5 (cinco) dias, admitindo-se a dilação deste prazo até o dobro por motivo de força maior devidamente motivado.

3.7.3. Do lugar

Os atos do processo devem realizar-se preferentemente na sede do órgão onde tramita o processo administrativo.

Sendo outro o local, como é o caso dos atos delegados, o interessado deverá ser previamente cientificado.

Curso de Processo Administrativo

Omitindo-se esta comunicação e sendo praticado o ato, se prejudicial ao direito ou interesse da parte, deverá ser anulado de forma motivada. Caberá recurso no prazo estipulado na lei ou no regulamento.

3.8. DA COMUNICAÇÃO DOS ATOS E DOS PRAZOS

3.8.1. Da intimação

Não há no processo administrativo distinção entre citação, intimação ou notificação, como ocorre no processo judicial. Pelo princípio do informalismo no processo administrativo, as comunicações dos atos formais ou materiais têm forma única – *a intimação* como regra, ou até mesmo a *notificação*, como sinônimas. Não existe citação. Na esteira da Lei Federal nº 9.784/99, que moldou a base do processo administrativo em todo território brasileiro, *intimação* é a nomenclatura usada para definir a comunicação dos atos processuais administrativos, quaisquer que sejam eles.[76]

Portanto, mesmo para aqueles atos que resultem para o interessado a imposição de deveres, ônus, sanções ou restrição ao exercício de direito e atividades e atos de outra natureza, de seu interesse e que por isso mesmo necessitem de resguardo do contraditório ou da ampla defesa, são realizados através de *intimação*.

Importante salientar que o desatendimento à intimação não importa o reconhecimento da verdade dos fatos, nem a renúncia a direito pela parte.

---

[76] CONSTITUCIONAL E ADMINISTRATIVO. PROCESSO ADMINISTRATIVO DISCIPLINAR. OFENSA AOS PRINCÍPIOS DO CONTRADITÓRIO E DA AMPLA DEFESA. APLICAÇÃO DO PRINCÍPIO "PAS DE NULLITÉ SANS GRIF". OCORRÊNCIA DE PREJUÍZO. RECURSO PROVIDO. I – A Constituição Federal de 1988, no art. 5º, LIV e LV, consagrou os princípios do devido processo legal, do contraditório e da ampla defesa, também, no âmbito administrativo. A interpretação do princípio da ampla defesa visa a propiciar ao servidor oportunidade de produzir conjunto probatório servível para a defesa. II – A legislação do Estado do Rio de Janeiro relativa a servidores públicos – Decreto-lei nº 220/75 e Decreto nº 2479/79 – prevê expressamente a garantia do acusado de, na fase instrutória do inquérito administrativo, acompanhar o processo, pessoalmente ou por meio de seu procurador, desde o início, para que tenha oportunidade de produzir contraprovas e reinquirir testemunhas. Neste contexto, não havendo a localização do patrono da indiciada fazia-se necessária a sua intimação pessoal para o acompanhamento da oitiva de testemunhas, a fim de que lhe fosse garantida a mais ampla defesa. III – Esta Corte, com base no princípio *pas de nullité sans grif*, possui entendimento no sentido de que a nulidade de processo administrativo somente pode ser declarada quando evidente a ocorrência de prejuízo à defesa do acusado, o que efetivamente ocorreu no caso em tela, tendo em vista que a conclusão do processo disciplinar e a punição aplicada foram baseadas única e exclusivamente na prova testemunhal colhida, restando configurado, portanto, o prejuízo à defesa da servidora. IV – A declaração da nulidade de parte do procedimento não obsta que a Administração Pública, após o novo término do processo administrativo disciplinar, aplique a penalidade adequada à eventual infração cometida. V – Recurso conhecido e provido para reformar o acórdão *a quo*, declarando-se a nulidade do processo administrativo, no que se refere a ora recorrente, a partir da colheita da prova testemunhal, com a conseqüente anulação do ato que lhe impôs a pena de cassação de aposentadoria. (RMS 17543/RJ. STJ. Quinta Turma. Relator: Ministro Gilson Dipp. Publicado no DJ, em 01.07.2004).

Mesmo que a parte tenha silenciado quanto à oportunidade do contraditório, ela pode ingressar a todo momento no processo e requerer produção de prova, desde que pertinente e oportuna, no pleno exercício de seu direito constitucional à ampla defesa.

Não são aplicados ao processo administrativo os efeitos da revelia do processo judicial. Elege-se com primazia o *princípio da verdade real,* segundo o qual o fim do processo administrativo é uma decisão que represente a realidade administrativa.

3.8.2. Dos requisitos da intimação

A intimação, como ato típico para viabilizar a comunicação no processo administrativo, tem requisitos formais para sua edição.

Assim, são requisitos formais da intimação a:

a) identificação do intimado e nome do órgão ou entidade administrativa;

b) finalidade da intimação;

c) data, hora e local em que deve comparecer;

d) se o intimado deve comparecer pessoalmente, ou fazer-se representar;

e) informação da continuidade do processo independentemente do seu comparecimento;

f) indicação dos fatos e fundamentos legais pertinentes.

Diferentemente do processo judicial, não há a obrigatoriedade de expedição de *mandado de intimação* a ser cumprido por um auxiliar da Administração Pública, como ocorre no processo judicial. Típico de um processo ágil e funcional, a comunicação dos atos no processo administrativo pela intimação se fará por ciência no processo, por via postal com aviso de recebimento, por telegrama ou qualquer outro meio que assegure a certeza da ciência do interessado, sem que haja preferência por um ou por outro meio, mas apenas a conveniência ou oportunidade da presteza do ato.

No entanto, nada impede que a autoridade ou órgão processante faça chegar às mãos da parte interessada de ofício contendo os elementos formais da intimação com entrega pessoal de servidor público designado. Neste caso, deverá o portador do ofício obter a assinatura do interessado em livro ou documento próprio.

3.8.3. Da intimação nos autos

O interessado pode tomar conhecimento de decisão que resultou na imposição de deveres, ônus, sanções ou restrição ao exercício de direitos e atividades, ou atos de qualquer outra natureza, desde de seu interesse, ou ainda para a efetivação de diligência através de intimação nos próprios autos.

Curso de Processo Administrativo

Neste caso, oporá sua assinatura que será certificada por quem a autoridade ou o órgão processante determinar com data para fixação do momento inicial do prazo.

3.8.4. Da intimação por via postal

A forma mais usual de intimação no processo administrativo é por *via postal com aviso de recebimento.*[77]

Via postal é sinônima de comunicação através de correio, que é um típico serviço público responsável por receber e expedir correspondência. *Via postal com aviso de recebimento* significa correspondência entregue pelo correio com comunicação de retorno à quem a remeteu no sentido de que o destinatário a recebeu.

Os serviços de correio no Brasil são monopólio da União que os delegou à ECT (Empresa Brasileira de Correios e Telégrafos) e que goza de uma alta credibilidade entre os brasileiros.

Portanto, a intimação por via postal com aviso de recebimento ganha a fé pública de que o interessado tomou ciência da decisão administrativa ou da efetivação de diligência pela circunstância de ser um serviço público prestado com a lisura e presteza de um ente integrante da Administração Pública Indireta.

Assim, quando a intimação é feita por via postal com aviso de recebimento tem-se uma presunção de verdade quanto à comunicação do ato processual administrativo.

3.8.5. Da intimação por telegrama

A intimação por telegrama, embora cabível nas comunicações dos atos processuais administrativos, vem perdendo uso para outras formas modernas de comunicações.

Originariamente, *telegrama* é uma comunicação efetuada pelo correio através da telegrafia, que é a transmissão de uma mensagem à distância, por meio de códigos e através de fios. A telegrafia foi substituída pela radiotelegrafia, que é a transmissão de mensagem por rádio, portanto, não mais por fios.

---

[77] TRIBUTÁRIO – INTIMAÇÃO PARA O PROCESSO ADMINISTRATIVO FISCAL – VALIDADE DAQUELA PROMOVIDA PELA VIA POSTAL RECONHECIDA – INEXISTÊNCIA DE VIOLAÇÃO AO ART. 23 DO DEC. N. 70235/72. É de clareza meridiana a redação do art. 23 do Decreto 70235/72, o qual possibilita que a intimação para o processo administrativo fiscal seja feita, tanto pessoalmente, quanto pela via postal, inexistindo qualquer preferência entre os dois meios de ciência. Recurso especial improvido (RESP 380368/RS. STJ. Segunda Turma. Relator: Ministro Paulo Medina. Publicado no DJ, em 08.04.2002).

Hoje, ante as novas formas de comunicação, o telegrama foi substituído pelo *fonograma*, também chamado de *telegrama fonado*, que é a transmissão de uma mensagem por telefone.

A intimação por telegrama no seu conceito moderno faz surgir a presunção de que a parte interessada tomou conhecimento da decisão ou de que determinada diligência será realizada, já que, como forma de comunicação monopolizada pelo estado, goza de um forte grau de certeza.

3.8.6. Da intimação por outros meios

A intimação é ato de comunicação no processo administrativo e nas suas formas mais correntes pode se verificar nos próprios autos, por via postal com aviso de recebimento ou por telegrama.

No entanto, desde que viabilize a ciência da parte interessada, pode ser admitida por qualquer outro meio.

Ofício entregue ao interessado em mãos próprias e não pelo correio, por *fax* ou até mesmo por *e-mail* pode ser utilizado para concretizar a intimação.

3.8.7. Da intimação dos interessados indeterminados, desconhecidos ou com domicílio indefinido

As comunicações dos atos processuais aos interessados indeterminados, desconhecidos ou com domicílio indefinido será feita por meio de publicação oficial do respectivo ato.

Não existe uma forma predeterminada de publicação da intimação, como ocorre no processo judicial em que o edital com requisitos prescritos em lei é o ato por excelência.

Desde que o ato identifique o intimado e a Administração Pública; contenha a finalidade da intimação, a data, hora e local, se for o caso de comparecimento do intimado; a possibilidade de poder ou não ser representado e a indicação da continuidade do processo independentemente do seu comparecimento, que são requisitos necessários para toda intimação, a comunicação dos interessados indeterminados, desconhecidos ou com domicílio indefinido por ser formalizada por edital nos moldes do processo, seu extrato ou simples comunicação escrita.

O que não pode deixar de ocorrer é que o ato de intimação seja tornado público com publicação em diário oficial e jornal de grande circulação.

3.8.8. Da nulidade da intimação

A intimação que não observar a prescrição legal será nula, desde que não atinja sua finalidade de comunicação de ato processual administrativo, e por via de conseqüência não produzirá qualquer efeito contra o interessado.

Constatada a nulidade, deverá a autoridade ou órgão processante declará-la de ofício ou por provocação da parte interessada.

Da decisão que negue a existência de nulidade, cabe reconsideração e, se previsto, recurso administrativo imediato. Por ferir a lei, não haverá preclusão e a matéria poderá ser alegada como matéria preliminar no recurso administrativo interposto da decisão final.

No entanto, como acontece no processo civil, o comparecimento da parte interessada supre ou regulariza a falta ou irregularidade da intimação.

3.8.9. Dos prazos

Os atos processuais realizar-se-ão nos prazos prescritos na lei do respectivo processo administrativo.

Há um consenso nas leis e regulamentos do processo administrativo que, havendo omissão sobre o prazo de realização de determinado ato processual, será ele de 5 (cinco) dias.

Os prazos começam a correr a partir da data da cientificação oficial, excluindo-se da contagem o dia do começo e incluindo-se o do vencimento.

Considera-se prorrogado o prazo até o primeiro dia útil seguinte se o vencimento cair em dia em que não houver expediente ou este for encerrado antes da hora normal.

Os prazos expressos em dias contam-se de modo contínuo, não se interrompendo nos sábados, domingos e feriados.

Os prazos fixados em meses ou anos contam-se de data a data. Se no mês do vencimento não houver o dia equivalente àquele do início, tem-se como termo o último dia do mês.

Salvo motivo de força maior devidamente justificado, os prazos processuais não se suspendem.

3.9. DO CONTRADITÓRIO

3.9.1. Das considerações gerais

Embora as leis que regram o processo administrativo omitam a possibilidade de contradição, ela deve ser respeitada e aplica por força do art. 5º, inciso LV, da Constituição Federal. Trata-se de garantia fundamental outorgada a todo aquele que tem direito ou interesse atingido ou que possa vir a ser atingido por decisão administrativa. A omissão da lei do processo não afasta a aplicação da regra constitucional.

Contraditório é a possibilidade atribuída a alguém de poder se opor à manifestação de outrem. O Código de Processo Civil chama o contraditório de *resposta do réu* quer venha com a roupagem de contestação, exceção ou reconvenção. Afinal de contas, datado de 1973, embora o termo *contraditório* fosse de conhecimento da doutrina, ainda não existia como princípio constitucional. Somente com a Constituição Federal de 1988 o contraditório passou a ter autonomia conceitual desmembrando-se da *ampla defesa,* que passou a ter especificidade limitada à produção ampla de provas.

3.9.2. Do que pode ser alegado em contraditório

A Administração Pública, na condição de parte requerida, e o interessado podem alegar, no prazo para contradição, toda matéria de defesa, expondo as suas razões de fato e de direito, inclusive as provas que pretendem produzir.

A contradição, mesmo porque não regrada nas leis ou regulamentos de processo administrativo, não tem exigência formal para ser apresentada. Mas como representa oportunidade de defesa, deve conter *defesa de mérito* e *preliminares,* tal qual ocorre no processo civil.

Assim as partes podem alegar, como preliminares, matérias essencialmente processuais como:

a) inexistência ou nulidade da intimação;
b) incompetência, impedimento ou suspeição da autoridade ou membro do órgão processante;
c) inépcia da peça instauradora do processo administrativo por ilegitimidade de parte, carência de interesse processual, incidência de decadência ou de prescrição, ausência de dialeticidade entre os fatos e o pedido e pedido juridicamente impossível;
d) incapacidade de parte, defeito de representação ou falta de autorização;
e) perempção administrativa;
f) litispendência administrativa;
g) coisa julgada administrativa;
h) conexão administrativa.

Penso ainda que, havendo conexão com o pedido inicialmente formulado pode, tanto a Administração Pública como o interessado, oferecer reconvenção na mesma peça de contradição, portanto, sem necessidade de peça autônoma.

As questões pertinentes à *inexistência ou nulidade de intimação, a incompetência, impedimento ou suspeição da autoridade ou de membros do órgão processante, a inépcia da peça instauradora do processo por ilegitimidade de parte, carência de interesse processual, incapacidade de*

Curso de Processo Administrativo

parte, defeito de representação ou falta de autorização já foram analisadas nos tópicos próprios, que se remete.

A *prescrição* e a *decadência*, embora alegáveis como preliminares, são matérias vinculadas diretamente ao mérito do litígio administrativo.

A *ausência de dialeticidade entre os fatos e o pedido* diz respeito com a convergência da argumentação fática narrada com o pedido. Tomem-se os seguintes exemplos: (a) a Administração Pública instaura processo administrativo contra servidor público estável narrando a prática de fato punível com pena de advertência e, como imputação indica a remoção compulsória. Evidentemente que o fato narrado não tem nenhuma convergência com a imputação, o que significa ausência de dialética, passível de declaração de inépcia pelo condutor do processo; (b) o interessado requer a instauração de processo administrativo visando anular ato administrativo que o penalizou, mas, em verdade, pede remoção do cargo para outra cidade. Naturalmente que a este pedido a Administração Pública, como contraditório, deve alegar em preliminar a ausência de dialecitidade.

Perempção administrativa é a extinção de uma relação jurídico-administrativa por inércia ou desinteresse da Administração Pública ou do interessado. Assim, pretender a Administração Pública instaurar processo administrativo para punição por advertência quando o servidor público já foi por ela exonerado, é incidir no instituto da perempção e possibilitar a argüição pelo interessado do instituto como matéria preliminar.

Litispendência administrativa é a concomitância de dois processos administrativos envolvendo o mesmo litígio. Verificada esta concomitância é argüível no prazo do contraditório a litispendência administrativa quanto ao segundo processo.

A possibilidade de argüição da *coisa julgada administrativa* como matéria preliminar no momento do contraditório ocorre quando há repetição de processo administrativo de litígio que foi anteriormente julgado e sobre o qual não cabe mais recurso administrativo.

Existe *conexão administrativa* quando dois ou mais processos administrativos tratam de litígios vinculados entre si. Por exemplo: a Administração Pública instaura processo administrativo para aplicação da pena de demissão a servidor público, enquanto este ajuíza pedido de declaração negativa da prática de infração administrativa. Os pedidos são imbricados entre si e, argüido no contraditório, impõe a apensação dos processos para julgamento em conjunto.

3.9.3. Do silêncio das partes

A ausência de contradição no processo administrativo não induz a conclusão de que são verdadeiros os fatos afirmados na peça instauradora.

O processo administrativo, diferentemente do processo judicial não admite aquilo que o Código de Processo Civil chama de *revelia*. A ênfase é a busca da verdade real.[78]

Portanto, o silêncio quanto à oportunidade de contradição gera apenas efeitos processuais, como a continuação do processo sem a presença da parte requerida que, todavia, poderá, a qualquer momento, nele se habilitar, inclusive produzindo provas.

Georghio Alessandro Tomelin[79] diz que as soluções, quanto ao silêncio-inadimplemento, a partir do ordenamento jurídico-positivo brasileiro, são:

> a) À contar da notificação do administrado que lhe informa o fim da instrução do processo administrativo (art. 44, L. 9.784/99), começa a correr o prazo de 30 dias para que a administração decida. Transcorrido in albis este prazo, a administração

---

[78] MANDADO DE SEGURANÇA. PROCESSO ADMINISTRATIVO DISCIPLINAR. COMPETÊNCIA DO MINISTRO DE ESTADO. ADVOGADO DO ACUSADO. TERMO DE INDICIAMENTO. PARECER DA CONSULTORIA JURÍDICA. PARTE INTEGRANTE DO ATO DEMISSÓRIO. MOTIVAÇÃO E PROPORCIONALIDADE DA PENA APLICADA. INTIMAÇÃO PESSOAL DO ACUSADO. DESNECESSIDADE. MEMBRO DA COMISSÃO. PRESIDENTE COM IDÊNTICO NÍVEL DO ACUSADO. DIREITO AO SILÊNCIO. AUSÊNCIA DE PREJUÍZO. *PAS DE NULLITÉ SANS GRIEF*. PERÍCIA. FALTA DE APRESENTAÇÃO DE QUESITOS E DE INDICAÇÃO DE ASSISTENTE TÉCNICO. PRESCRIÇÃO. INOCORRÊNCIA. 1. Cabe ao Presidente da República a organização e funcionamento da administração federal, podendo delegar essa atribuição, conforme dispõe o art. 84, parágrafo único, da Constituição Federal. 2. Não há previsão normativa alguma que confira a prerrogativa ao advogado de presenciar o depoimento de outros acusados, no mesmo processo administrativo disciplinar, assim como de formular questões ao seu próprio constituinte. 3. Ausente irregularidade no termo de indiciamento, porquanto as Comissões Processantes descreveram, pormenorizadamente, as condutas nas quais o servidor incorreu, assim como as tipificaram. 4. A autoridade julgadora pode acatar o parecer de sua Consultoria Jurídica, servindo aquele como elemento integrador do ato demissionário, sem que isso vicie o procedimento administrativo realizado. 5. "Ao motivar a imposição da pena, o administrador não se está despojando da discricionariedade que lhe é conferida em matéria disciplinar. Está, apenas, legalizando essa discricionariedade, visto que a valoração dos motivos é matéria reservada privativamente à sua consideração, sem que outro Poder possa rever o mérito de tais motivos. O próprio Judiciário deter-se-á no exame material e jurídico dos motivos invocados, sem lhes adentrar a substância administrativa" (Hely Lopes Meirelles, in "Direito Administrativo Brasileiro", Malheiros, São Paulo, 1998, 23ª edição, p. 111/112). 6. A falta de intimação pessoal do acusado acerca do resultado do julgamento e da decisão impugnada não leva o poder de nulificar os processos administrativos disciplinares. 7. Segundo estampa o art. 149 da Lei n. 8.112/90, apenas o Presidente da Comissão Processante deverá ocupar cargo efetivo superior ou do mesmo nível, ou ter nível de escolaridade igual ou superior ao do indiciado. 8. Quanto à infringência, pelas Comissões Processantes, do direito constitucional do acusado de permanecer calado, tendo em vista que aquela o advertiu que o silêncio poderia constituir elemento de convicção da autoridade julgadora, infere-se que tal agir não induziu o acusado a se auto-acusar ou a confessar, pelo que há de prevalecer o princípio *pas de nullité sans grief*, segundo o qual não se declara a nulidade sem a efetiva demonstração do prejuízo. 9. O impetrante foi cientificado da realização da perícia, o que leva a concluir que, se não formulou quesitos nem indicou assistente técnico, assim deixou de fazer por sua conta e risco. 10. A ação disciplinar prescreve em 5 (cinco) anos quando as infrações forem puníveis com demissão, cassação de aposentadoria ou disponibilidade e destituição de cargo em comissão. A prescrição tem como marco inicial a ciência pela Administração dos fatos que se têm como irregulares. Inteligência do art. 142, I, c/c § 1°, da Lei n. 8.112/90 (MS 8496/DF. STJ. Terceira Seção. Relator: Ministro Hélio Quaglia barbosa. Publicado no DJ, em 24.11.2004).

[79] TOMELIN, Georghio Alessandro. *Revista de Direito Administrativo*, Rio de Janeiro, 226:281-292, out/dez. 2001, p. 289.

Curso de Processo Administrativo

estará em mora, e sua omissão será atacável pela via mandamental.[80] Pode o magistrado suprir diretamente a inércia do administrador nos aspectos vinculados do ato combatido, concedendo judicialmente os efeitos que se pretendia extrair da decisão administrativa faltante. Nos casos de ato fundado em poder discricionário, determinará ao administrador que decida imediatamente, assinando-lhe o prazo genérico de 5 dias (art. 24, L. 9.784/99), após o que se poderá fixar multa diária pelo descumprimento da ordem judicial.

b) Nos casos em que a Administração tenha se manifestado pela prorrogação do prazo, até o trigésimo dia, "por despacho motivado", passa esta decisão a ser o ato atacável pela via mandamental, quando esteja carente de motivação legal ou se ressinta da falta de sustentáculo fático suficiente. Nesses casos, o magistrado decidirá se foi ou não legalmente válida a dilação de prazo. Uma vez anulado o despacho que pretendia dilargar o prazo para decidir, pode o magistrado expedir decisão conteúdo (pleiteada originalmente pelo administrado perante a administração), nos caso de conduta vinculada,[81] ou determinar que a Administração o faça em 5 dias (art. 24, L. 9.784/99), quando estivermos diante de atos fundados em discricionaridade, fixando "astreinte" por dia de descumprimento judicial.

c) Nas hipóteses em que for válido o ato de dilação do prazo, o direito ao mandado de segurança nasce tão-somente a partir do sexagésimo primeiro dia, com as mesmas conseqüências expostas nos dois itens anteriores.

Diferentemente do particular, o administrador público só pode agir se houver autorização legal. Desta forma, o agente, que devia se pronunciar e não o fez, é passível de ser responsabilizado por esta omissão. Trata-se, na realidade, de violação de um dever jurídico, que pode levar a Administração a ter que se responsabilizar perante terceiros pela inércia do seu agente.

3.9.4. Da confissão no contraditório

Nada impede que, na oportunidade da contradição, qualquer das partes do processo administrativo admita a verdade de um fato, contrário a seu interesse e favorável ao adversário. Trata-se de típica confissão.

Embora os bens públicos tenham como regra vetora sua inalienabilidade, isso não significa que seja a Administração Pública impedida de confessar.

Alienar, juridicamente, é dispor de alguma coisa através de ato de vontade sem limitação. A cláusula de inalienabilidade de que gozam os bens

---

[80] "Em momento anterior à novel lei federal, o professor Celso Antônio Bandeira de Mello optara pela solução de considerar como prazo razoável "o tempo não excedente a 120 dias a partir do pedido", aplicando por analogia (art. 4º LICC) o prazo decadencial para interpretação do Mandado de Segurança (art. 18, LMS). Após a publicação da nova lei federal, tal solução não é mais possível, pois *legem habemus*. Cf. "Curso de Direito Administrativo", §§ 51 a 54, Capítulo IX (Atos Administrativos), 13ª ed. São Paulo: Malheiros, 2001.

[81] "A igual conclusão chega o Juiz Federal Heraldo Garcia Vitta, quando afirma que, se estivermos diante de 'competência vinculada, o próprio juiz poderá suprir a omissão, determinando ao poder Público o cumprimento do que foi decidido, a entrega da pretensão pedida pela parte' (RDA 218/138)."

públicos, portanto, residiria na disposição discricionária da Administração Pública. A confissão, importando em uma espécie indireta de alienação de bens públicos (bens aqui considerados no seu conceito amplo), não estaria vinculada a uma disposição administrativa pura e simples, mas a admissão de existência de uma verdade anterior. Assim, se o bem ou o direito foi inserido no patrimônio público calcado numa inverdade, por ferir o princípio da moralidade (art. 37, *caput*, da Constituição Federal), aí não pode permanecer. Dessa forma, a confissão feita pela Administração Pública é o retorno à verdade real, guia fundamental do processo administrativo.

Como no processo civil, a confissão no processo administrativo pode ser espontânea ou provocada. A confissão espontânea é requerida pela parte e tomada por termos nos autos, podendo ser produzida pela própria parte ou por procurador com poderes especiais.

A confissão provocada advém de depoimento pessoal.

A confissão processual faz prova apenas contra o confitente, portanto, não prejudica os demais interessados.

A confissão quando emanada de erro, dolo ou coação, pode ser revogada no decorrer do processo administrativo, inclusive na fase recursal. Extinto o processo administrativo, a confissão viciada pode ser alegada em *processo de revisão*, que é uma espécie de ação rescisória administrativa. Só que a alegação no processo de revisão se opera a qualquer momento, mesmo por herdeiros do interessado. O processo administrativo de revisão é imprescritível em respeito ao princípio da verdade real.

A confissão pode ser produzida fora do processo através de documento público ou privado e juntada aos autos.

3.10. DO JULGAMENTO CONFORME O ESTADO DO PROCESSO

Embora nenhuma lei conhecida que trate do processo administrativo preveja a possibilidade do julgamento conforme o estado do processo, tal qual previsão expressa do Código de Processo Civil, arts. 329 e 330, penso que é possível aplicar estes dispositivos de forma subsidiária ao processo administrativo.

O processo administrativo ganhou foro de equiparação ao processo judicial por força constitucional. Assim, quando o art. 5°, inciso LIV, da Constituição Federal, dispôs que *ninguém será privado da liberdade ou de seus bens sem o devido processo legal* e, no inciso LV, que *aos litigantes em processo judicial e administrativo ser-lhes-ia assegurado o contraditório e ampla defesa, com os meios e recursos a ela inerentes*, equiparou o processo administrativo ao judicial.

Curso de Processo Administrativo

Dessa forma, quando ocorrerem no processo administrativo situações típicas de julgamento antecipado ou mesmo de extinção do processo judicial civil é possível seu julgamento conforme o estado em que se encontra. As situações são:

1 – indeferimento da peça instauradora do processo, quando proposta pela Administração Pública, ou do requerimento do interessado.

A peça instauradora do processo administrativo pode ser indeferida por inepta quando (a) faltar pedido ou causa de pedir e, instada a parte no prazo de 5 dias para suprir a irregularidade, silenciar; (b) quando da narração e dos fatos na decorrer logicamente a conclusão; (c) o pedido for juridicamente impossível e (d) contiver pedidos incompatíveis entre si.

A peça também poderá ser indeferida quando qualquer das partes foi manifestamente ilegítima. A ilegitimidade pode ser ativa e passiva, circunstância de ser autor ou réu. Veja-se o seguinte exemplo: a Administração Pública municipal tomando conhecimento de irregularidade praticada por servidor público no período em que ele integrava a Administração Pública estadual, instaura processo administrativo. Evidentemente que a Administração Pública municipal não tem legitimidade persecutória sobre o fato caracterizando sua ação por absoluta ilegitimidade ativa. Outro exemplo: um servidor público do Estado do Rio Grande do Sul detentor de cargo em comissão requer à Administração Pública sua inclusão na previdência estadual. Ora, por força constitucional todo detentor de cargo em comissão se rege pelo sistema geral de previdência administrado pela União. Portanto, a Administração Pública estadual é parte ilegítima passiva para o pedido.

Também é causa de indeferimento da peça instauradora do processo administrativo quando o autor carecer de interesse processual. É regra de processo civil que ninguém poderá pleitear, em nome próprio, direito alheio, salvo quando autorizado por lei. Isso pode ser exemplificado da seguinte maneira: "A", mãe de "B", servidor público de 20 anos, entende que seu filho deveria ser promovido e formula requerimento neste sentido. Naturalmente que "A" carece de interesse processual e seu pedido deve ser indeferido.

A prescrição e a decadência de direitos administrativos são institutos previstos em lei. Assim, constatando a autoridade ou o órgão processante que o direito pretendendo está prescrito ou sobre ele incidiu a decadência deve imediatamente declarar essas causas extintivas de direito.

2 – paralisação do processo por negligência de qualquer das partes.

As partes no processo administrativo têm obrigações e, entre elas, a de promover o seu andamento atendendo o que for determinado pela autoridade ou órgão processante. O descumprimento das determinações sem a devida justificação permitindo que o processo administrativo fique paralisado traduz-se em negligência e no conseqüente julgamento antecipado.

3 – abandono do processo por prazo superior a 30 dias.

Toda parte que propõe um processo administrativo tem interesse no seu prosseguimento. Portanto, não se interessar a parte no prosseguimento do processo no prazo de 30 dias constitui causa de julgamento antecipado.

4 – ausência de pressuposto de constituição e de desenvolvimento válido e regular do processo.

Todo processo administrativo para se constituir e se desenvolver validamente necessita de partes em conflito e uma autoridade ou órgão lhe dê andamento e o julgue. Assim, ausentes estes pressupostos o processo administrativo deve ser julgado antecipadamente.

5 – quando for acolhida a perempção, litispendência ou a coisa julgada administrativa.

Perempção é uma forma de extinção de uma relação jurídica administrativa prevista taxativamente em lei. *Litispendência* é a existência de outro processo administrativo sobre o mesmo litígio e *coisa julgada administrativa* é decisão administrativa sobre a qual de forma expressa a lei impede a rediscussão. O acolhimento de qualquer deles impõe o julgamento antecipado do processo.

6 – houver desistência do processo.

O autor pode desistir do processo administrativo a qualquer momento. Antes do contraditório, sem a intimação da parte contrária. Depois, com a sua concordância. Não pode a autoridade ou o órgão administrativo impedir a desistência, salvo se constatar que o pedido embute imoralidade, circunstância de lhe exigirá providências administrativas para apuração do fato.

7 – quando a questão for unicamente de direito.

Questão de direito é aquela que não exige a colheita de prova. O conflito se resolve tão-só por aplicação de regra jurídica. Exemplo: servidor público formula requerimento pedindo a aplicação do índice inflacionário aos seus vencimentos. Todo e qualquer aumento de vencimento somente é concedido por lei. Logo, seu pedido pode ser julgado antecipadamente e indeferido. A matéria é exclusivamente de direito.

8 – quando a questão for de direito e de fato, não houver necessidade de produzir prova em audiência.

A questão de direito já foi analisada no tópico anterior. *Questão de fato* que independe de prova a ser colhida em audiência é a chamada prova

Curso de Processo Administrativo

pré-constituída e, em geral, no campo do processo administrativo, é tipificada por documentos produzidos pela Administração Pública. Logo, envolvendo o conflito questão de direito ou de fato, mas demonstrado por documentos administrativo é motivo de julgamento antecipado da lide.

3.11. DAS MEDIDAS CAUTELARES

3.11.1. Das disposições gerais

São raras as disposições processuais administrativas que tratam de medidas cautelares. Não havendo previsão legal a respeito, são plenamente aplicáveis as disposições do Código de Processo Civil a respeito de forma subsidiária, respeitadas as peculiaridades próprias do processo administrativo.

No entanto, o processo administrativo admite a concessão de *medidas cautelares*, sempre de *caráter provisório*, durante a sua tramitação, sem necessidade de que isso se verifique em autos apartados, desde que seja para *garantir a eficácia da decisão final*. Não há necessidade de se buscar distinção se estas medidas têm a roupagem de liminares, cautelares autônomas ou mesmo de antecipação de tutela, como ocorre no processo civil. Não se pode esquecer que o processo administrativo prima pela formalidade mínima.

Embora as leis que tratam do processo administrativo, quando tratam, não contemplem esta previsão com a devida suficiência, a concessão de medidas cautelares é sempre possível por aplicação subsidiária do processo civil, através dos arts. 273 e 796 e seguintes.

Afinal, sendo o processo um instrumento para a resolução de um conflito, disto não escapa o processo administrativo como espécie que é. Por conseguinte, existindo um processo administrativo em andamento, (a) – prova do bom direito de quem requer, (b) – verossimilhança, (c) – justo receio de vir a ser frustrada a decisão final e o (d) – a possibilidade de lesão difícil, incerta ou impossível, a medida cautelar é o instrumento acautelatório até necessário.

3.11.2. Dos pressupostos para a concessão de medida cautelar

A concessão de medida cautelar no processo administrativo não é ato discricionário da autoridade ou órgão processante. Trata-se de ato vinculado a determinados pressupostos sem os quais a concessão se torna nula.

Assim, para que a autoridade ou o órgão processante ordene a medida cautelar é necessário que alguns pressupostos sejam respeitados. São eles:

a) o processo administrativo tenha sido iniciado;

b) haja prova inequívoca do direito da parte;

c) tenha a autoridade ou órgão processante se convencido da verossimilhança do pedido;

d) haja justo receio de vir a ser frustrada a decisão, se a medida não for adotada;

e) se destine a evitar lesão de difícil, incerta ou impossível reparação aos interesses públicos ou do interessado.

Sendo o processo administrativo um universo próprio, em que os incidentes são resolvidos no seu próprio interior, para que qualquer medida cautelar seja analisada é necessário que o *processo tenha existência formal*. Portanto, é preciso que a Administração Pública ou o interessado o tenha iniciado através de manifestação escrita, tenha sido ela distribuída, autuada e registrada.

Conquanto exista uma aparente confusão entre Administração Pública *parte* e Administração Pública *autoridade ou órgão processante*, o certo é que é possível no processo administrativo estabelecer-se esta distinção, sob pena de ferimento da sua própria autonomia constitucional. Quando o constituinte afirmou que os litígios poderiam ser resolvidos via processo administrativo, conforme exegese do art. 5º, inciso LV, da Constituição Federal, desde que se oportunizasse o contraditório, a ampla defesa, com a utilização dos meios e recursos a ela inerente, deixou claro que a Administração Pública é parte no processo administrativo. Por lógica, alguém que é litigante não pode ser ao mesmo tempo condutor e decisor. A imbricação de atribuições e de interesses fere a moralidade. Portanto, há necessidade de bem se distinguir quando a Administração Pública é litigante ou quando é condutora do processo. Assim, para que uma medida cautelar seja concedida há necessidade de que a Administração Pública, como parte, a provoque demonstrando prova inequívoca de seu direito. De outro lado, entendo que a medida cautelar pode ser concedida também ao interessado, desde que demonstre o seu pedido.

Como terceiro requisito, há necessidade de que o pedido tenha *verossimilhança*, pareça verdadeiro. Aqui não há necessidade de um juízo de certeza, que somente será possível na decisão final. O requisito da verossimilhança exige da autoridade ou do órgão processante um juízo de razoabilidade.

Justo receio é o legítimo temor de que, se não concedida a medida cautelar, a decisão final será frustrada. Dessa forma, verificada pela autoridade ou órgão processante que, se a medida cautelar não for deferida a decisão final não alcançará seu objetivo, deverá concedê-la, até porque o processo administrativo tem a regê-lo, entre outros, o *princípio da eficiência*.

Curso de Processo Administrativo

E por fim, é também condição para a concessão de qualquer medida cautelar no processo administrativo a *possibilidade de lesão de difícil, incerta ou impossível reparação*. Lesão é a violação a um direito. Portanto, se nos autos administrativos ficar demonstrado que o direito da parte, Administração Pública ou interessado, sofrerá possível violação cuja reparação será complicada, sem nenhuma certeza ou irrealizável a medida cautelar deverá ser concedida pela autoridade ou órgão processante.

Preenchidos os pressupostos, a concessão da medida se torna até exigível porque, caso contrário, a autoridade ou órgão processante causará danos a direitos ou interesses da parte de forma irreversível.

Da negativa de concessão cabe pedido de reconsideração e recurso administrativo no prazo previsto na lei do processo. Não havendo previsão, no prazo de 5 (cinco) dias.

3.11.3. Da motivação da medida cautelar

A medida cautelar pode ser concedida pela autoridade ou órgão processante tanto contra a Administração Pública como contra o interessado.

Existe um certo equívoco nas leis e regulamentos de regram o processo administrativo de só preverem a concessão de medidas cautelares em favor da Administração Pública. Elas podem e devem ser concedidas também para proteger direitos e interesses da outra parte no processo, que é o *interessado*. Seria um contra-senso, o interessado requerer a instauração de processo administrativo demonstrar seu direito, a existência de verossimilhança, a presença do justo receio e possibilidade de dano e, nem por isso, ser merecedor de medida cautelar protetiva. Tome-se, por exemplo, o processo administrativo de multa por infração de trânsito. Sua instauração pela Administração Pública, depois de certa vacilação, admite o contraditório. Nesta peça de defesa, o interessado requer medida cautelar para que a Administração Pública não extraia nenhuma conseqüência derivada do processo, preenchendo todos os pressupostos da medida. Ora, evidentemente que a medida deve se deferida pela autoridade ou órgão processante. No entanto, apesar disso, dificilmente medidas cautelares são deferidas no processo administrativo em favor do administrado. Isso demonstra de um lado, que muitas regras de processo administrativo são criadas em benefício exclusivo da Administração, esquecendo o legislador que, a par do interesse público, existem direitos e garantias constitucionais a serem sopesados. De outro lado, interpretações que só vêm o lado administrativo contribuem para o descrédito do próprio processo administrativo.

Sendo a medida cautelar um ato administrativo de cunho processual a análise para seu deferimento ou indeferimento exige *motivação, que é a circunstância pela qual a autoridade ou o órgão processante fundamentará a decisão concessiva ou negativa da cautelar.*

Assim, ao analisar os pressupostos para a concessão da medida a autoridade ou órgão processante deverá rechear os pressuposto para seu deferimento com dados peculiares ao próprio processo. A menção objetiva de que foram atendidos os pressupostos de concessão é ausência de motivação ou motivação incompleta tornando o ato administrativo processual plenamente nulo, passível de alegação pela parte interessada em recurso administrativo.

A ausência de motivação ou a motivação incompleta torna o ato nulo passível de controle administrativo ou judicial.

3.11.4. Da concessão da medida cautelar sem a prévia manifestação da parte contrária

Uma das condições para a concessão da medida cautelar no processo administrativo é a não manifestação prévia da parte contrária por sua própria urgência.

Isso porque se o direito da parte está demonstrado, há verossimilhança em sua alegação e existe o justo receio da decisão final vir a ser frustrada, causando dano considerável, admitir-se a manifestação da parte contrária é submeter o direito ou interesse a ser protegido a um prejuízo irremediável.

No entanto, ante dúvida razoável, é possível a audiência prévia dos interessados.

A parte contrária deve ser intimada da concessão da medida.

Cabe pedido de reconsideração e, havendo previsão, recurso administrativo.

3.11.5. Da alteração ou revogação da medida cautelar

Havendo modificação em qualquer dos pressupostos necessários para a concessão da medida cautelar, a pedido da parte interessada, pode a autoridade ou órgão processante alterá-la ou revogá-la, com motivação e ciência dos interessados, inclusive de quem tenha interesse na sua manutenção.

Da alteração ou revogação da medida cautelar cabe pedido de reconsideração e, havendo previsão, recurso administrativo.

3.11.6. Da repetição de pedido de medida cautelar

Negado o pedido de concessão de medida cautelar e mantida a decisão no recurso administrativo interposto, opera-se a preclusão administrativa até a decisão final.

No entanto, modificando-se as circunstâncias fáticas após a negativa e preenchendo o requerente, agora, os pressupostos exigidos para a medida cautelar, pode a autoridade ou órgão administrativo concedê-la.

Da concessão cabe pedido de reconsideração e, havendo previsão legislativa, recurso administrativo.

3.11.7. Da extinção das medidas cautelares

As medidas cautelares são sempre provisórias e, portanto, serão automaticamente extintas, logo que:

a) for proferida a decisão final no processo;

b) decorrer o prazo de sua validade;

c) decorrido o prazo para a decisão final, sem que haja sido proferida.

A decisão final põe termo ao processo administrativo. Sendo a medida cautelar um incidente interno ao processo, extinto este pela decisão final, extinta aquela porque fica o conteúdo desta subsumida no conteúdo daquela.

A medida cautelar pode ser concedida com prazo certo de duração. Portanto, expirado o prazo, extinta a medida de pleno direito.

Circunstância interessante é a extinção da medida cautelar por descumprimento do prazo para a decisão final. A extinção aqui funciona como verdadeira sanção. Ocorre que a extinção só se deve ocorrer se a medida cautelar foi concedida em benefício da Administração Pública. Seria ilógico que, sendo o interessado o beneficiário da medida, sofresse ele penalização por descumprimento de típico dever administrativo.

3.12. DA INSTRUÇÃO

3.12.1. Das considerações gerais

O processo administrativo é um instrumento através do qual se busca resolver um litígio administrativo. A resolução desse litígio exige instrução ampla com colheita de prova. Ou como diz o art. 29 da Lei Federal nº 9.784/99, repetido nas várias leis estaduais que tratam do processo administrativo:

Art. 29. As atividades de instrução destinadas a averiguar e comprovar os dados necessários à tomada de decisão realizam-se de ofício ou mediante impulsão dos órgãos responsável pelo processo, sem prejuízo do direito dos interessados de propor atuações probatórias.

São admitidas no processo administrativo todas as provas obtidas por meio lícitos, a *contrario senso* do *princípio de que não são admissíveis, no processo, as provas obtidas por meios ilícitos*, consoante dispõe o art. 5º, inciso LVI, da Constituição Federal.

Os meios usuais de provas passíveis de produção no processo administrativo são:

a) o depoimento pessoal;

b) a confissão;

c) a exibição de documento;

d) a prova documental;

e) a prova testemunhal;

f) a prova pericial;

g) a inspeção administrativa;

h) a consulta pública

Os meios de provas no processo administrativo são idênticos à do processo judicial. A novidade é que nele é admitida ainda a *consulta pública* quando envolver assunto de interesse geral, oportunidade em que a autoridade ou o órgão processante, mediante despacho motivado, poderá abrir período de consulta pública para manifestação de terceiros, desde que não haja prejuízo para a parte diretamente interessada. Trata-se de novidade de exclusiva pertinência do processo administrativo envolvendo interesses difusos não diretamente atingidos no litígio.

Os fatos conhecidos por todos, os chamados *fatos notórios*, os afirmados por uma parte e confessados pela parte contrária, os admitidos no processo administrativo como incontroverso e aqueles em cujo favor milita a presunção legal de existência e de veracidade, não dependem de prova.

O Código de Processo Penal admite a *acareação* como prova. *Acareação* é o ato de acarear, que significa por testemunhas frente uma da outra em decorrência de testemunhos divergentes sobre o mesmo fato. Essa modalidade de prova sempre se mostrou improdutiva porque as testemunhas sempre costumam manter seus depoimentos anteriores. Este tipo de prova é substituído pela sensibilidade do julgador que valorará um depoimento em detrimento de outro pelas circunstâncias de cada um.

No entanto, embora exista um elenco específico de provas ou forma de entender um fato provado criado no processo judicial e que pode ser transposto com a mesma envergadura para o processo administrativo por aplicação do *princípio constitucional da ampla defesa* de abrangência indistinta a todos os litígios, é possível ocorrerem situações atípicas que refujam ao espectro normal de provas. Em tais situações, a autoridade ou o órgão processante deverá se louvar naquilo que o Código de Processo Civil, art. 335, chama de *regas de experiência comum subministradas pela observação do que ordinariamente acontece* ou as *regras de experiência técnica* que não o exame pericial. Em outras palavras, a prova no processo administrativo pode abranger os costumes praticados em cada Administração Pública.

3.12.2. Do ônus da prova

Como regra universal, é também aplicável ao processo administrativo o *princípio do ônus da prova*. É o *onus probandi* dos romanos.

Nota-se nas legislações que tratam do processo administrativo, especialmente na Lei Federal nº 9.784/99, que regulamenta o processo administrativo no âmbito federal, mas tem servido de modelo par várias leis estaduais e municipais, a atribuição do princípio tão-somente ao interessado.[82]

Penso que se trata de um lamentável equívoco. Tenho repetido ao longo deste trabalho que não se pode confundir Administração Pública, na condição de parte, com aquela Administração Pública na condição de autoridade ou órgão processante. Embora a nomenclatura seja a mesma, as atribuições de uma e de outra no processo administrativo são completamente diferentes e inconfundíveis. A Administração Pública como parte no processo administrativo tem os mesmos direitos e deveres dos interessados. Não é porque o processo tramita nas suas próprias entranhas administrativa que a Administração Pública parte tem privilégios. A confusão legal e até mesmo doutrinária a esse respeito tem levado ao descrédito o processo administrativo. Se o processo administrativo pressupõe litígio, conforme exegese que se retira do art. 5º, inciso LV, da Constituição Federal, deve existir um terceiro que conduza o processo e decida motivadamente quem tem razão. Ora, se Administração Pública na condição de parte for a mesma Administração Pública autoridade ou órgão processante, como se explica a possibilidade de vir a existir impedimentos e suspeição dessa autoridade ou componente desse órgão? Isto porque se e a autoridade ou órgão processante for considerada parte no processo administrativo tem interesse na sua solução, logo haveria um impedimento nato.

Por fim, parece-me que a confusão reside na não conscientização de que o processo administrativo deixou de ser procedimento inquisitorial promovido pela Administração Pública e se tornou, por força de comando constitucional, em instrumento de igual oportunidade para os nele envolvidos. Dessa forma, o processo administrativo não pode ser uma via para se

---

[82] O art. 36 da mencionada lei diz o seguinte:
Art. 36. Cabe ao interessado a prova dos fatos que tenha alegado, sem prejuízo do dever atribuído ao órgão competente para a instrução e do disposto no art. 37 desta Lei.
E diz o art. 37 citado:
Art. 37. Quando o interessado declarar que fatos e dados estão registrados em documentos existentes na própria Administração responsável pelo processo ou em outro órgão administrativo, o órgão competente para a instrução proverá, de ofício, à obtenção dos documentos ou das respectivas cópias.

buscar, com exclusividade, proteger os direitos ou interesses da Administração Pública. Embora este interesse exista tem que ser sopesado com os direitos ou interesses do interessado. Ou o processo administrativo será uma panacéia ou um faz de conta na contramão da visão que lhe foi atribuída pela constituinte de 1988.

O *princípio do ônus da prova* consiste na premissa de que compete ao autor do pedido a prova constitutiva de seu direito, e ao réu, a prova da existência de fato impeditivo, modificativo ou extintivo do direito do autor. Este princípio previsto no art. 332 do CPC é plenamente aplicável ao processo administrativo.

Todavia, independem de prova no processo administrativo os *fatos notórios*, aqueles afirmados por uma parte e confessado pela parte contrária, os admitidos no processo como incontroverso e aquele que milita presunção legal de existência ou de veracidade, como ocorre no processo civil, art. 334 do CPC.

Circunstância relevante quando se trata de prova no processo administrativo é a demonstração de direito municipal, estadual, estrangeiro ou consuetudinário. É certo que *a ninguém é dado se escusar de cumprir a lei, alegando que não a conhece*, conforme regra prevista no art. 3º da Lei de Introdução do Código Civil, que, em verdade, institui princípios de hermenêutica ao direito brasileiro. No entanto, quando se tratar de direito municipal, estadual ou estrangeiro, a sua aplicação necessita de demonstração de existência, particularidade explicável pela limitação de seu próprio âmbito de abrangência.

Questão interessante é a aplicação do direito consuetudinário no âmbito do processo administrativo. Embora se reconheça o predomínio do *princípio da legalidade* nos litígios envolvendo a Administração Pública, penso que é possível a aplicação de regras costumeiras na inexistência de regra positiva. Exemplifico com esta situação: o interessado requer à Administração Pública a instauração de processo administrativo por reparação de danos causados por agente público delegado pelo fato de que, como costumava agir na pequena comunidade, dito agente teria recebido pagamentos de impostos em nome da Administração, sem mencionar que não mais a integrava. Ora, a fidúcia do interessado com o ex-representante da Administração decorreu de típica reiteração consolidada que gerou o costume. Dessa forma, a prova da existência desse costume é admissível, embora o ônus de demonstrá-la pertença ao interessado.

Tema de muita repercussão quanto à prova reside na aplicação de princípios no âmbito do processo administrativo. Quanto aos princípios expressos, não há qualquer dúvida. A prova é a própria constituição ou a lei que os elege. Questão duvidosa é quanto à demonstração de existência e de aplicação dos princípios implícitos. Penso que esta situação se resolver por aplicação da *teoria do argumento de autoridade*. Em outras palavras, se a doutrina especializada sustenta a aplicação de determinado princípio ao processo administrativo, a prova de existência desse princípio se faz através de remissão ou cópia da obra doutrinária que o afirma.

3.12.3. Da produção oficial de prova

O processo administrativo tem como um dos seus princípios orientadores a *busca da verdade real*. Isto significa que para atingi-lo, ao tomar a decisão final, é permitida à autoridade ou ao órgão processante determinar a produção oficial de prova.

Não se trata de determinação discricionária e infundada do processante, mas de vinculação motivada à *indispensabilidade* da prova na elucidação dos fatos e *imprescindibilidade* à formação de seu convencimento.

A determinação oficial para a produção de prova, portanto, sem esses elementos de motivação é ato administrativo nulo, passível de declaração pelo próprio processante ou, se admitido, pelo Poder Judiciário.

3.12.4. Do indeferimento da prova ilícita, impertinente, desnecessária ou protelatória

Segundo o art. 5º, inciso LVI, da Constituição Federal, *são inadmissíveis, no processo, as provas obtidas por meios ilícitos*. Tem-se aqui o *princípio da proibição da prova ilícita*.

Como a Constituição não faz distinção entre o processo administrativo e o judicial, conforme exegese do art. 5º, inciso LV, é forçoso admitir-se que a proibição de prova ilícita também é aplicável ao processo administrativo.

Prova ilícita é aquela produzida contra disposição expressa de lei. A degravação de conversa telefônica, o uso de registros contidos em memória de microcomputador obtido sem autorização de seu dono, a utilização de diários íntimos, de correspondência particular, entre tantos outros, são exemplos típicos de prova obtidas de forma ilícitas e, por via de conseqüência, deverão ser afastadas do processo administrativo pela autoridade ou órgão processante e desconsiderados quaisquer reflexos daí resultante.

Prova impertinente é aquela sem propósito, estranha ao litígio, inoportuna. Embora, em princípio a prova impertinente seja lícita, ela deve ser afastada pela autoridade ou pelo órgão processante por não contribuir para a solução do litígio. A prova impertinente se contrapõe ao princípio da ampla defesa. Aquela é o excesso deste. Não fora isso, a prova impertinente fere o princípio da oficialidade, segundo o qual tem o condutor do processo administrativo o dever de zelar por seu desenvolvimento regular.

Prova desnecessária é aquele que, embora lícita e tenha de alguma forma pertinência com o litígio, se torna plenamente dispensável por superveniência de fatos novos. É o caso típico do processo administrativo de indenização por ato ilícito formulado por interessado, que para isso, requer prova pericial, mas, em resposta a seu pedido, vem a Administração Pública e admite a indenização. A prova pericial requerida obviamente que se tornou desnecessária e por isso mesmo deve ser afastada pela autoridade ou órgão processante.

Prova protelatória é aquela requerida com o claro intuito de retardar o andamento do processo administrativo. Pode ser citado como exemplo extremado a inquirição de testemunha abonatória no estrangeiro, especialmente no processo administrativo disciplinar. O intuito de retardar o processo para ser alcançado pela prescrição é manifesto Em situações com a do exemplo a autoridade ou o órgão competente deve indeferir a prova pretendida de forma fundamentada. O dever de zelar pelo desenvolvimento regular do processo, circunstância vinculada ao *princípio da oficialidade*, é que determina a providência. Ademais, a produção de prova protelatória, como na prova impertinente, fere o *princípio da ampla defesa*, já que este se exaure no pressuposto de defesa legítima.

3.12.5. Do depoimento pessoal

É certo que a autoridade ou o órgão processante no processo administrativo não tem o mesmo poder do juiz no processo judicial, especialmente para determinar o comparecimento pessoal das partes a fim de interrogá-las sobre os fatos da causa.

Não existindo regras expressas quanto ao depoimento pessoal na lei ou regulamento do processo administrativo, a autoridade ou o órgão processante poderá se louvar nas regras da experiência para imprimir a condução do processo. Algumas dessas regras:

1. quando o depoimento for do agente representante da Administração Pública na qualidade de parte, e havendo motivação da necessidade dessa prova, é possível à autoridade ou órgão processante requisitar o seu comparecimento ao superior hierárquico em respeito aos princípios da oficialidade e da verdade material que, respectivamente, lhes outorgam o dever de bem conduzir o processo e a necessidade da busca da verdade real;

2. não havendo atendimento da requisição pelo superior hierárquico, no campo externo, pode gerar infração administrativa por atentado contra o desenvolvimento válido e regular do processo e do dever de colaborar com a Administração Pública processante, e, no âmbito interno, embora não seja possível a cominação de pena de confissão à Administração Pública, a ausência deverá ser sopesada no convencimento final;

Curso de Processo Administrativo

3. quanto ao depoimento pessoal do interessado, sendo ele servidor público integrante dos quadros administrativos da repartição onde tramita o processo, deverá ser requisitado ao superior hierárquico para depor, com a advertência de que, sua ausência, importará em responsabilização administrativa e extinção do processo e respectivo arquivamento, respondendo o superior também administrativamente;

4. sendo o interessado pessoa física, ou jurídica privada será devidamente intimado (a pessoa jurídica privada na pessoa de seu representante legal) para depor em audiência previamente designada, devendo a comunicação expressamente advertir que, no caso de ausência, se o processo foi por ele instaurado, será extinto. Concretizada a ausência, a autoridade ou o órgão processante decretará a extinção do processo e o respectivo arquivamento. Da decisão cabe recurso administrativo. Sendo a extinção do processo meramente processual, pode o interessado renovar o seu pedido através de novo processo, uma única vez;

5. no entanto, é possível o interessado se recusar a depor:

a) por estado ou profissão, deva guardar sigilo;

b) importar revelação de fatos criminosos ou torpes praticados pelo próprio interessado, pelo seu cônjuge, ou companheiro ou por parente consangüíneo, ou afim, nos termos da lei civil, ou por adoção;

c) for suscetível de causar dano moral ou material ao próprio interessado a alguma pessoa referida na letra anterior.

3.12.6. Da confissão

É admissível a confissão no processo administrativo, vez que integra o conceito de prova.

Ausentes regras expressas na lei ou no regulamento que reger o processo administrativo, a autoridade ou o órgão processante poderá se louvar nas regras de processo civil para admiti-la por aplicação subsidiária, desde que não colidam com a própria estrutura do processo administrativo e dos princípios que regem a Administração Pública.

Assim, são aplicáveis as seguintes regras:

1. existe confissão quando a parte admite a verdade de um fato, contrário ao seu interesse e favorável ao adversário;

2. a confissão faz prova contra o confitente, não prejudicando, todavia, as demais partes do processo;

3. o silêncio da Administração Pública ou do interessado no processo administrativo não implica necessariamente em confissão, em respeito ao princípio da verdade real;

4. a confissão emanada de erro, dolo ou coação pode ser declarada no próprio processo administrativo ou em processo de revisão próprio;

5. a confissão pode ser feita nos próprios autos, ou através de documento escrito público ou privado.

3.12.7. Da exibição de documento ou coisa

É cabível no processo administrativo a exibição de documento ou coisa, tal qual ocorre no processo civil.

No entanto, consistindo este meio de prova em cumprimento de uma determinação para que uma parte exiba documento ou coisa que se ache em seu poder, fica restrito ao âmbito das atribuições da autoridade ou órgão administrativo, que não tem os poderes de juiz, como, por exemplo, o de, não havendo a exibição, admitir como verdadeiro os fatos que, por meio do documento ou da coisa, a parte pretendia provar.

A exibição de documento ou coisa pode consistir de duas formas.

A primeira delas é quando o documento ou a coisa se encontra em poder da Administração Pública. Neste caso, é cabível a exibição de documento ou da coisa quando a parte declarar que fatos e dados estão registrados em documentos ou a coisa a ser exibida é importante para o deslinde da causa e se encontram na própria Administração Pública por onde tramita o processo ou mesmo em outra administração, cabendo a autoridade ou órgão processante determinar, através de ofício, a exibição do documento ou de suas cópias ou da coisa, fixando-lhe prazo para cumprimento.

A decisão que defere a exibição de documento ou de coisa em poder da Administração Pública deve ser fundamentada, individualizando-se o documento ou a coisa e a contextualizando sua finalidade no processo administrativo.

Da decisão que defere ou indefere a exibição de documento ou coisa cabe recurso administrativo.

Mas a Administração Pública pode se recusar a efetuar a exibição do documento ou da coisa se esta exibição atentar contra o interesse público. Essa recusa deverá ser motivada

A não exibição do documento ou da coisa pela Administração Pública, embora não constitua confissão, por aplicação do princípio da verdade real, a recusa deve ser considerada na decisão final pela autoridade ou órgão processante como elemento de convicção.

A autoridade ou o órgão processante pode determinar que terceiro exiba documento ou coisa que se encontra em seu poder. Neste caso, o terceiro será intimado com menção de data, prazo, forma e condições para o atendimento.

No caso de não atendimento, como não tem a autoridade ou o órgão processante o poder de coação judicial, se o processo foi instaurado pelo interessado e a exibição é de seu interesse, deverá o processo ser extinto e arquivado. Se a exibição foi requerida pela Administração Pública em processo de sua iniciativa e, entendendo a autoridade ou o órgão processante caracterizar ela elemento relevante para seu convencimento, poderá suprir de ofício essa omissão através de diligências apropriadas ou considerar a recusa como fator importante na decisão a ser proferida.

3.12.8. Da prova documental

O processo administrativo admite a produção de prova documental. Aliás, o documento é o tipo de prova mais utilizado nos conflitos que envolvem a Administração Pública e os interessados por uma simples razão: os atos administrativos como forma de manifestações públicas são exteriorizados através de atos escritos.

Aplicam-se ao processo administrativo no tocante a prova documental os mesmos princípios do processo civil, com pequenas adaptações.

Assim, o documento público, aquele produzido por escrivão, tabelião ou servidor público, faz prova não só da sua formação como ainda dos fatos nele contidos. Trata-se de uma presunção legal de validade que, no entanto, deve ser considerada pela autoridade ou órgão processante dentro do contexto probatório. Portanto, se o documento público foi emitido por oficial público incompetente, ou mesmo sem a observância das formalidades legais, desde que subscrito pelas partes interessadas, tem a mesma eficácia probatória de documento particular.

É preciso enfatizar que todo documento emitido pela Administração Pública, qualquer que seja ela, traz ínsita a presunção de ser legítimo, atributo que lhe garante um alto grau de convicção na decisão a ser proferida no âmbito do processo administrativo. Afinal, a Administração Pública tem uma pauta de conduta regrada pela legalidade, moralidade, impessoalidade e eficiência.

As certidões textuais de qualquer peça de autos, do protocolo das audiências, ou de outro livro a cargo de escrivão ou autoridade a ele equiparada, sendo extraída por ele ou sob sua vigilância e por ele subscrito, faz a mesma prova que os originais. As certidões e os traslados extraídos por oficial público, de instrumento ou documentos lançados em suas notas, também. As reproduções de documentos, quando autenticadas pela própria Administração Pública, têm o mesmo valor que os originais.

Quando a lei exigir, como da substância do ato, o instrumento público, nenhuma outra prova, por mais especial que seja, pode suprir-lhe a falta. É o típico caso da certidão de nascimento que comprova a existência da pessoa natural ou da certidão de óbito que comprova a sua morte. Ainda podem ser exemplificados como documentos públicos que demonstram com exclusividade a substância do ato, a certidão de casamento, de emancipação, a sentença de interdição ou declaratória de ausência de ausência ou de morte presumida, a certidão de registro das pessoas jurídicas privadas. Dessa forma, se o litígio administrativo envolver, mesmo que incidentalmente, a comprovação de atos que só podem ser demonstrados por documento público típico, não pode a autoridade ou o órgão processante dele prescindir. O processo administrativo deverá ser suspenso até suprimento da prova ou, se impossível sua produção, deverá ser extinto e arquivado.

O documento particular, quando escrito e assinado, ou somente assinado, presume-se verdadeiro em relação ao signatário. Porém, quando contiver declaração de ciência, relativa a determinado fato, esse documento particular prova a declaração, mas não o fato declarado competindo ao interessado em sua veracidade o ônus de provar a sua existência.

Surgindo dúvida quanto à data de emissão do documento particular, circunstância essa argüida pelos litigantes no processo administrativo, ela poderá ser provada por todos os meios de direito. No entanto, quanto ao terceiro interessado, o documento será considerado como datado *a) no dia em que foi registrado; b) desde a morte de algum dos signatários; c) a partir da impossibilidade física, que sobreveio a qualquer dos signatários; d) da sua apresentação em repartição pública ou em juízo e e) do ato ou fato que estabeleça, de modo certo, a anterioridade da formação do documento.*

Quanto à autoria do documento particular presume-se ser daquele que o fez e assinou; daquele que, por conta de quem foi feito, estando assinado e daquele que, mandando compô-lo, não o firmou, porque, conforme a experiência comum, não se costuma assinar, como livros comerciais e assentos domésticos.

Embora não seja admissível no processo administrativo o incidente de argüição de falsidade em autos apartados, pela própria simplicidade que o norteia, é possível que a parte contra quem foi produzido o documento particular, alegar sua falsidade buscando produzir, quanto a esta alegação, prova correspondente, até mesmo o exame pericial. Caberá a autoridade ou órgão competente a análise de sua conveniência. Da decisão que defere ou indefere a produção dessa prova, caberá recurso administrativo.

O telegrama, o radiograma ou qualquer outro meio de transmissão, como o e-mail e o fax, tem a mesma força probatória do documento particular, se provada a data de sua emissão e o recebimento pelo destinatário.

As cartas, bem como os registros domésticos, provam contra quem os escreveu quando *a) enunciam o recebimento de um crédito; b) contêm anotação, que visa suprir a falta de título em favor de quem é apontado e c) expressam conhecimento de fatos para os quais não se exija determinada prova.*

Os livros comerciais provam contra o interessado empresário. No entanto, pode este demonstrar, por todos os meios permitidos em direito, que os lançamentos não correspondem à verdade dos fatos. De outro lado, se os livros preencherem os requisitos exigidos por lei, provam também a favor da Administração Pública. A escrituração contábil é indivisível, mas, se dos fatos que resultam dos lançamentos, uns são favoráveis ao interessado e outros lhe são contrários, ambos serão considerados pela autoridade ou órgão processante em conjunto com a unidade.

Qualquer reprodução mecânica, como a fotográfica, cinematográfica, fonográfica ou de outra espécie, faz prova dos fatos ou das coisas representadas, se aquele contra quem foi produzida lhe admitir a conformidade, expressa ou tacitamente. Impugnada a autenticidade, poderá a autoridade ou o órgão processante a realização de exame pericial. As reproduções fotográficas ou obtidas por outros processos de repetição, dos documentos particulares, valem como certidões, sempre que autoridade administrativa portar por fé a sua conformidade com o original. A fotografia terá valor de prova quando acompanhada do respectivo negativo.

Quanto à produção da prova documental, é conveniente que a Administração Pública ou ao interessado instruam a peça instauradora ou de resposta do processo administrativo com os documentos destinados a provar suas alegações. No entanto, é lícito a qualquer das partes, em qualquer momento, juntar documentos e pareceres mesmo que seja para contrapô-los aos que foram juntados nos autos, dando-se vista à parte contrária. Primando o processo administrativo pela informalidade, não se lhe pode aplicar a rigidez do processo civil, afinal de contas, a meta a que se destina é a busca da verdade real.

Quando o interessado declarar que fatos e dados estão registrados em documentos existentes na própria Administração Pública por onde tramita o processo ou ainda em outro órgão administrativo, a autoridade ou o órgão processante determinará a obtenção dos documentos ou das respectivas cópias.

3.12.9. Da prova testemunhal

A prova testemunhal é sempre admissível no processo administrativo, aplicando-se na sua admissibilidade, valor e produção os mesmos princípios dispostos no processo civil, com pequenas adaptações.

Assim, quanto à admissibilidade de prova testemunhal, a autoridade ou o órgão processante poderá indeferir a inquirição de testemunha sobre fatos *(a) já provados por documentos ou confissão da Administração Pública ou do interessado e (b) que só por documentos ou por exame pericial puderem ser provados.* A autoridade ou o órgão processante, no entanto, pode indeferir a produção de prova testemunhal quando *impertinente, desnecessária ou protelatória.* Em qualquer das situações, a decisão deverá ser motivada, dela cabendo recurso administrativo.

Podem depor no processo administrativo todas as pessoas, exceto as *incapazes, impedidas* ou *suspeitas*.

A incapacidade da pessoa é prevista no Código Civil, arts. 3° e 4°, e pode ser absoluta ou relativa.

Dessa forma, são *incapazes absolutamente* para depor como testemunha no processo administrativo:

a) os menores de 16 anos;

b) os que, por enfermidade ou deficiência mental, não tiverem o necessário discernimento para pessoalmente externar os atos da vida civil;

c) os que, mesmo por causa transitória, não puderem exprimir sua vontade.

São *incapazes, relativamente a certos atos, ou à maneira de os exercer*, podendo, no entanto, depor no processo administrativo desde que a autoridade ou o órgão processante tenha o cuidado de valorar tais depoimentos dentro do contexto do litígio:

a) os maiores de 16 anos e menores de 18 anos;

b) os ébrios habituais, os viciados em tóxicos, e os que, por deficiência mental, tenham discernimento reduzido;

c) os excepcionais, sem o desenvolvimento mental completo;

d) os pródigos.

São *impedidos* de depor no processo administrativo:

a) o cônjuge, bem *como o ascendente e o descendente em qualquer grau*, ou colateral até o terceiro grau, por consangüinidade ou afinidade do interessado;

b) a autoridade ou o servidor integrante do órgão processante;

c) a autoridade ou servidor que tenha interesse direto ou indireto no litígio ou que tenha participado ou venha a participar como perito ou representante da Administração Pública;

d) o interessado que for parte na causa;

e) o que intervém em nome do interessado, como tutor na causa de menor, o representante legal da pessoa jurídica, o advogado e outros que assistem ou tenham assistido o interessado.

São *suspeitos* para depor no processo administrativo:

a) o condenado por falso testemunho;

b) o que, por costumes, não for digno de fé;

c) o inimigo capital do interessado, ou o seu amigo íntimo;

d) o que, de qualquer forma, tiver interesse no litígio.

A autoridade ou o órgão processante, se entender estritamente necessário, poderá ouvir testemunhas impedidas ou suspeitas, cujos depoimentos serão prestados independentemente de compromisso.

A testemunha não é obrigada a depor sobre fatos:

a) que lhe acarretem grave dano, bem como ao seu cônjuge e aos seus parentes consangüíneos ou afins, em linha reta, ou na colateral em segundo grau;

b) a cujo respeito, por estado ou profissão, deva guardar sigilo.

Quanto à produção de prova, não dispondo a respectiva lei que rege o processo administrativo de forma diferente, regras do processo civil poderão ser subsidiariamente aplicadas.

Embora a informalidade predomine no processo administrativo, por questão de lógica, a Administração Pública ou o interessado que pretenda produzir prova testemunhal deverá apresentar o rol pelos menos 5 (cinco) dias antes da realização da audiência, especificando o nome, a profissão e a residência de cada uma delas e limitar o seu número máximo a 10 (dez) no processo e de 3 (três) para cada fato, tal qual ocorre no processo civil.

Falecendo a testemunha, sendo acometida de enfermidade que a impeça de depor ou tenha mudado de residência poderá ocorrer sua substituição pela parte que a arrolou.

As testemunhas, como regra, deporão perante a autoridade ou o órgão processante na data designada para a audiência de instrução, salvo as que prestam depoimento antecipadamente, as inquiridas por carta, as que, por doença, ou outro motivo relevante, estão impossibilitadas de comparecer a juízo ou as que, em função do cargo, são inquiridas em sua residência ou no local em exercem sua função, como:

a) o Presidente e o Vice-Presidente da República;

b) o presidente do Senado e da Câmara dos Deputados;

c) os ministros de Estado;

d) os ministros do Supremo Tribunal Federal, do Superior Tribunal de Justiça, do Superior Tribunal Militar, do Tribunal Superior Eleitoral, do Tribunal Superior do Trabalho e do Tribunal de Contas da União;

e) o procurador-geral da República;

f) os senadores e deputados federais;

g) os governadores dos Estados e do Distrito Federal;

h) os deputados estaduais;

i) os desembargadores dos Tribunais de Justiça e dos Tribunais Regionais Federais, os juízes dos Tribunais de Alçada, os Juízes dos Tribunais Regionais do Trabalho e dos Tribunais Regionais Eleitorais e os conselheiros dos Tribunais de Contas dos Estados e do Distrito Federal;

j) o embaixador do país que, por lei ou tratado, concede idêntica prerrogativa ao agente diplomático do Brasil.

As testemunhas inquiridas em sua residência ou no local em que exercem sua função são solicitadas a designar dia, hora e local a fim de serem inquiridas, remetendo a autoridade ou o órgão processante cópia da inicial ou da defesa oferecida pela parte que o arrolou como testemunha.

Diferentemente do que ocorre no processo civil, a testemunha deverá ser intimada a comparecer à audiência pelo correio, através de carta com

AR ou por entrega em mão própria onde conste o dia, hora e local, bem como os nomes dos litigantes e a natureza da causa. Não tendo a autoridade ou o órgão processante poder judicial não pode expedir *mandado* que é atributo típico de jurisdição. Pelo mesmo motivo não pode cominar o pagamento de despesas ou a condução sob vara, no caso de não comparecimento. A ausência da testemunha poderá ensejar a sua substituição ou, sendo impossível, o fato deverá ser considerado na motivação da decisão administrativa que julgar o processo administrativo.

A Administração Pública e o interessado poderão se comprometer a levar à audiência a testemunha arrolada, independentemente de intimação, presumindo-se que desistiu de ouvi-la, caso não compareça.

A autoridade ou o órgão processante inquirirá a testemunha separada e sucessivamente. Primeiro, as daquele que propugnou pela instauração do processo administrativo e, depois, as do que o contraditou.

O ato de inquirição de testemunha tem momentos típicos e necessários para que esta modalidade de prova não se transforme em mais um ato processual de ditas e contraditas das partes envolvidas e, sim, um forte elemento de convicção da autoridade ou órgão processante.

A qualificação da testemunha, com declaração de nome por inteiro, profissão, residência, estado civil e grau de parentesco, não só torna a testemunha identificável, como fornece à autoridade ou ao órgão competente elementos importantes de convicção. Tome-se como exemplo o processo administrativo de cassação de licença de funcionamento de um estabelecimento comercial por venda reiterada de produtos nocivos à saúde. Evidentemente que o depoimento de uma testemunha qualificada como engenheira de alimentos ou nutricionista, por exemplo, tem relevância na compreensão do litígio administrativo pelas informações técnicas que pode fornecer. De outro lado, é com o fornecimento dos dados de sua qualificação que a autoridade ou o órgão processante começa a valorar o grau de credibilidade do testemunho a ser tomado. É no momento da qualificação que pode ocorrer a chamada *contradita*, oportunidade em que a parte contrária argüirá a incapacidade, o impedimento ou a suspeição da testemunha, que será imediatamente consultada. Admitindo, será dispensada de prestar depoimento. Negando, a parte que argüiu a contradita poderá apresentar prova de sua alegação, consistindo esta de documentos ou mesmo de testemunhas, no máximo de 3 (três), que serão ouvidas em separado. A autoridade ou o órgão processante, em qualquer das situações, decidirá motivadamente.

A testemunha prestará compromisso de dizer a verdade do que souber ou do que lhe for perguntado, devendo a autoridade ou o órgão processante adverti-la sobre a prática de infração penal para quem faz afirmação falsa, cala ou oculta a verdade.

A autoridade ou o órgão processante perguntará a testemunha sobre os fatos que envolvam o litígio, cabendo, primeiro, à parte que a arrolou, e depois à parte contrária, formular perguntas tendentes a esclarecer ou completar o depoimento. A testemunha deverá ser tratada com urbanidade, não lhes fazendo perguntas ou considerações impertinentes, capciosas ou vexatória.

A autoridade ou o órgão processante poderá indeferir perguntas formuladas pelas partes e, neste caso, requerendo qualquer das partes, será o indeferimento consignado no termo.

O depoimento da testemunha poderá ser datilografado ou registrado por taquigrafia, estenotipia ou outro médio idôneo de documentação, mas sempre assinado pela autoridade ou órgão processante, pelo depoente e pelos procuradores, facultando-se às partes a sua gravação.

Na busca da verdade real, pode a autoridade ou o órgão processante determinar, de ofício, ou a requerimento de qualquer das partes:

a) a inquirição de testemunhas referidas nas declarações da parte ou das testemunhas;

b) a acareação de duas ou mais testemunhas ou de alguma delas com a parte, quando, sobre fato determinado, ou possa influir na decisão da causa, divergirem as suas declarações.

No entanto, não pode a autoridade ou o órgão processante determinar o pagamento das despesas que a testemunha efetuou para o comparecimento à audiência, ficando esses despesas a cargo da parte que a arrolou. Isso porque, diferentemente do processo judicial, a autoridade ou o órgão processante no processo administrativo não poder de coação, típico da jurisdição.

A autoridade ou o órgão processante pode fornecer atestado de comparecimento da testemunha à audiência, embora isso não represente a prestação de serviço público, como ocorre com o depoimento em juízo, nem serve como justificativa para impedir o desconto de salário salvo no caso de ser a testemunha servidor público integrante da Administração Pública por onde tramita o processo.

3.12.10. Da prova pericial

A prova pericial é plenamente admitida no processo administrativo em qualquer de suas modalidades: *exame, vistoria ou avaliação,* desde que a prova do fato dependa de conhecimento técnico ou científico.

Mesmo que a lei reguladora do processo administrativo não preveja expressamente essa modalidade de prova, pode a parte requerê-la em respeito ao *princípio constitucional da ampla defesa*, aplicando-se de forma subsidiária às regras do processo judicial.

Não fora por isso, a perícia deve ainda ser admitida por exegese contrária ao princípio de que somente a prova ilícita não deve ser admitida.

A prova pericial também pode ser determinada de ofício, sob o fundamento de que no processo administrativo se busca a verdade real.

A designação do perito pela autoridade ou órgão processante deverá recair entre profissionais de nível universitário que tenham inscrição no órgão de classe competente, cuja comprovação compete ao indicado. Todavia, nas localidades onde não houver profissionais com tais qualificações, o perito será de livre escolho da autoridade ou órgão processante.

Sob o aspecto formal, a prova pericial, como qualquer prova, merece um juízo prévio de admissibilidade a ser feito pela autoridade ou órgão processante. Assim, não basta à parte requerê-la para que a perícia seja produzida. É preciso que a autoridade ou o órgão processante emita um juízo prévio e motivado traduzido nestes pressupostos:

a) a prova é lícita e não é protelatória;

b) a prova do fato depende de conhecimento especial técnico;

c) é necessária em vista de outras provas produzidas;

d) a verificação é praticável.

Na mesma decisão que admitir a produção de prova pericial, a autoridade ou o órgão processante, se outro não for o procedimento legislativo, designará o perito, fixando-lhe o prazo razoável para a entrega do laudo, determinando a intimação das partes para, em 5 (cinco) dias indicar o assistente técnico e apresentar seus quesitos.

Entendo que a autoridade o ou órgão processante deve tomar por termo o compromisso do perito no sentido de que cumprirá escrupulosamente o encargo que lhe foi incumbido. Isso porque, não possuindo o processo administrativo a mesma estrutura do processo judicial, no qual a simples nomeação do perito pelo juiz resulta para este um comportamento ético de auxílio à justiça, o compromisso, como declaração de vontade unilateral que é, demonstrará do *expert* a intenção de um agir probo e de boa-fé.

O perito poderá recusar a indicação alegando qualquer motivo, desde que legítimo. Mas deverá ser recusado por qualquer das partes por impedimento ou suspeição. Neste caso, acolhida a recusa por decisão fundamentada, a autoridade ou o órgão processante indicará outro perito.

A autoridade ou o órgão processante poderá substituir o perito que carecer de conhecimento técnico ou científico ou que, sem motivo legítimo, deixar de cumprir o encargo no prazo que lhe for assinado. Neste último caso, deverá comunicar à corporação profissional respectiva, sem, contudo, poder aplicar multa ou fixar prejuízo, que são sanções típicas de jurisdição.

Caracterizando-se a perícia como uma prova necessária ao deslindo do processo administrativo deverá a autoridade ou o órgão processante in-

Curso de Processo Administrativo

deferir, de forma motiva, os quesitos impertinentes, desnecessários ou pro-telatórios.

Na busca da verdade real, poderá a autoridade o órgão processante formular os quesitos que entender necessários ao esclarecimento da causa.

A prova pericial poderá ser dispensada se as partes, em qualquer momento do processo administrativo, apresentarem pareceres técnicos ou outros documentos elucidativos das questões discutidas. Também poderá ser substituída pela ouvida pura e simples do perito na audiência designada.

A perícia poderá ser realizada fora do local de competência da autoridade ou órgão processante por solicitação, quando se tratar de outro órgão administrativo, ou por delegação, dentro do mesmo órgão mais em local diferente daquele por onde tramita o processo.

Embora não haja uma exigência formal para a elaboração da perícia, o laudo que a instrumentaliza teve conter um relatório sucinto em que conste a identificação do processo, das partes, seu objeto, os quesitos formulados e a especificação dos meios de prova necessários para sua produção, como a ouvida de testemunhas, obtenção de informações e solicitação de documentos em poder da partes de órgãos públicos, bem como se se faz acompanhar de plantas, desenhos, fotografias e outras quaisquer peças. Sendo uma peça técnica ele deve conter a motivação, que pode ser geral, ou individualizada por quesito, que conduza o *expert* a responder aos quesitos de forma positiva ou negativa, sendo encerrada com a aposição do local, data e assinatura.

O prazo para apresentação da perícia pode ser prorrogado pela autoridade ou órgão processante em despacho fundamentado, mas será apresentado sempre em prazo razoável antes da realização de audiência de instrução, se houver.

Em respeito ao princípio da ampla defesa, as partes terão ciência da data e do local de início da perícia.

3.12.11. Da inspeção administrativa

A *inspeção administrativa* é o tipo de prova consistente na visão direta do julgador sobre determinado fato administrativo de interesse do processo. Por intermédio dele aquele que vai julgar obtém um convencimento direto do conflito ou de determinada circunstância fática a ser provada que não obteria com tanta precisão através do depoimento das partes ou da colheita de prova testemunhal. Com a longa experiência de magistrado, penso que se o processo administrativo envolver circunstância aferível pela visão direta do julgador, esta prova, por sua segurança e brevidade, é preferível a qualquer outra, salvo se o fato a ser inspecionado depender de conhecimento técnico específico.

A inspeção administrativa, tal qual a inspeção judicial do processo civil, tem que ser instrumentalizada. Portanto, em dia e hora determinada, com a intimação prévia das partes, a autoridade administrativa ou os componentes do órgão processante, se dirigirá ou se dirigirão ao local em que se verificará a inspeção, lavrando-se termo circunstanciado do que foi observado, com a assinatura de todos os presentes, podendo ser instruído com desenho, gráfico ou fotografia.

As partes poderão prestar esclarecimentos e fazer observações sobre o objeto da inspeção e autoridade ou o órgão processante poderá se assessorar de peritos.

3.12.12. Da consulta pública

A *consulta pública* é prova típica do processo administrativo inexistente no processo judicial consistente na possibilidade de que terceiros informalmente intervenham no processo e possam se manifestar sem que, com isso, vinculem-se diretamente com a lide administrativa. Trata-se de uma espécie de *intervenção coletiva* sem os consectários ônus processuais.

A realização da *consulta pública*, no entanto, não se enquadra como prova das partes. Trata-se de faculdade da autoridade ou órgão processante destinada a colher outras manifestações além daquelas produzidas pelas partes e, de outro lado, produzir eficácia coletiva entre todos os envolvidos.

A *consulta pública* tem quatro pressupostos fundamentais:

a) a matéria processual deve envolver interesse geral;

b) não pode haver prejuízo para as partes;

c) seja precedida de despacho fundamentado;

d) seja realizada dentro de determinado prazo.

O despacho administrativo que determinar a abertura do processo para a manifestação de terceiros deve explicitar as razões de interesse geral pelas quais entende relevante e conveniente a produção da consulta. Tem-se, dessa forma, que a abertura do processo administrativo para a realização de consulta pública não é ato administrativo discricionário puro. Embora a conveniência e a oportunidade de realizar a consulta pública seja da autoridade ou do órgão condutor do processo, ficam elas vinculadas à motivação do *interesse geral*.

De outro lado, o interesse geral detectado não pode causar prejuízo aos envolvidos diretamente no processo. Isso significa que, envolvendo o processo administrativo interesse particularizado entre a Administração Pública e o interessado, somente será permitida a consulta pública se não ocorrer prejuízos para os envolvidos. Exemplo: a Administração Pública instaura processo administrativo disciplinar contra Antonio Pinto, seu servidor, por prática de infração administrativa punível com pena de suspen-

Curso de Processo Administrativo

são. Evidentemente que, envolvendo a lide administrativa interesse particularizado entre as partes, será inadmissível a realização de consulta pública. Mas, no caso de alguém requerer a concessão de alvará para funcionamento de estabelecimento comercial em determinada zona urbana, pode a autoridade ou o órgão processante determinar a consulta pública à população residente no local. Neste caso, é nítido o interesse geral a exigir que a população seja consultada.

A decisão que abrir período para consulta pública deverá ser fundamentada com a demonstração da existência do interesse geral e da ausência de prejuízo para os diretamente envolvidos, sob pena de se traduzir em ato administrativo viciado.

A *consulta pública* pode se verificar através de:

a) manifestações escritas;
b) audiência pública;
c) outros meios de participação coletiva.

No primeiro caso, é da essência dessa forma de consulta pública que ela se verifique em prazo certo a ser estipulado na decisão que a determinar, sob pena de se perenizar o processo administrativo que, por estrutura, deve ser rápido.

Portanto, determinada que a *consulta pública* se realize por simples *manifestações escritas*, será ela divulgada pelos meios de comunicação oficiais, a fim de que as pessoas físicas ou jurídicas interessadas possam examinar o processo e oferecer razões escritas no prazo fixado no despacho.

A consulta pública através de *audiência pública* exige, além dos pressupostos normais já examinados, que haja *relevância* na questão discutida. A Lei nº 9.784/99, por exemplo, em seu artigo 32, prevê que: *antes da tomada de decisão, a juízo da autoridade, diante da relevância da questão, poderá ser realizada audiência pública para debates sobre a matéria do processo.*

Assim, caracterizada a relevância da questão, a audiência pública será determinada pela autoridade ou órgão processante que fixará data, local, exigências para inscrição e tempo de sustentação, oportunidade que serão debatidas a matéria do processo.

A consulta pública ainda pode ser realizada por *outros meios de participação* a serem definidos pela autoridade ou órgão processante. Pode servir de exemplo dessa modalidade de consulta pública a *reunião conjunta* entre outros órgãos ou entidades da Administração Pública, realizada através de seus titulares ou representantes que, de alguma forma, tenham condições de opinar sobre o mérito da causa.

É também um outro meio de participação a *delegação* de debates a organizações e associações legalmente reconhecidas. Em qualquer dessas situações será lavrada ata, cuja cópia será juntada aos autos.

Definindo-se por esta modalidade de consulta pública, deverá o ato que a determinar especificar a forma de sua realização.

Aquele que intervir no processo através da consulta pública não adquire a qualidade de parte, mas tem o direito de obter a resposta devidamente fundamentada sobre sua manifestação. Essa resposta, no entanto, poderá ser a mesma para todos se as manifestações forem iguais. Não sendo parte interessada no processo não tem o terceiro interveniente legitimidade recursal.

3.13. DA AUDIÊNCIA

3.13.1. Das disposições gerais

A audiência no processo administrativo, que não se confunde com aquela forma de *consulta pública* chamada de *audiência pública*, quando necessária, é semelhante à do processo judicial e se destina à possibilidade de conciliação e instrução e julgamento da lide administrativa.

Assim, se a lei que regulamenta o processo administrativo no âmbito de cada Administração Pública não disciplinar o *modus faciendi* da audiência administrativa, aplicar-se-á as disposições do Código de Processo Civil que rege a audiência no processo civil.

Audiência no processo administrativo é o ato público que a autoridade ou o órgão processante determina para a prática de atos administrativos processuais necessários para o deslinde do conflito e que deve contar com a presença das partes interessadas, testemunhas e peritos, que deverão ser previamente intimadas.

Na sua realização, a autoridade ou o órgão processante deverá exercer o poder de polícia, competindo-lhe:

a) manter a ordem e o decoro na audiência;

b) ordenar que se retirem da sala da audiência os que se comportarem inconvenientemente;

c) dirigir os trabalhos da audiência;

d) proceder direta e pessoalmente à colheita das provas.

e) exortar as partes e seus advogados a que discutam a causa com elevação e urbanidade.

Detendo o poder de polícia nas audiências, deve a autoridade ou o presidente do órgão processante providenciar para que o ato público transcorra com normalidade.

Curso de Processo Administrativo

3.13.2. Da conciliação

Embora as legislações que tratam do processo administrativo silenciem sobre a possibilidade de conciliação no processo administrativo, penso que nada impede que, na audiência, a autoridade ou o órgão processante, tente conciliar as partes envolvidas, por aplicação subsidiária do CPC.

É verdade que a conciliação no processo administrativo não tem a mesma abrangência daquela que é possível no processo civil. Aqui, a conciliação é viável desde que o litígio verse sobre direitos patrimoniais de caráter privado ou nas causas relativas à família. No processo administrativo as causas, mesmo as patrimoniais, envolvem interesse público e, por isso mesmo, são indisponíveis, caracterizando inviabilidade conciliatória.

No entanto, nada impede que no processo administrativo instaurado pelo interessado venha a Administração Pública e, instada pela autoridade ou pelo órgão pública na audiência, reconheça a legalidade do pedido, mesmo após resposta anterior em sentido contrário, e concilie. A conciliação é também possível nos processos instaurados pela Administração pública quando, por proposta da autoridade ou do órgão processante, o interessado acolhe essa proposta.

Afinal de contas *conciliar* é pôr-se de acordo com a pretensão de outrem.

A conciliação pode também envolver matéria essencialmente processual. As partes, por exemplo, podem conciliar sobre a desistência de prazos, de provas ou do próprio processo.

Exitosa a conciliação, será ela tomada por termo e a autoridade ou o órgão processante editará decisão que considerará este fato, extinguido o processo administrativo, se for o caso, sem a necessidade de instrução.

A conciliação não será *homologada* porque isto é atributo típico de jurisdição que não existe no processo administrativo.

3.13.3. Da instrução, do debate oral e dos memoriais

Instrução, na definição de Pedro Nunes,[83] é o:

Conjunto de atos, termos, peças, diligências e formalidades, bem como alegações das partes e provas produzidas suficientes para esclarecer a relação jurídica litigiosa e proporcionar ao julgador da causa os elementos ou conhecimentos necessários que o habilitem a julgá-la. Completa-se, em alguns casos, com a junção de documentos, exposição de perito e depoimento das partes e testemunhas.

---

[83] NUNES, Pedro. *Dicionário de Tecnologia Jurídica*, 8ª ed. Livraria Freitas Bastos, 19754, p. 733.

Diante disso, no dia, hora e local designados, a autoridade ou o órgão processante declarará aberta a audiência, determinando que as partes sejam apregoados.

Apregoar é chamar as partes envolvidas em voz alta e que, no processo administrativo, deve ser feita por servidor designado pela autoridade ou pela presidência do órgão processante.

Embora não haja uma previsão expressa sobre a formação da mesa de audiência, a praxe é de que ela seja na forma de U, ficando a autoridade ou os membros do órgão processante na base e as partes nas laterais.

Como no processo civil, a autoridade ou a presidência do órgão processante, ao iniciar a instrução, ouvidas as partes, fixará os pontos controvertidos sobre que incidirá a prova. Esta providência visa impedir que provas desnecessárias, impertinentes ou procrastinatórias sejam produzidas.

As provas poderão ser produzidas nesta ordem:

a) ouvida dos peritos sobre esclarecimentos dos quesitos;

b) depoimentos pessoais, sendo o primeiro o do autor;

c) inquirição das testemunhas arroladas, respectivamente pela parte que requereu a instauração do processo administrativo.

A audiência poderá ser adiada a pedido das partes ou por não comparecimento justificado do perito, das partes ou das testemunhas.

É ainda possível no processo administrativo, desde que finda a instrução, a produção de debates orais, iniciando-se pela parte que requereu a instauração do processo. O prazo poderá ser de 20 (vinte) minutos para cada uma.

O debate oral poderá ser substituído por memoriais, fixando a autoridade ou o presidente do órgão processante o prazo para sua apresentação.

A decisão final poderá ser proferida logo após o debate oral ou no prazo fixado na lei do processo administrativo.

O servidor público lavrará, sob ditado da autoridade ou da presidência do órgão processante, termo de audiência que conterá, em resumo, o ocorrido, bem como, por extenso, as decisões que forem proferidas no ato. Os atos serão rubricados por todos os presentes.

Não tendo a autoridade ou o órgão processante poder de emitir decisão final, elaborará ela relatório indicando o pedido da inicial, o conteúdo das fases do processo e formulará proposta de decisão, objetivamente justificada, encaminhando o processo à autoridade competente.

Não havendo necessidade de produção de prova em audiência, pode a autoridade ou o órgão processante fixar prazo para apresentação de memoriais, que será fixado levando-se em conta a complexidade do processo. Não prevendo a lei do processo administrativo prazo para apresentação de memoriais, poderá ser fixado em 10 (dez) dias.

Curso de Processo Administrativo

3.14. DA DECISÃO

3.14.1. Do dever de decidir

A autoridade ou o órgão que detiver competência para proferir a decisão final no processo administrativa dela não poderá se omitir. Trata-se de dever funcional do servidor e direito das partes envolvidas.

A legislação que regulamentar o processo administrativo deverá prever sobre o prazo para que a decisão seja proferida.

Havendo omissão, a praxe é que este prazo seja de 30 (trinta) dias, prorrogável motivadamente por igual prazo.

3.14.2. Da motivação da decisão

Motivar é explicar o motivo, fundamentar. Portanto, decisão administrativa motivada é aquela em que a autoridade ou o órgão decisor tem o dever de explicitas as razões de fato e de direito pelas quais chegou à decisão administrativa e pôs fim ao processo administrativo.

Pelo enunciado no art. 5°, inciso LIV e LV, da Constituição Federal, sempre que houver um litígio entre a Administração Pública e o interessado, haverá processo administrativo e, por via de conseqüência, deverá ser proferida decisão motivada.

O princípio constitucional de processo administrativo visa garantir que todos aqueles que litigam contra a Administração Pública possam conhecer as razões pelas quais sua lide foi decidida.

No aspecto formal, o ato administrativo que decida uma lide administrativa, tal qual uma sentença, deve conter requisitos essenciais, como:

a) o relatório, que conterá os nomes das partes, a suma do pedido e da contradição, bem como o registro das principais ocorrências havidas no andamento do processo;

b) os fundamentos de fato e de direito;

c) o dispositivo.

Próprio da informalidade do processo administrativo, os fundamentos de fato e de direito podem consistir em declaração de concordância com fundamentos de anteriores pareceres, informações, decisões ou propostas que, neste caso, é como se integrassem a decisão final.

A decisão pode acolher ou rejeitar, no todo ou em parte, o pedido inicial ou ainda extinguir o processo sem adentrar nesta questão, se acolher questões preliminares.

As decisões orais serão consignadas em termo respeitando os requisitos essenciais.

Proferida a decisão administrativa final, as partes podem requerer que a autoridade ou o órgão decisor esclareça obscuridade, dúvida ou contradição ou se pronuncie sobre ponto que devia se pronunciar, antes do prazo do recurso administrativo.

A decisão administrativa que por fim ao litígio administrativo deverá declarar extinto o processo.

Pelo *princípio da gratuidade*, não há necessidade de condenação da parte sucumbente em honorários e despesas processuais.

As partes deverão ser intimadas da decisão final através dos meios previstos na lei.

Intimadas, começa a correr o prazo para a interposição de recurso administrativo. Sendo ela omissa, como é de praxe administrativa, o prazo será de 30 (trinta) dias.

O art. 50, da Lei nº 9.784/99, que trata do processo administrativo no âmbito da administração federal, elenca os atos administrativos passível de motivação, que, como se pode observar, são atos decorrentes de potenciais litígios administrativos instrumentalizados no devido processo administrativo.

São eles:

I) neguem, limitem ou afetem direitos ou interesses;

II) imponham ou agravem deveres, encargos ou sanções;

III) decidam processos administrativos de concurso ou seleção pública;

IV) dispensem ou declarem a inexigibilidade de processo licitatório;

V) decidam recursos administrativos;

VI) decorram de reexame necessário;

VII) deixem de aplicar jurisprudência firmada sobre a questão ou discrepem de pareceres, laudos, propostas e relatórios oficiais;

VIII) importem anulação, revogação, suspensão ou convalidação de ato administrativo.

3.14.3. Da motivação e do livre convencimento

A função do juiz no processo judicial tem no *princípio do livre convencimento* seu ponto mais importante constituindo-se numa garantia para a autonomia da magistratura e segurança para o cidadão. O livre convencimento é o princípio pelo qual é dada ao juiz a liberdade de julgar sem vinculação a esta ou àquela prova de valoração pré-determinada.

Diferentemente do que ocorre no processo judicial, a autoridade ou o órgão processante não dispõe desta largueza na motivação da decisão administrativa. Vinculando-se a Administração Pública a princípios vetores por força constitucional, não pode a autoridade ou o órgão julgador fugir desta vinculação, sob pena de praticar ilegalidade. Observe-se o seguinte exemplo: estabelecendo a Constituição Federal que o ingresso no serviço público só se verifica através de concurso público e que somente por este caminho o servidor adquirirá a estabilidade, jamais poderá ser decidido administrativamente que alguém contratado temporariamente poderá ser estabilizado.

Dúvida razoável, no entanto, poderá surgir quando princípios administrativos se apresentarem em aparente conflito (aparente, porque princípios não conflituam entre si e, sim, se limitam). Veja-se a seguinte situação: durante longos anos um servidor público percebe uma gratificação que, decorrido certo tempo, é incorporada aos seus vencimentos. A Administração Pública, em revisão retroativa, anula a concessão da gratificação sob o fundamento de ser ela ilegal, liquida o montante percebido pelo servidor indevidamente e, sem a instauração de processo administrativo, passa a descontar em folha mensal parcelas do que foi pago. Ter-se-ia aí conflitos de princípios. De um lado, o princípio da legalidade e, de outro, os princípios da segurança jurídica, da boa-fé, da irretroatividade interpretativa e da decadência administrativa. Qual a motivação que deve prevalecer? Evidentemente que qualquer das posições que vier a ser tomada é razoável, podendo sem sombra de dúvida ser evocado o livre convencimento na decisão administrativa.

3.15. DA SUSPENSÃO E DA EXTINÇÃO DO PROCESSO ADMINISTRATIVO

3.15.1. Da suspensão

O processo administrativo pode ser *suspenso* tal qual ocorre com o processo judicial, com pequenas modificações.

Assim, suspende-se o processo:

a) pela morte ou perda da capacidade processual do interessado, do representante legal das partes ou de seus procuradores.

Constituindo-se a Administração Pública por entes jurídicos, cuja capacidade é instituída por lei, não se lhe aplica a possibilidade de suspensão por morte ou perda da capacidade, por lógico. A suspensão exige prova da morte ou da perda de capacidade do interessado. O prazo deverá ser fixado pela autoridade ou órgão processante com razoabilidade.

b) pela convenção das partes.

As partes podem convencionar a suspensão do processo por prazo nunca superior a 6 meses.

c) quando houver argüição de incompetência, de suspeição ou de impedimento da autoridade ou de qualquer dos membros do órgão processante ou julgador.

Argüida a incompetência, suspeição ou impedimento da autoridade ou de qualquer dos membros do órgão processante ou julgador, o processo administrativo deverá ser suspenso até que se decida o incidente.

d) quando a decisão administrativa depender de julgamento de outro processo administrativo ou judicial, ou de declaração da existência ou inexistência da relação jurídica, que constitua o objeto da causa principal de outro processo pendente ou quando não puder ser proferida senão depois de verificado determinado fato, ou de produzida certa prova solicitada a outra administração ou ainda tiver por pressuposto o julgamento de questão de estado, requerido como declaração incidente.

O processo administrativo deve ser suspenso quando depender de julgamento de outro processo administrativo ou mesmo judicial ou quando necessitar para seu prosseguimento a declaração de existência ou inexistência de relação jurídica que constitua objeto da causa discutida.

Também é causa de suspensão quando a decisão administrativa só puder ser proferida quando verificado determinado fato ou produzida determinada prova solicitada a outra administração ou quando tiver como pressuposto o julgamento de questão de estado a ser proferida em processo cível.

e) por motivo de força maior.

Força maior é conceito integrado são situações imprevistas que independem na natureza humana. Uma inundação que atinja a repartição administrativa por onde tramita o processo administrativo é causa de sua suspensão. Cessada a força maior, o processo deverá ter prosseguimento.

f) nos demais casos previstos na lei do processo administrativo.

A lei do processo administrativo pode prever outras causas de suspensão a que deve se submeter a autoridade ou o órgão processante ou julgador.

3.15.2 Da extinção

O processo administrativo, como o processo civil, pode ser extinto pela autoridade ou órgão processante através de decisão fundamentada. Mas, diferentemente do processo civil, não há necessidade de se estabelecer diferenciação se esta extinção é meramente processual ou se envolve o mérito da causa.

A extinção do processo civil com ou sem julgamento do mérito tem repercussão de ordem sucumbencial, recursal ou diz com o limite da coisa julgada. Estas circunstâncias inexistem no processo administrativo. Daí de nenhuma importância se o processo administrativo foi extinto por causa meramente processual ou se julgar o mérito do pedido.

A lei que regular o processo administrativo no âmbito de cada Administração Pública poderá também fixar os casos de sua extinção. Havendo omissão, nada impede que se aplique as regras de extinção aplicáveis ao processo civil.

Ao tratar do *julgamento conforme o estado do processo*, estabeleci que o processo administrativo poderia ser julgado antecipadamente e conseqüentemente extinto quando houvesse:

a) indeferimento da peça instauradora do processo, quando proposta pela Administração Pública, ou do requerimento do interessado;

b) paralização do processo por negligência de qualquer das partes;

c) abandono da causa por prazo superior a 30 dias;

d) ausência de pressuposto de constituição e de desenvolvimento válido e regular do processo;

e) acolhida da perempção, da litispendência ou da coisa julgada;

f) impossibilidade jurídica, ilegitimidade de parte e falta de interesse processual;

g) desistência do processo;

h) questão unicamente de direito;

i) questão de direito e de fato e não houvesse necessidade de produção de prova em audiência.

Ressalvadas as causas típicas de julgamento antecipado do processo, como as questões unicamente de direito ou de direito e de fato, mas que não necessitem de produção de prova em audiência, todas as demais causas ali elencadas são causas de extinção do processo administrativo.

A estas causas de extinção do processo administrativo é possível acrescentar:

j) renúncia do direito.

Renúncia do direito é a manifestação de vontade manifestada pelo titular de um direito dele abrindo mão. Não se confunde com a *desistência do processo*. Aqui, a parte abre mão do processo que tomou a iniciativa de instaurar, mantendo, no entanto, íntegro o seu direito. Na renúncia, a parte abdica de seu direito, e, por via de conseqüência torna sem objeto o processo, impondo-se sua extinção.

k) esvaziamento de sua finalidade.

Todo processo pressupõe a existência de um litígio. Inexistente este, esvaziado está o processo administrativo. Veja-se o seguinte exemplo: "A" participa de licitação em que é desclassificado. Ajuíza processo administrativo contra essa decisão. Nesse ínterim, a Administração Pública, por conveniência e oportunidade devidamente motivada, revoga a licitação. Evidentemente que a revogação esvaziou o processo administrativo que, por isso mesmo, deve ser extinto.

l) superveniência de fato que o torne inútil, impossível ou prejudicado.

Fato posterior que torne o processo administrativo sem utilidade, impossível ou prejudicado é causa de extinção. Tome-se como exemplo a instauração de processo administrativo pela Administração Pública visando a punir servidor público com pena de advertência que, no entanto, vem a falecer. A superveniência do evento morte tornou inútil a persecução administrativa, motivo pelo qual o processo deve ser extinto.

3.16. DA ANULAÇÃO, REVOGAÇÃO E CONVALIDAÇÃO DOS ATOS ADMINISTRATIVOS NA CONSTÂNCIA DO PROCESSO ADMINISTRATIVO

3.16.1. Considerações gerais

Tema angustiante no direito administrativo, e por repercussão direta no processo administrativo, é o que diz respeito com a nulidade, revogação e convalidação do ato administrativo.

Diferentemente do direito civil, comercial, penal, processo judicial, eleitoral, agrário, marítimo, aeronáutico espacial e do trabalho que têm dicção exclusiva da União, o direito administrativo, material e processual, pode ser criado por qualquer esfera da Administração Pública, desde que respeitados os princípios ungidos pela Constituição Federal.

Dessa forma, temas pertinentes a este direito podem ter variações substanciais de administração para administração decorrentes das variações legislativas, como é o caso da invalidação do ato administrativo pela nulidade e revogação ou de sua convalidação.[84]

O que é importante, no entanto, é que os envolvidos no processo administrativo, partes e autoridade ou órgão processante, tenham presentes esta inconstância típica de um direito de fontes múltiplas, mas que se torna de fácil elucidação se houver previsão legislativa própria. A dificuldade reside na ausência de legislação.

---

[84] MANDADO DE SEGURANÇA – CÓPIA DO ATO IMPUGNADO – APRESENTAÇÃO PELA AUTORIDADE COATORA. II – ADMINISTRATIVO – LEI 9.784/99 – DEVIDO PROCESSO ADMINISTRATIVO – COMUNICAÇÃO DOS ATOS – INTIMAÇÃO PESSOAL – ANULAÇÃO E REVOGAÇÃO. I – A circunstância de o impetrante não haver oferecido, com a inicial, uma reprodução do ato impugnado não impede se conheça do pedido de Segurança, se a autoridade apontada como coatora, em atitude leal, o transcreve nas informações. II – A Lei 9.784/99 é, certamente, um dos mais importantes instrumentos de controle do relacionamento entre Administração e Cidadania. Seus dispositivos trouxeram para nosso Direito Administrativo, o devido processo legal. Não é exagero dizer que a Lei 9.784/99 instaurou no Brasil, o verdadeiro Estado de Direito. III – A teor da Lei 9.784/99 (Art. 26), os atos administrativos devem ser objeto de intimação pessoal aos interessados. IV – Os atos administrativos, envolvendo anulação, revogação, suspensão ou convalidação devem ser motivados de forma "explícita, clara e congruente. (L. 9.784/99, Art. 50) V – A velha máxima de que a Administração pode nulificar ou revogar seus próprios atos continua verdadeira (Art. 53). Hoje, contudo, o exercício de tais poderes pressupõe devido processo legal administrativo, em que se observam os princípios da legalidade, finalidade, motivação, razoabilidade, proporcionalidade, moralidade, ampla defesa, contraditório, segurança jurídica, interesse público e eficiência (L. 9784/99, Art. 2°) (MS 8946/DF. STJ. Primeira Seção. Relator: Ministro Humberto Gomes de Barros. Publicado no DJ, em 17.11.2003).

Curso de Processo Administrativo

A doutrina é dissonante quanto às formas de invalidação e seus respectivos efeitos, produzindo também por isso, instabilidade de compreensão e, mais ainda, de aplicação segura. Esta dissonância é compartilhada pela jurisprudência. No entanto, os legisladores federal e de alguns estados têm tomado conhecimento da necessidade de suprimento da lacuna legislativa e já criaram normas de processo administrativo no qual incluem regramento sobre nulidade, revogação e convalidação do ato administrativo.

A dificuldade persiste nas administrações ainda não regradas.

3.16.2. Da anulação

Embora o tema *anulação* tenha conteúdo de direito material administrativo é inquestionável que seus efeitos vêm a lume por intermédio do processo administrativo. Isso porque a invalidação do ato administrativo pela nulidade quando existente relação entre a Administração Pública e interessados faz surgir o litígio que, nos termos do art. 5º, LIV e LV, pressupõe a existência do devido processo legal no qual é de obrigatória aplicação o respeito aos princípios do contraditório, da ampla defesa, da decisão motivada e do recurso.

Joselita Cardoso Leão,[85] ao comentar sobre o processo administrativo, diz que alguns autores[86] assinalam que os princípios gerais devem ser aplicados na construção da teoria da nulidade e na disciplina aplicáveis aos atos processuais realizados pela administração, tais como:

a) O princípio da instrumentalidade das formas, que impõe a observância da regra de que só devem ser anulados os atos imperfeitos se o objetivo a que se devia destinar não tiver sido alcançado, pois o que interessa afinal em direito processual é o resultado do ato e não o ato em si;

b) A este princípio corresponde o do prejuízo, de extrema relevância e ampla aplicação, considerado a viga-mestra do sistema das nulidades, oriundo das cláusulas *pás de nullité sans grief.* Pertencente à teoria geral do processo, encontra-se esse princípio positivado nos dois Códigos de Processo brasileiros, o Civil e o Penal. Decorre da idéia geral de que as formas processuais representam tão somente um instrumento para a correta aplicação do direito. Sendo assim, as formalidades estabelecidas pelo legislador só devem conduzir ao reconhecimento da invalidade do ato quando a própria finalidade para a qual a forma foi instituída estiver comprometida pelo vício.Somente a atipicidade relevante dá lugar à nulidade;

c) O princípio do interesse prescreve que a parte que tiver dado causa à nulidade não será legitimidade a pleitear sua anulação;

d) Finalmente, o princípio da economia processual ao reinvindincar o máximo de resultado na aplicação do direito com o mínimo emprego possível da atividade processual.

---

[85] LEÃO, Joselita Cardoso. RPGE, Salvador, 22:91-123, jan./dez.1996.

[86] CINTRA, Antônio Carlos de Araújo. GRINOVER, Ada Pellegrini, DINAMARCO, Cândido R. *Teoria Geral do Processo.* 12 ed. São Paulo: Malheiros, 1996.

Daí por que o estudo da anulação se torna obrigatório em qualquer obra sobre processo administrativo. Aliás, essa tem sido a orientação das leis que já regam o processo administrativo no âmbito federal, estadual e municipal.

Na base dessa afirmação está a ausência de princípio constitucional estabelecendo os parâmetros conceituais da *nulidade administrativa* e seus efeitos, como ocorre, por exemplo, com outros institutos típicos de direito administrativo como o *concurso público* para a investidura em cargo ou emprego público (*art. 37, II, da CF*) e a sua *limitação temporal* de validade em dois anos (*art. 37, III, da CF*); o *cargo em comissão* de livre nomeação e exoneração (*art. 37, II, final da CF*), o exercício de *função de confiança por servidor efetivo (art. 37, IV, da CF)*, entre tantos outros, travou-se, especialmente na doutrina, uma acalorada discussão ora entendendo-se aplicável a teoria civilista da nulidade e da anulabilidade e seus respectivos efeitos absolutos ou relativos dos atos administrativos, ora fixando-se exclusivamente na nulidade ou irregularidade, com base na doutrina alienígena.

Diante dessa divisão doutrinária transposta para a jurisprudência é que o Supremo Tribunal Federal, em 1963, editou a *Súmula 346*, fixando que a Administração Pública poderia anular seus próprios atos. Embora a força da súmula abrandasse a acalorada discussão não a extinguiu porque apenas teria fixado a competência administrativa para anular seus próprios atos, permanecendo em aberto, dúvidas sobre os efeitos desta declaração de nulidade.

Assim, com um enunciado propedêutico e mais abrangente, mas com o propósito de equacionar problemas ainda persistentes especialmente quando aos efeitos da declaração de nulidade administrativa, em 1969, voltou o STF a editar nova súmula, agora com maior abrangência, nestes termos:

Súmula 473 - A administração pode anular seus próprios atos, quando eivados de vícios que os tornam ilegais, porque deles não se originam direitos; ou revogá-los, por motivo de conveniência ou oportunidade, respeitados os direitos adquiridos e ressalvada, em todos os casos, a apreciação judicial.

Com este enunciado, a nulidade administrativa até então trabalhada pela doutrina e julgada pelos tribunais de forma oscilante passou a ter um espectro maior de abrangência quanto aos efeitos da nulidade não abrangidos pela súmula anterior.

No entanto, o Tribunal Maior, numa verdadeira manifestação de orientador da sociedade e colmatador de lacunas legais, ainda fixou entendimento sobre o que seria a *revogação* do ato administrativo, outro instituto de grande repercussão e dúvida no direito administrativo brasileiro.

Curso de Processo Administrativo

Tendo a súmula como norte, os conflitos administrativos envolvendo os dois institutos passaram a ter um entendimento comum.

Ocorre que, sem a devida percepção de que a Administração Pública é diversificada em entes federados e por isso mesmo administrativamente autônomos pela estrutura mesma do princípio federativo, o primado da Súmula 473 do STF passou a ter aplicação uníssona a toda querela administrativa indistintamente.

Apesar da abrangência do que fora sumulado, novas dúvidas passaram a surgir.

A primeira delas sobre a *faculdade* de anular enunciada pelo termo a *Administração pode*, fixando-se a interpretação final de que, se o ato administrativo eivado de vício de ilegalidade não produz efeito, não poderia a Administração ter a faculdade de anulá-lo, sob pena da conclusão absurda do nulo produzir efeitos válidos pela tão-só inércia administrativa. Portanto, harmonizou-se que o *pode* da súmula deveria ser entendido como *deve*.

A segunda discussão surgiu quanto aos efeitos da nulidade já que a súmula expressamente os declarou inexistentes. Os efeitos *ex tunc* ou a absoluta ausência de efeitos era a medida sumulada. Isto porque, se do ato administrativo eivado de vício de ilegalidade não se originam direitos, ter-se-ia a nulidade absoluta igual à nulidade preconizada pelo Código Civil. E a força da *Súmula 473* não deixava dúvidas: qualquer infração à lei, por menor que fosse, inquinaria o ato administrativo de nulo e, conseqüentemente, de nenhum efeito. Isso poderia conduzir, como conduziu e infelizmente ainda é tido como dogma em administrações que não regraram o processo administrativo e, por conseqüência, a nulidade, a situações irrazoáveis ou desproporcionais em que, mesmo a Administração Pública agindo ilegalmente, apesar de decorrido um longo período da prática do ato administrativo viciado poderia declará-lo nulo sem sofrer nenhuma sanção, numa inadmissível agressão ao princípio da segurança jurídica e da boa-fé.

Apesar disso, foram necessários exatos 30 anos para que o legislador preocupar-se em transformar a jurisprudência sumulada em dispositivo legal escoimando os seus excessos criadores de verdadeiros absurdos no campo do direito público, explicáveis tão-somente pelo regime de exceção que existia no País, onde havia um predomínio de uma administração pública forte com a prática, entre outras, da *doutrina da verdade sabida,* que permitia intervenções estatais no campo dos direitos individuais independentemente do devido processo legal, apenas por conhecimento próprio da administração.

A mudança veio através da *Lei nº 9.784. de 29.01.1999*, art. 53 e 54, quando, ao tratar do processo administrativo no âmbito da Administração Pública Federal, disse:

Lei nº 9.784/99...

Art. 53. A Administração deve anular seus próprios atos, quando eivados de vício de legalidade, e pode revogá-los por motivo de conveniência ou oportunidade, respeitados os direitos adquiridos.

Art. 54. O direito da Administração de anular os atos administrativos de que decorram efeitos favoráveis para os destinatários decai em cinco anos, contados da data em que foram praticados, salvo comprovado má-fé

§ 1º No caso de efeitos patrimoniais contínuos, o prazo de decadência contar-se-á da percepção do primeiro pagamento.

§ 2º Considera-se exercício do direito de anular qualquer medida de autoridade administrativa que importe impugnação à validade do ato.

É observável, em cotejo com a *Súmula 473*, que o legislador federal foi sensível aos novos ventos da doutrina administrativa sobre a nulidade do ato administrativo e substituiu o termo *pode anular* pelo *deve anular*. Além disso, afastou o texto *porque deles não se originam efeitos* enunciado na súmula, representativo da nulidade absoluta, para, em artigo próprio, outorgar *efeitos positivos* à nulidade, estabelecendo que o direito da administração de anular seus atos que decorressem efeitos favoráveis para os destinatários, *decairia* em 5 (cinco) anos, contados da data em que o ato teria sido praticado, salvo se comprovada a má-fé.

Em outras palavras, o legislador, de um lado, estabeleceu sanção para a inércia administrativa de não anulação do ato administrativo e, de outro lado, instituiu efeitos positivos ou premiais para os destinatários do ato administrativo nulo que não agirem de má-fé. É como se dissesse: a administração tem o dever de agir conforme a lei; agindo ilegalmente, tem o dever de anular o ato viciado mas, se esta ilegalidade foi praticada há mais de 5 (cinco) anos, decai a Administração do dever de anular porque, sua inércia não pode penalizar aquele que em nada contribuiu para sua prática e agiu com boa-fé. Em nome da segurança jurídica, o efeito negativo da nulidade desaparece.

O que preocupa é que os novos ventos de mudanças no conceito de nulidade administrativa não sejam generalizados e aplicados por todas as Administrações Públicas. A União e alguns estados têm adotado este nova postura limitadora dos efeitos da nulidade. Porém, estados como o do Rio Grande do Sul, por inexistência de uma lei específica, ainda aplicam administrativa e judicialmente a Súmula 473 em toda a sua extensão, apesar da Constituição Estadual preconizar de forma expressa o respeito ao princípio da razoabilidade.[87]

A declaração de nulidade do ato administrativo, de regra, é buscada pela Administração Pública. No entanto, nada impede que esta declaração

---

[87] O art. 19 da Constituição do Estado do Rio Grande do Sul alinha como princípios de respeito obrigatório à toda administração estadual, entre outros, o da razoabilidade.

Curso de Processo Administrativo

seja pretendida por qualquer interessado em defesa de seu direito. Num processo licitatório, por exemplo, o licitante colocado em segundo lugar pode requerer a nulidade do ato administrativo que declarou vencedor outro concorrente. Sua pretensão de anular o ato administrativo é plenamente legítima.

Mas, em qualquer das situações, a peça instauradora do processo administrativo, quer seja ela uma portaria ou requerimento do interessado, deve narrar os motivos pelos quais o ato administrativo pretendido anular infringe a lei, sob pena de seu indeferimento. Com ou sem contraditório, e não sendo caso de julgamento antecipado, o processo deverá ser instruído e a decisão final declarará a nulidade do ato administrativo, mencionando de forma expressa a extensão de seus efeitos. Existente lei específica, os efeitos que constarão da decisão serão os da lei. Inexistindo, é possível a autoridade ou o órgão julgador alcançar efeitos relativos previstos na Lei Federal nº 9.784/99, por aplicação do princípio da subsidiariedade ou ainda por aplicação dos *princípios da razoabilidade* e *da proporcionalidade* sempre presentes de forma latente em nosso ordenamento jurídico. A aplicação pura e simples dos efeitos da Súmula 473, embora seja uma constante em administrações não submetidas ao novo ideário, peca por aplicar jurisprudência inadequada à Carta de 1988.

3.16.3. Da revogação

O instituto da revogação do ato administrativo é sempre o contraponto da anulação porque, e não raramente, eles se imbricam causando confusão conceitual e dificuldade na resolução do litígio administrativo. Daí a razão de, ao se comentar sobre nulidade do ato administrativo, necessariamente ter que se conceituar qual a verdadeira natureza jurídica da revogação e o que diferencia um instituto do outro.[88]

---

[88] ADMINISTRATIVO. MANDADO DE SEGURANÇA. REVOGAÇÃO DE PERMISSÃO DE SERVIÇO DE RADIODIFUSÃO SONORA EM FREQÜÊNCIA MODULADA. INOCORRÊNCIA DE CERCEAMENTO DE DEFESA. INTERRUPÇÃO DO SERVIÇO POR INTERESSE PÚBLICO. NÃO-DEMONSTRAÇÃO DE COMPROVAÇÃO DOS REQUISITOS LEGAIS PARA OUTORGA DA RENOVAÇÃO DA PERMISSÃO. 1. Extrai-se dos autos que o Ministério das Comunicações editou a Portaria MC nº 111, de 11/03/1985, outorgando à Rádio Club de Cuiabá Ltda. permissão de serviço de radiodifusão sonora em freqüência modulada pelo prazo de 10 anos e sem direito de exclusividade, tendo sido renovada a referida permissão pela Portaria MC nº 361, de 24/07/2000, com data retroativa a 13/03/1995. Todavia, em 22/08/2003 o Ministro de Estado das Comunicações editou a Portaria MC nº 420, de 25/08/2003, revogando, em razão da inidoneidade moral da permissionária e do não atendimento do interesse público, a Portaria nº 361/2000. 2. Inocorrência de cerceamento de defesa na condução do processo administrativo que culminou com a edição da Portaria nº 420/2003, visto que a interrupção dos serviços de radiodifusão deu-se em caráter preventivo, atendendo ao interesse público, tendo em vista a fundada imputação de inidoneidade do sócio majoritário da emissora, que exerce as funções de gerente da Rádio, que consoante certidão fornecida pela Justiça Federal da Seção Judiciária do Mato Grosso, tem contra si diversos processos criminais tramitando naquele órgão do judiciário federal. Instauração do devido processo no âmbito do Ministério das Comunicações, a fim de revisar a outorga da renovação da permissão em comento, onde foi oportunizada a apresentação de defesa. 3. Absoluta legalidade do ato que revogou a renovação da permissão anteriormente outorgada, plenamente

Assim, embora pareça em juízo apressado, que a revogação não tem pertinência direta com o estudo do processo administrativo, isto é verdadeiro apenas em parte.

É certo que constituindo a revogação manifestação de vontade da Administração Pública qualificada como ato de vontade puro, isso poderia ser exteriorizado sem a necessidade de um processo administrativo, diante de sua natureza típica de se caracterizar dicção exclusiva estatal, cujo princípio é o do interesse público sobrepujando o interesse privado. Por este prisma, a revogação se constituiria na exação plena do poder discricionário decorrente da vontade coletiva representada pelo poder da administração. Conquanto essa premissa seja verdadeira, não se pode esquecer que o poder do estado não é absoluto e que a limitá-lo estão os direitos e as garantias fundamentais.

A unilateralidade da manifestação revocatória exarada em ato administrativo simples somente pode ser editada quando não atingir direitos de terceiros. A revogação de ato administrativo que esteja produzindo efeitos concretos criadores de direitos para terceiros impõe a instauração do devido processo administrativo.

Essa limitação da revogação é circunstância que tem sido motivo de grande preocupação por aqueles que se interessam pelo direito administrativo como campo de estudo da interseção das relações públicas-privadas e exatamente no ponto que coloca do outro lado, interesses que vão ser diretamente atingido pela manifestação administrativa revogadora.

Revogação, no conceito jurídico-administrativo, é a invalidação do ato administrativo perfeito e eficaz por exclusiva *conveniência* ou *oportunidade* da Administração Pública. *Conveniência*, do latim *convenientia*, é aquilo que é útil, proveitoso ou interessante. *Oportunidade*, por sua vez, do latim *opportunitate*, é a qualidade daquilo que é oportuno, que vem a tempo, a propósito ou quando convém. Estes são conceitos do Dicionário Aurélio, Século XXI. Dessa forma, a revogação, diferentemente, da anulação, é a invalidação do ato administrativo perfeitamente válido, mas que, por razões de não mais interessar ou de não mais ter propósito à finalidade anteriormente fixada pela Administração Pública é por ela retirado do mundo do direito.

---

amparado pelos dispositivos legais regentes da espécie. Cuidando de hipótese de permissão de serviços de radiodifusão, aplica-se ao caso as disposições pertinentes do Código Brasileiro de Telecomunicações – Lei nº 4.117/62 – que define os requisitos necessários para renovação de permissões. 4. A Constituição Federal (art. 223, § 3º) exige a deliberação do Congresso Nacional acerca dos atos de outorga e renovação das permissões dos serviços de radiodifusão, a fim de que adquiram eficácia legal. Na hipótese, verifica-se que tal apreciação pelo Congresso Nacional não ocorreu até à época da revogação da Portaria de renovação ora impugnada. 5. A renovação dos serviços de radiodifusão da impetrante não chegou a produzir efeitos jurídicos capazes de amparar a pretensão mandamental deduzida, à consideração de que ao tempo da indigitada revogação ainda estava pendente a aprovação pelo Congresso Nacional exigida pela Carta Magna. 6. Segurança denegada. Agravo regimental prejudicado (MS 9603/DF. STJ. Primeira Seção. Relator: Ministro José Delgado. . Publicado no DJ, em 31.05.2004).

Curso de Processo Administrativo

Embora a revogação explicite o exercício do poder discricionário da Administração Pública existe limitação em tal agir. Esta limitação ocorre de duas maneiras:

a) necessidade de motivação do ato revogador e

b) respeito aos direitos adquiridos.

A *necessidade de motivação* da revogação reside na delimitação concreta da conveniência ou da oportunidade administrativa. Portanto, não basta à Administração Pública declarar revogado de forma unilateral ato administrativo seu quando este é produtor de relações com interessados, calcada tão-só na subjetividade imotivada. Há necessidade de que os interessados saibam em que reside efetivamente a conveniência ou oportunidade de invalidação do ato administrativo. Embora a conveniência e a oportunidade sejam critérios de exclusivo interesse administrativo, eles podem vir travestidos de pessoalidade ou imoralidade pelos agentes públicos que as externam, defeitos sempre possíveis nas manifestações humanas quanto mais quando estas manifestações são representativas da vontade estatal.

De outro lado, o *respeito aos direitos adquiridos* limita a retroação dos efeitos da revogação. Tem a Administração Pública o direito se desdizer se esta manifestação atende ao fim público. Só que esta dicção invalidatória não pode retroagir ao passado para atingir aquilo que já se introjetou no âmbito do direito alheio.

A retroação, portanto, tem efeitos *ex nunc*, o que significa que só irá produzir efeitos do momento de sua edição em diante.

O ato administrativo que dê retroação e atinja direitos adquiridos é ato abusivo passível de controle pela própria administração, de ofício ou por provocação do interessado, ou através de ações de controle da Administração Pública, como é exemplo o mandado de segurança.

A revogação, dessa forma, quando invalidadora de manifestação de vontade administrativa que venha produzindo efeitos perante terceiros exige a instauração de processo administrativo.

No âmbito federal, em alguns estados e municípios a revogação tem estrutura positiva, quase sempre externada nas leis que tratam do processo administrativo.

Naqueles que não têm previsão legislativa a aplicação do instituto da revogação tem se verificado por aplicação da Súmula 473 do STF, parte final.

3.16.4. Da convalidação

A *convalidação* é instituto que anda *pari passu* com o da anulação e da revogação do ato administrativo. Todavia, não existe vinculação direta com o processo administrativo, senão como forma reversa de validação do ato administrativo porém sua análise tem um forte conteúdo propedêutico.

Convalidar é repristinar o ato administrativo que foi editado com vícios, mas que são passíveis de recuperação. É tornar perfeita a manifestação de vontade administrativa que estava defeituosa.

É de se ter presente que a convalidação somente se torna possível no âmbito de agir da própria Administração. Não há convalidação de ato que foi praticado contra a lei. Nesta situação o ato administrativo é ilegal e a invalidação do ato praticada contra a lei se opera pela anulação. Apenas a lei pode tornar legal o ato administrativo ilegal, se dentro da competência legislativa.

A convalidação exige três pressupostos para se tornar eficaz:

a) não acarrete lesão ao interesse público;

b) não cause prejuízo a terceiros;

c) que o defeito seja sanável.

O primeiro requisito para que se verifique a convalidação é que sua prática não acarrete *lesão ao interesse público. Interesse público* é conveniência discricionária do agir administrativo. O ato administrativo defeituoso, portanto, não é necessariamente convalidado pela Administração Pública, como ocorre com o ato ilegal que deve ser declarado nulo. A Administração Pública sopesando se é de sua conveniência a validação do ato irregular poderá ou não tornar válido o ato irregular. Portanto, a convalidação não gera *dever* para a Administração, nem, por via de conseqüência, *direitos* para aqueles que foram atingidos pelo ato viciado.

O segundo pressuposto para a convalidação é que *não haja prejuízo para terceiros.* A convalidação do ato administrativo não pode prejudicar a terceiros. Os terceiros beneficiários do ato defeituoso não adquirem o direito de exigir da Administração Pública a convalidação, do mesmo modo, se terceiros detêm direitos perante a Administração Pública não podem ser atingidos com a convalidação.

O terceiro pressuposto da convalidação é *que o ato administrativo viciado seja sanável.* A Administração Pública não pode convalidar o insanável, como é o ato ilegal. A ilegalidade exige a anulação.

A convalidação, se admitida, é ato administrativo que exige motivação. Inexistente ou defeituosa, a convalidação se torna ato administrativo nulo a ser declarado de ofício ou por provocação pela Administração Pública ou por controle jurisdicional.

Em geral, a convalidação tem previsão legislativa. No entanto, inexistente, como elemento intrínseco da discricionariedade administrativa, ela pode ser declarada sob esse fundamento.[89]

---

[89] O art. 55 da Lei Federal nº 9.784/99 prevê a possibilidade de convalidação, nestes termos:
Art. 55. Em decisão na qual se evidencie não acarretarem lesão ao interessado nem prejuízo a terceiros, os atos que apresentarem defeitos sanáveis poderão ser convalidados pela própria Administração.

3.17. DOS RECURSOS

3.17.1. Das considerações gerais

Por força de preceito constitucional, o processo administrativo admite a possibilidade de reforma ou modificação da decisão administrativa através de recurso, desde que haja decisão administrativa atentatória a direito ou interesse de interessado proferida em razão de legalidade ou de mérito.[90]

Mas, diferentemente do processo judicial, o recurso administrativo tem procedimento e nomenclatura únicos. Não existe, portanto, agravo de instrumento para decisões interlocutórias ou apelação para as decisões de mérito. Tampouco existem embargos infringentes, recurso ordinário, especial ou extraordinário. O que existe no processo administrativo é exclusivamente o *recurso administrativo* de aplicação generalizada para toda decisão administrativa.

No entanto, a lei processual administrativa pode admitir *juízo de retratação* ou *de reconsideração*, que, em verdade, não é um recurso, mas um pressuposto de admissibilidade do recurso administrativo.

Penso, apesar do silêncio legislativo, ser possível a interposição de *embargos de declaração* quando houver na decisão administrativa obscuridade ou contradição ou ainda omissão sobre ponto que a autoridade ou o órgão decisor deveria se pronunciar, por aplicação subsidiária do CPC.

Recurso típico do processo administrativo é o de *revisão*. Trata-se de uma espécie de ação rescisória atemporal do processo civil ou de uma típica revisão criminal sempre possível nos processos administrativos sancionatórios quando surgirem fatos novos ou circunstâncias relevantes suscetíveis de justificar a inadequação da sanção aplicada.

3.17.2. Das instâncias administrativas

A lei do processo administrativo estabelecerá as instâncias administrativas.

Não havendo previsão, é razoável admitir-se que o recurso administrativo tramite em duas instâncias administrativas, já que tal possibilidade embora não escrita faz parte da inteligência do *princípio do devido processo legal*. A lei, no entanto, pode atribuir três instâncias.

A não-previsão de uma terceira instância leva à conclusão de que as decisões proferidas pela segunda instância são irrecorríveis, delas cabendo apenas a interposição de embargos de declaração.

---

[92] A Lei nº 9.784/99, que trata do processo administrativo no âmbito da administração federal, prevê a possibilidade de recurso no seu art. 56, nestes termos:
Art. 56. Das decisões administrativas cabe recurso, em face de razões de legalidade e de mérito.

3.17.3. Do reexame necessário

A lei administrativa processual deve admitir o reexame necessário, tal qual o processo judicial, sempre que as decisões proferidas atentarem contra o interesse da Administração Pública.

Embora a doutrina não dê a devida importância, o processo administrativo tem partes e autoridade ou órgão administrativo que o processa e julga. Dessa forma, existem delimitações estanques entre a Administração Pública *parte* e Administração Pública *autoridade ou órgão processante e julgador.*

É importante que se repise: não se pode afastar o princípio de que no processo administrativo existem partes conflitantes, sendo uma delas a Administração e, do outro lado, o interessando, pessoa física ou jurídica, e como juízo administrativo do conflito autoridade ou órgão da administração que processa e julga. Por tal consideração e, numa aparente confusão, a Administração Pública *parte* pode sucumbir em face de decisão proferida por Administração Pública *autoridade ou órgão decisor.*

Ocorrendo decisão contra a Administração Pública, por aplicação subsidiária do processo judicial, deve a lei do processo administrativo prever o reexame da decisão a um órgão administrativo superior.

Não existindo, aplica-se o *princípio da supremacia do interesse público sobre o particular* remetendo-se os autos para apreciação da instância recursal.

3.17.4. Do cabimento do recurso administrativo

O recurso administrativo será sempre cabível da decisão administrativa que afete interesse ou direito do interessado por razões de *legalidade* ou de *mérito.* Observe-se que o recurso administrativo não distingue decisão interlocutória ou final, como ocorre no processo civil. Qualquer que seja a decisão proferida no processo administrativo cabe *recurso administrativo.*

Trata-se de instituto que tem pertinência com os *princípios do devido processo legal, da motivação, da verdade real, da sucumbência, da dialeticidade, da unicidade* e *da voluntariedade recursal.*

O cabimento do recurso administrativo é consectário do *princípio do devido processo legal* porque toda decisão proferida no processo deve possibilitar a reforma ou modificação da decisão nele proferida por órgão superior. O recurso é regra universal de processo.

A motivação da decisão proferida no processo oportuniza a que se saiba quais as razões de fato e de direito que levaram ao julgamento.

O recurso administrativo ainda é cabível em respeito ao *princípio da busca da verdade real.* Não basta a decisão respeitar as regras do processo, princípio segundo o qual a Administração Pública na qualidade de autoridade ou órgão processante deve agir cumprindo a lei que rege o processo administrativo. Sua obediência é também que o processo deve servir para que se encontre a verdade real do conflito.

O recurso administrativo somente é cabível se houver sucumbência. *Sucumbência* é perdimento. Portanto, para interpor o recurso administrativo é preciso que o interessado tenha perdido total ou parcialmente o litígio. Este é o seu interesse recursal.

A interposição do recurso deve ser dialética. As razões do recurso têm que ter pertinência com o pedido de reforma. A isso se chama dialeticidade recursal. Recurso administrativo com fundamento antagônico ao pedido de reforma é recurso inadmissível que deve ser afastado.

Só é cabível um único recurso administrativo. Não pode o interessado interpor mais de um.

Por fim, o recurso administrativo é de iniciativa da interessado.

Respeitados os princípios, tem-se que a decisão proferida no processo que atente contra a lei quer seja ela de lei processual ou material possibilita a interposição de recurso.Trata-se de típica decisão que afronta a forma.

Porém, mesmo as decisões administrativas de mérito, aquelas em que o conflito administrativo é decidido com a análise de provas, ensejam recurso administrativo. Não se está diante de uma decisão em que a conveniência e oportunidade são conceitos subjetivos puros e imotivados, como são as decisões discricionárias. Assim, decisões administrativas, embora revestidas de legalidade, podem ser inconvenientes ou inoportunas por imoralidade, pessoalidade, ou qualquer outro vício de vontade que macule o fim público e, dentro desse espectro, ensejam recurso.

Dessa forma, como razão de legalidade deve ser entendida a decisão que contrarie a lei e razão de mérito, aquela que diga sobre e conveniência ou oportunidade administrativa.

Observa-se, portanto, que não há tipos distintos de decisões administrativas para o cabimento do recurso administrativo, como ocorre no processo judicial. Sempre que o interesse ou o direito do interessado for atingido por decisão proferida no processo administrativo caberá recurso administrativo.

O *princípio da informalidade em favor do interessado* aqui tem aplicação, já que é conhecida a complexidade que existe no processo judicial com seus vários tipos de recursos.

3.17.5. Da legitimidade para recorrer

Diferentemente do processo civil, que só outorga legitimidade recursal àquele que for parte no processo, o processo administrativo abre o leque e legitima:

I – os titulares de direitos e interesses que forem partes no processo;

II – aqueles cujos direitos ou interesses forem indiretamente afetados pela decisão recorrida;

III – as organizações e associações representativas, no tocante a direitos e interesses coletivos;

IV – os cidadãos ou associações, quanto a direitos ou interesses difusos.

Uma das grandes discussões que dominam os recursos no processo civil é o reconhecimento de legitimidade recursal para quem ainda não é parte no processo. Isso porque a legitimidade recursal pressupõe juízo prévio de reconhecimento de alguém como parte. Essa dificuldade é mais tormentosa no agravo de instrumento porquanto tal recurso é interposto diretamente no segundo grau não dispondo o relator dos autos do processo para aferir a legitimidade.

No processo administrativo tem legitimidade para recorrer tanto aqueles que forem partes no processo como terceiros indiretamente afetados, organizações, associações no tocante a direitos coletivos ou mesmo cidadãos e associações, quanto a direitos difusos.

Naturalmente que a admissão do recurso administrativo por quem não for parte direta no processo exige, além das razões de fato e de direito que fundamentam o pedido, a demonstração do interesse ou direito afetado e, se pessoa jurídica, sua existência.

3.17.6. Da competência para conhecer do recurso

Todo recurso administrativo deve ser dirigido à autoridade ou órgão que proferiu a decisão, salvo se a lei que rege o procedimento administrativo dispuser diferentemente, para que possa ocorrer a reconsideração.

3.17.7. Da reconsideração

A Administração Pública é obrigada a agir segundo os ditames da lei. Isso porque as ações administrativas contrárias à lei são absolutamente nulas, questionando-se apenas sobre a extensão de seus efeitos se *ex tunc*, *moderados* ou *ex nunc*.

Dessa forma, como a invalidação do ato administrativo nulo é obrigação administrativa que o pode declarar de ofício ou por provocação, a possibilidade de reconsideração da decisão por intermédio do recurso administrativo conforta esta sustentação e possibilita que a Administração Pública se autotutele.

É de se observar que a reconsideração é da decisão põe fim ao litígio no processo administrativo e não da que este tenta superar por seu intermédio.

A possibilidade de reconsideração é estrutura típica do processo administrativo impossível de aplicação no processo judicial pelo caráter de imutabilidade da sentença.

A lei que reger o processo administrativo deve prever a possibilidade da reconsideração da decisão proferida no processo administrativo e o seu momento.

Não o fazendo, deve a autoridade ou o órgão processante aplicar o *princípio da razoabilidade* e, conhecendo do recurso administrativo, reconsiderar a decisão administrativa proferida.

A reconsideração é um típico juízo de retratação e deve ser fundamentada.

3.17.8. Do prazo para reconsideração

Interposto o recurso administrativo no prazo estabelecido na lei que rege o processo administrativo, e sendo ele admitido, poderá a autoridade ou órgão que proferiu a decisão reconsiderá-la.

A lei do processo administrativo deverá fixar o prazo para reconsideração. Não o fazendo, tem-se admitido como prazo razoável o de 5 (cinco) dias, à contar da data em que a autoridade ou o órgão decisor recebeu os autos em conclusão.

O § 1º do art. 56, da Lei Federal nº 9.784/99, fixou esse prazo em 5 (cinco) dias.

Não havendo regra expressa é razoável a admissão desse prazo a reconsideração.

3.17.9. Dos requisitos da petição de recurso

A petição de recurso deverá conter os seguintes requisitos:

I – a indicação da autoridade a quem é dirigida;
II – nome, qualificação e endereço do recorrente;
III – a indicação da Administração Pública recorrida;
IV – a exposição, clara e completa, das razões da inconformidade;
IV – data e assinatura do recorrente ou de seu advogado.

Na ausência de qualquer dos requisitos poderá a autoridade ou órgão destinatário da petição fixar prazo razoável para sua complementação.

Não sendo atendido, o recurso não será admitido.

3.17.10. Do prazo recursal

A lei que rege o processo administrativo deverá especificar o prazo para a interposição do recurso.

Não o fixando, é razoável entender como de 15 (quinze) dias, por aplicação subsidiária do prazo de apelação no processo civil.

Decorrido o prazo sem a interposição de recurso, opera-se a preclusão administrativa impedindo a modificação do julgado.

3.17.11. Do início do prazo recursal

A lei que rege o processo administrativo deverá especificar o início do prazo para a interposição do recurso.

Não o fixando, o prazo será contado a partir da ciência ou divulgação oficial da decisão recorrida, sempre excluindo-se o dia do começo e incluindo-se o do vencimento.

Considera-se prorrogado o prazo até o primeiro dia útil seguinte se o vencimento cair em dia em que não houver expediente ou este for encerrado antes da hora normal.

Os prazos expressos em dias contam-se de modo contínuo.

3.17.12. Do prazo para decisão do recurso

A lei do processo administrativo deverá estabelecer o prazo para que o recurso seja decidido.

O Estado de São Paulo, por exemplo, ao editar sua lei de procedimento, Lei nº 10.177/98, entendeu que ultrapassado o prazo para decisão (120 dias): "o interessado poderá considerar rejeitado o requerimento na esfera administrativa".[91]

Nada prevendo, tem-se admitido como razoável o prazo máximo de 30 (trinta) dias, a partir do recebimento dos autos pelo órgão competente.

Desde que justificado, o prazo para decisão do recurso pode ser prorrogado por igual período.

3.17.13. Do não-conhecimento do recurso

A lei do processo administrativo deverá prever os casos de não-conhecimento do recurso.

Não o prevendo, é razoável que o recurso administrativo não seja conhecido quando interposto:

I – fora do prazo;

II – perante órgão incompetente;

---

[91] Artigo 33 – O prazo máximo para decisão de requerimentos de qualquer espécie apresentados à Administração será de 120 (cento e vinte) dias, se outro não for legalmente estabelecido.

§ 1º – Ultrapassado o prazo sem decisão, o interessado poderá considerar rejeitado o requerimento na esfera administrativa, salvo previsão legal ou regulamentar em contrário.

Curso de Processo Administrativo

III – por quem não seja legitimado;

IV – após exaurida a esfera administrativa.

Da decisão que não conhece do recurso também cabe recurso administrativo.

Pode a autoridade recorrida, mesmo não conhecendo do recurso, rever de ofício sua decisão, desde que não ocorrida preclusão administrativa.

3.17.14. Dos recorridos

Questão interessante é a da possibilidade de manifestação dos recorridos no processo administrativo, tal qual ocorre no processo civil.

A lei do processo administrativo pode prever tal possibilidade.

Não havendo previsão dessa possibilidade, penso que, se não houver disposição proibindo-a, é cabível a manifestação dos recorridos que já se encontram no processo ou que vieram a demonstrar legitimidade de interessado e ingressem nesta fase processual, por aplicação subsidiária do CPC.

Afinal de contas, embora a decisão administrativa lhe seja favorável, pode ele reforçá-la que novos argumentos ou até mesmo com a juntada de documentos novos, já que isso é plenamente admissível no processo administrativo.

É razoável admitir-se que o prazo se manifestação seja também de 15 (quinze) dias.

3.17.15. Da intimação dos recorridos

Admitindo-se a manifestação dos recorridos, deverão eles ser intimados por ciência no processo, por via postal com aviso de recebimento, por telegrama ou por qualquer outro meio que assegure a certeza da ciência do interessado.

3.17.16. Do conteúdo das contra-razões recursais

As contra-razões recursais ou a resposta ao recurso administrativo não possui prescrição formal rígida.

No entanto, por questões lógicas inerentes à identificação do processo e ao princípio da dialeticidade recursal, ela deve conter os nomes e qualificação das partes, os fundamentos de fato e de direito pelos quais a decisão deverá ser mantida e o pedido de sua manutenção, data e assinatura.

Contra-razões sem estes requisitos mínimos deverão ser devolvidas ao interessado.

Cabe recurso de tal decisão, se não houver proibição legislativa na lei do processo.

3.17.17. Dos efeitos do recurso

A lei do processo administrativo deverá fixar os efeitos do recurso.

Nada dispondo, o recurso será recebido no efeito meramente devolutivo, o que o significa dizer que a decisão proferida é imediatamente exeqüível.

O ato administrativo em geral goza do atributo de presunção de legitimidade, o que também significar afirmar que é valido e eficácia aprioristicamente. Dessa forma, sendo a decisão final do processo administrativo uma espécie de ato administrativo goza ele de presunção de legitimidade potencializado pela circunstância de ser proveniente de um processo administrativo onde foi respeitado o princípio do devido processo legal e afins.

No entanto, havendo justo receio de prejuízo de difícil ou incerta reparação decorrente da execução, a autoridade ou o órgão recorrido, se o processo ainda lhe estiver afeto, ou o órgão recursal poderá, até mesmo de ofício, ou a pedido do recorrente, outorgar efeito suspensivo ao recurso.

A decisão que outorgar efeito suspensivo deverá ser fundamentada e dela também caberá recurso administrativo.

3.17.18. Da tramitação do recurso na segunda instância

A lei do processo administrativo deverá fixar o procedimento para a tramitação do recurso na segunda instância administrativa.

Não o prevendo, o recurso administrativo será juntado aos autos na secretaria do órgão recorrido ou por servidor especialmente designado para esta finalidade que fará conclusão à autoridade recorrida para juízo prévio de admissibilidade, reconsideração ou outorga de efeito suspensivo.

Sendo requerida a reconsideração ou a concessão de efeito suspensivo, a autoridade recorrida apreciará o pedido em 5 (cinco) dias.

Não havendo, encaminhará o processo ao órgão recursal competente, sendo o processo administrativo re-autuado e suas folhas renumeradas, distribuindo-se de forma alternativa e mediante sorteio, assegurada a publicidade destes atos.

Designado o relator, se constituirá ele no *juízo natural* da segunda instância, circunstância somente modificada em decorrência de impedimento ou suspeição nas mesmas condições da autoridade ou dos membros processantes da primeira instância.

A regra é que o julgamento na segunda instância se verifique com três membros, nada indicando a lei que rege o processo administrativo.

Curso de Processo Administrativo

Relatado o processo no prazo máximo de 30 (trinta) dias, salvo prorrogação devidamente justificada, o processo será *levado à mesa*, como vulgarmente se chama a sessão de julgamento designada pelo presidente do órgão julgador.

Como nas audiências da primeira instância, a sessão de julgamento da segunda instância será pública.

Na sessão de julgamento, depois de feita a exposição da causa pelo relator, o presidente, dará a palavra ao recorrente e ao recorrido, sucessivamente, pelo prazo nunca superior a 15 (quinze) minutos afim de sustentarem as razões de recurso.

A decisão será tomada pela maioria dos votos. Vencido o relator, será redator para a decisão aquele lhe seguiu como autor do primeiro voto vencedor.

Publicada a decisão são cabíveis embargos de declaração.

Por questões práticas, é sempre aconselhável que a decisão administrativa contenha ementa.

3.17.19. Do conteúdo da decisão recursal

A lei do processo administrativo deve prever o conteúdo da decisão recursal.

Não o prevendo, o órgão recursal competente para decidir sobre a decisão recorrida pode:

I – confirmá-la;

II – modificá-la total ou parcialmente

III – anulá-la total ou parcialmente;

IV – revogá-la total ou parcialmente.

A confirmação, a modificação e a anulação total ou parcial da decisão recorrida são situações típicas de qualquer recurso e, por isso, aplicáveis ao recurso administrativo. A terminologia usual no caso de confirmação é *negar provimento*. No caso de modificação é *dar provimento total ou parcial*.

Novidade típica do processo administrativo é a possibilidade do órgão recursal de revogar total ou parcial a decisão recorrida. Neste caso, é preciso que haja previsão expressa em lei de que o órgão recursal tem competência discricionário de revogar a decisão anterior. Não havendo tal previsão, a competência do órgão recursal fica limitada em dar, negar ou anular o processo. A substituição da decisão recorrida por outra, não havendo previsão legal, é decisão nula passível de recurso administrativo.

3.17.20. Dos embargos de declaração

A autoridade ou o órgão decisor de primeira ou de segunda instância tem o dever de proferir a decisão administrativa recursal respeitando a estrutura formal exigida na lei do processo administrativo e, quanto ao mérito, fundamentando as questões de fato e de direito apresentadas pelas partes.

No entanto, a decisão administrativa pode conter *obscuridade, contradição* ou *omissão*. *Obscuridade* é a falta de clareza no texto. *Contradição* é a incoerência entre afirmações na decisão e *omissão* é a ausência de fundamentação expressamente alegada pelas partes ou necessárias para a decisão.

Existindo pontos obscuros, contraditórios ou omissos tem a parte prejudicada o direito de interpor embargos de declaração no prazo estipulado na lei do processo administrativo.

Havendo silêncio, é razoável aplicar-se o prazo de 5 (cinco) dias exigido no Código de Processo Civil, art. 536.

Tendo sido a decisão proferida em juízo monocrático, os embargos serão dirigidos à própria autoridade que a proferiu. Se por colegiado, ao relator que encaminhará o recurso a julgamento em mesa.

Os embargos de declaração deverão ser liminarmente indeferidos se não demonstrarem os pontos obscuros, contraditórios ou omissos ou se manifestamente protelatórios, como são os embargos que pretendem rejulgar a lide administrativa.

Neste caso, não pode a autoridade ou o órgão julgador dos embargos aplicar pena de multa, como ocorrer no processo judicial, porque não dispõe de jurisdição.

A interposição de embargos suspende o prazo do recurso administrativo até sua decisão final.

3.18. DA REVISÃO ADMINISTRATIVA

3.18.1. Do cabimento da revisão

A revisão administrativa tem similitude com a ação rescisória do processo civil e da revisão no processo penal. Trata-se de instituto sempre presente nos estatutos de servidores públicos permitindo a aplicação do princípio da verdade real ao admitir que, na existência de fatos novos ou de circunstâncias relevantes, possa a Administração Pública revisar-se para anular o processo administrativo, absolver o servidor da imputação administrativa ou substituir a pena por outro de menor gravidade.

A importância da revisão aqui tratada reside em se poder aplicá-la nos demais processos administrativos sancionatórios.[92]

---

[92] TRIBUTÁRIO – PROCESSO ADMINISTRATIVO – TRIBUTÁRIO – RECURSO DE OFÍCIO: FINALIDADE – REVISÃO ADMINISTRATIVA DA DECISÃO DO CONSELHO DE CONTRIBUINTES. 1. O Código Tributário do Estado do Rio de janeiro permitia o chamado recurso hierárquico (art. 266, § 2º da Lei 3.188//99), plenamente aceito pelo STJ (precedente da 1a. Seção, relator Min.

A lei do processo administrativo deve regê-la.

Não o fazendo, por aplicação subsidiária do processo civil e penal e ainda do art. 65 da Lei nº 9.784/99, que trata do processo administrativo no âmbito da administração pública federal, deve ser admitida no processo administrativo.

É importante que se volte a afirmar: *revisão só é cabível das decisões administrativas que resultem sanções e não de qualquer decisão.*

A interposição da revisão só é possível quando surgirem:

a) fatos novos ou
b) circunstâncias relevantes.

Porém, estes *fatos novos* ou as *circunstâncias relevantes* devem ser passíveis de justificar que a sanção aplicada era inadequada. Assim, por óbvio, eles devem ter pertinência com a sanção aplicada.

Fatos, no seu conceito natural, são acontecimentos que independem da vontade humana. No contexto do instituto da revisão, no entanto, são os acontecimentos, naturais ou não, de repercussão jurídico-administrativa no âmbito da Administração Pública. *Fatos novos,* portanto, são aqueles acontecimentos que, embora desconhecidos das partes durante a instrução do processo administrativo ou que vieram a acontecer depois do julgamento, têm reflexo no processo já julgado.

Não se pode confundir *fatos novos* com *prova nova*. Embora o processo administrativo tenha como um de seus princípios norteadores o da *verdade real*, como regra, sua aplicação tem um limite temporal que é exatamente o da duração do processo. Decidido ele, opera-se a preclusão ou a coisa julgada administrativa. Portanto, tendo as partes o dever processual de apresentar suas provas, se não o fazem no tempo oportuno, não podem mais vir a apresentá-las. O que torna a revisão possível é o surgimento de fatos que eram ou desconhecidos no momento do processo administrativo ou que ocorridos depois, possam levar a um julgamento diferenciado do que foi proferido. É a situação de alguém que sofreu sanção administrativa calcada em documento administrativo que, depois, ficou demonstrado ter sido emitido por autoridade incompetente ou suspeita ou ainda através de erro, dolo, coação, simulação ou até mesmo em afronta a literal disposição de lei. Este fato é absolutamente novo e tem repercussão retroativa passível de anular a sanção aplicada.

Circunstâncias relevantes é a segunda possibilidade de revisão do processo administrativo. *Circunstâncias* são particularidades de um todo.

Humberto Gomes de Barros) 2. O recurso hierárquico permite ao Secretário da Fazenda rever a decisão do Conselho de Contribuintes e impugná-la se eivada de vícios ou nulidades patentes e devidamente identificadas. 3. O recurso hierárquico não rende ensejo a que a autoridade administrativa, por deleite ou por mero capricho, venha a desfazer a decisão do colegiado. 4. Recurso ordinário provido (RMS 16902/RJ. STJ. Segunda Turma. Relatora: Ministra Eliana Calmon. Publicado no DJ, em 04.10.2004).

Circunstâncias relevantes, portanto, são particularidades importantes que não foram consideradas na análise do processo administrativo por desconhecidas, mas que são passíveis de justificar a inadequação da sanção aplicada. É a situação de alguém que sofreu uma sanção administrativa grave calcada na assertiva de já ter sido punido, quando, em verdade, a punição anterior nunca ocorrera.

3.18.2. Da atemporariedade da revisão

A revisão é atemporal.

Desde que surjam fatos novos ou circunstâncias relevantes é possível a interposição da revisão administrativa da decisão que resultar em aplicação de sanção administrativa.

A revisão pode ser interposta pelo interessado ou por seus sucessores.

3.18.3. Do procedimento revisional

A revisão administrativa deve ser interposta pelo interessado ou sucessores devidamente capacitados em petição fundamentada que narre o fato novo ou circunstância relevante passível de justificar a inadequação da sanção aplicada, fazendo-se acompanhar das provas pertinentes ou requerimento de sua produção.

A competência para conhecer da revisão é da autoridade que julgou o processo administrativo em última instância.

Ficando demonstrado que o recurso de revisão é simples pedido de re-julgamento do processo administrativo, a autoridade a quem ela for dirigida deverá indeferi-lo liminarmente de forma motivada. Desta decisão cabe pedido de reconsideração.

Admitido o pedido, será ele instruído, cabendo ao interessado ou seus sucessores a prova do alegado.

A decisão que admitir, parcial ou totalmente, ou inadmitir a revisão será motivada.

A revisão do processo não pode resultar agravamento da sanção, mesmo que fique demonstrado fato agravante contra o interessado no processo.

3.18.4. Da revisão de ofício

A revisão administrativa pode ser ajuizada pela própria Administração Pública de ofício, desde que surjam fatos novos ou circunstâncias relevantes suscetíveis de justificar a inadequação da sanção aplicada.[93]

---

[93] ADMINISTRATIVO. SERVIDOR PÚBLICO. PROCESSO ADMINISTRATIVO DISCIPLINAR. REVISÃO. PRESCRIÇÃO. DECRETO 20.910/32. 1. O processo administrativo disciplinar, nos termos

Isso significa que, na busca de aplicação do princípio da verdade real, pode a Administração Pública revisar seus próprios atos sancionatórios.

3.19. DA COISA JULGADA ADMINISTRATIVA

Um dos temas de grande discussão no direito administrativo está na existência ou não da coisa julgada administrativa.[94]

Diferentemente do que ocorre no direito francês, em que as decisões administrativas produzem coisa julgada, o Brasil defende o princípio da jurisdição única, significando preceito fundamental o direito de qualquer pessoa ter acesso ao Poder Judiciário, criando, com isso, o monopólio da jurisdição. Em decorrência deste preceito constitucional, deduz-se, em princípio, que somente a decisão judicial faz coisa julgada.[95]

Penso que o que a Constituição criou foi o direito de acessibilidade de qualquer pessoa à Justiça e não uma regra, obrigatória a todos. Portanto, como direito pode ser ele exercido ou não.

A grande questão reside em se entender aplicável ou não o direito de acesso à Justiça também à Administração Pública.

---

do art. 174 da Lei 8.112/90, poderá ser revisto a qualquer tempo, a pedido ou de ofício, quando se aduzirem fatos novos ou circunstâncias suscetíveis de justificar a inocência do punido ou a inadequação da penalidade aplicada, hipótese não caracterizada na espécie, porquanto o impetrante tão-somente clamou pela correção da injustiça praticada, incidindo a regra do art. 176 do referido dispositivo legal. 2. Irreparável a decisão da autoridade coatora ao reconhecer a ocorrência da prescrição, ut art. 1º do Decreto 20.910/32, se entre a data da aplicação da penalidade e do pedido de revisão transcorreram mais de vinte anos. 3. Segurança denegada (MS 7844/DF. STJ. Terceira Seção. Relator: Ministro Fernando Gonçalves. Publicado no DJ, em 04.03.2002).

[94] MANDADO DE SEGURANÇA. MINISTRO DE ESTADO DA JUSTIÇA. POLICIAL RODOVIÁRIO FEDERAL. PROCESSOS ADMINISTRATIVOS. REVISÃO. POSSIBILIDADE. COISA JULGADA ADMINISTRATIVA. INOCORRÊNCIA. Nos termos da Lei nº 8.112/90, o processo administrativo pode ser revisto, quando surgirem fatos novos ou circunstâncias suscetíveis de justificar a inocência do punido ou a inadequação da penalidade aplicada. O novo procedimento obedeceu aos respectivos princípios. Inexistência, in casu, da coisa julgada administrativa. Segurança denegada (MS 6787/DF. STJ. Terceira Seção. Relator: Ministro José Arnaldo da Fonseca. Publicado no DJ, em 28.08.2000).

[95] Ação rescisória. Recurso extraordinário. Alegação de ofensa a coisa julgada administrativa e a direito adquirido. – A coisa julgada a que se refere o artigo 5º, XXXVI, da Carta Magna é, como conceitua o § 3º do artigo 6º da Lei de Introdução ao Código Civil, a decisão judicial de que já não caiba recurso, e não a denominada coisa julgada administrativa. Por outro lado, sob o ângulo da alegação de ofensa ao referido dispositivo constitucional no que diz respeito ao direito adquirido, o recurso extraordinário, em se tratando de acórdão que julgou ação rescisória, teria de atacá-lo com a demonstração de que esse aresto errou ao declarar inexistente violação à literalidade do preceito constitucional – o que no caso não ocorre – e não com a alegação de que o acórdão rescindendo o teria contrariado, pois a via rescisória não é mera reiteração da via originária que se pretende rescindir. Recurso extraordinário não conhecido (RE 144996/SP. STF. Primeira Turma. Relator: Ministro Moreira Alves. Publicado no DJ, em 12.09.1997).

Um dos princípios que regem a Administração Pública é o da legalidade, comando pelo qual impõe que o agir administrativo só se opere segundo prévia determinação legislativa.

Portanto, é plenamente factível que a lei que rege o processo administrativo estabeleça que, se esgotados os recursos e tendo o processo transcorrido regularmente, não possa a Administração Pública modificar o que foi decido, salvo por anulação ou revisão, ou quando o ato, por sua natureza possa ser revogável.

Dessa forma, se a lei estabelecer a imodificabilidade da decisão final do processo administrativo tem-se a coisa julgada administrativa.[96]

A expressão *coisa julgada administrativa* traduz a impossibilidade de se rever, de ofício ou por provocação, o ato (ou a decisão no processo administrativo) em sede administrativa, após o percurso traçado no ordenamento jurídico. Na verdade, trata-se de um imperativo dos princípios da Administração Pública em geral, principalmente os da boa-fé, da moralidade e da segurança jurídica.

Ao decidir o processo administrativo, a administração manifesta um entendimento sobre a legalidade (e, quando possível, da conveniência) que baliza a matéria em exame ou o interesse em disputa. Não seria correto que uma mudança unilateral de opinião pudesse desconstituir o que definido sobre o crivo do contraditório e a observância do devido processo legal.

---

[96] Serve de argumento a esta fundamentação o art. 51, da Lei nº 10.177/98, que regula o processo administrativo no âmbito da administração pública do Estado de São Paulo, que diz:
Art. 51. Esgotados os recursos, a decisão final tomada em procedimento administrativo formalmente regular não poderá ser modificada pela Administração, salvo por anulação ou revisão, ou quando o ato, por sua natureza, for revogável.

Curso de Processo Administrativo

4. Legislação

4.1. Exposição dos motivos da Lei Complementar nº 33 do Estado de Sergipe

Da Comissão constituída pelo Decreto nº 15.312, de 27 de abril de 1995, publicado no Diário Oficial do Estado de Sergipe nº 22.293, edição de 04 de maio de 1995.

Ao Excelentíssimo Senhor Governador do Estado de Sergipe, Dr. Albano do Prado Pimental Franco.

Assunto: Anteprojeto de Lei Complementar, que "Institui o Código de Organização e de Procedimento DA Administração Pública do Estado de Sergipe".

1. A constituição Republicana de 05 de outubro de 1988, com elogiável pioneirismo, reservou o Capítulo VIII, do Título III, à Administração Pública, submetendo-a a princípios expressos, dentre os quais merece ênfase, por ora, o da legalidade. Nisso foi acompanhada compulsoriamente, em razão da voz de comando transmitida no *caput* do seu art. 37, pela Constituição do Estado de Sergipe, hum ano mais nova, promulgada aos 05 de outubro de 1989. Legalidade, diga-se oportuno, a trafegar em mão dupla, assim no sentido da organização administrativa como no da sua autação, seja frente aos administrados, individual ou associadamente considerados formando pessoas jurídicas, seja frente às Administrações de outras entidades federadas.

Administração legal, pois da qual já se disse tratar-se de "Administração posta em movimento pela lei e exercida nos limites das suas disposições". Enfim, Administração que tem no regime da legalidade a sua nascente e também a sua foz.

Daí segue que à Comissão não restava outra alternativa senão a de propor a Vossa Excelência o Anteprojeto de Lei anexo, excluída liminarmente a possibilidade de utilização de qualquer modelo prescritivo de inferior dignidade. Quanto à sua índole de Lei Complementar , e não de Lei Ordinária, resulta do disposto no § 1º do art. 60 da Constituição Estadual, atributivo de tal natureza a todas as leis de caráter estrutural, e em cujas linhas vêm exemplificadas como tais os códigos tributário e de finanças públicas do Estado, da Defensoria Pública, do Tribunal de Contas e da Polícia Civil; o código de organização e divisão judiciárias; os estatutos dos servidores públicos civis e militares; o estatuto do Magistério. No tocante a iniciativa do processo legislativo, nenhuma dúvida minimamente séria existe a respeito. Realmente, afora as ressalvas constitucionais, compete a Vossa

Curso de Processo Administrativo

Excelência a iniciativa privativa de lei que disponha sobre organização administrativa, conforme dicção do art. 61 e seu inciso III, da Lei Magna Estadual.

Diga-se, ainda, que, ao instituir o regime jurídico da orgânica administrativa e dispor sobre a sua atividade funcional, o Anteprojeto levou em conta não apenas a primeira inspiração histórica do Direito Administrativo, residente na necessidade de acautelar os indivíduos contra eventuais descomedimentos no exercício da função administrativa, mas também a necessidade de adornar a Administração com prerrogativas suficientes ao bom desempenho dos múltiplos afazeres ao seu encargo, tratando-as como autênticos "deveres-poderes", de indeclinável desempenho pelos agentes públicos, seus fiéis depositários. Nessa medida, e na linha do que pareceu ser a melhor doutrina, o Anteprojeto assimilou a orientação de que à Administração corre o dever de prosseguir as finalidades estatais definidas em lei, havendo de dispor, para tanto, dos correspondentes poderes legais, numa razoável e adequada relação entre meios a empregar e fins a satisfazer. Têm, portanto, esses poderes, feitio meramente funcional, devendo ser operacionalizados necessária e exclusivamente para o alcance dos fins que a ordem jurídico-constitucional definiu como próprio do Estado.

Por derradeiro, esforçou-se a comissão no sentido de preparar um texto o mais possível contemporâneo da época atual, obsequioso à realidade sergipiana e ao princípio constitucional do Estado de Direito. Estado que, ademais de submisso à lei de sua própria elaboração, tem especialmente os seus atos administrativos sujeitos ao exame de um Judiciário independente, observadas, contudo, as limitações impostas pela teoria clássica da separação dos poderes, acolhida constitucionalmente, como se lê no *caput* do art. 6º da Constituição Estadual:

"Art. 6º – São Poderes do Estado de Sergipe, independentes e harmônicos, o Legislativo, o Executivo e o Judiciário".

Ao filiar-se à concepção dos deveres-poderes da Administração, o Anteprojeto, só por isso, já procurou desfazer a impressão inicial e falseada de um Direito administrativo historicamente comprometido com a negação ou o amesquinhamento da cidadania, restabelecendo a verdade de que não foi para oprimir o indivíduo que ele surgiu. Justo o contrário, foi para disciplinar – limitando, pois – uma das funções estatais, que nasceu esse ramo do direito. Essa função é, precisamente, a administrativa e, entre nós, onde quer que nos encontre, seja no Legislativo, seja no Executivo, seja no Judiciário, conforme dispõe o *caput* do art. 37 da Constituição Federal:

"A administração pública direta, indireta ou fundacional, de qualquer dos Poderes da União, dos Estados, do Distrito Federal e dos Municípios, obedecerá..."

E não haveria de ser diferente, porquanto a idéia de Estado de Direito foi gestada no ventre do liberalismo, que a muitíssimos influenciou com a sua oportuna compreensão da necessidade de fazer-se reconhecerem texto constitucional escrito certos direitos inalienáveis e invioláveis das criaturas humanas, nascidas livres e iguais. Direitos anteriores e superiores ao Estado, que deveria assegurá-los.

Segue-se, como imperativo lógico incontornável, que a noção predominante deve ser mesmo a do dever-poder. E, em seguimento, que o próprio conceito do Direito Administrativo somente se elabora com os escrúpulos de opor-se as prerrogativas de autoridade as garantias de legalidade e dos direitos dos administrados diante do previsível delírio do poder, pois é verdade histórica nunca antes desmentida a de que todo aquele que detém o poder tende a abusar dele. Cumpre então que o poder detenha o poder (Montesquieu).

Ao traçar o perfil dessas garantias, o anteprojeto teve na devida conta o modo brasileiro de regular as relações entre a Administração e a Justiça que, entre nós, é recortado sobre moldes emprestados pelo figurino inglês do judiciarismo, judicialismo, ou sistema de jurisdição única, ao contrário dos franceses, que preferiram o regime administrativo ou do contencioso-administrativo. É, aliás, o que está consignado expressamente no art. 5º, inciso XXXV, da Constituição Federal:

"A lei não excluirá da apreciação do Poder Judiciário lesão ou ameaça de direito".

Nesse contexto, como meios de garantia da legalidade e dos direitos dos administrados, comparecem exemplificadamente os princípios gerais do art. 4º do Anteprojeto (incisos I, II, III, IV, V, VI, VII, IX, XII), extensivos à atividade das estatais que atuam na ordem econômica, valendo destacar que esses princípios não excluem outros resultantes dos regimes e dos princípios adotados pela Constituição da República Federativa do Brasil e pela Constituição do Estado de Sergipe (§§ do art. 4º): a supervisão dos Secretários de Estado ou outras autoridades sobre órgãos da Administração Direta e as entidades da Administração Indireta do Poder Executivo (art. 29, inciso I); o controle, entendido como conjunto de meios destinados a exercer vigilância, orientação e correção da atuação administrativa , e disciplinado nos artigos 35 a 59 do Anteprojeto. Como espécies de controle, exercido pela Administração de ofício ou mediante provocação dos administrados, estão inventariados o controle interno, o controle externo exercido pelo Poder Legislativo com o auxílio do Tribunal de Contas (quando for o caso), e o controle externo exercido pelo Poder judiciário. Vale salientar, no tocante ao controle interno, o papel reservado ao recurso administrativo, à disposição dos interessados e definido em sentido amplo como qualquer meio capaz de propiciar a revisão das decisões administrativas, a fim de confirmá-las ou desconfirmá-las, total ou parcialmente (art. 40 a 50); o direito a informações (art. 108); o direito de petição e de certidão (art. 109); o direito ao devido processo legal (art. 110); o direito ao contraditório e à ampla defesa (art. 111); e o procedimento administrativo (artigos 113 a 144).

Nesse empenho, não se descuidou o Anteprojeto de, sobre definir a Administração como um conjunto de órgãos e entidades criadas para o exercício da função administrativa (nela integradas também as entidades de direito privado cridas pelo Estado para a exploração de atividades econômicas), consoante estabelecido no art. 1º, submetê-las às técnicas de gestão do planejamento, coordenação e articulação, supervisão, descentralização, e controle (art. 22), com a finalidade de assegurar (art. 23):

– a eficiente execução dos programas oficiais de trabalho e a observância das normas legais que disponham sobre a atividade própria do órgão ou da entidade;

– a boa e correta aplicação e guarda dos dinheiros, bens e valores do Estado e de qualquer de suas entidades;

– o irrestrito respeito aos direitos individuais, coletivos e difusos, constitucional ou legalmente assegurados.

Urge realçar, pela novidade, que na Administração Pública Estadual Direta estão os órgãos integrados na estrutura administrativa dos Poderes Legislativo, Executivo e Judiciário, assim como do Ministério Público e do tribunal de Contas, isso para compatibilizar o Anteprojeto com o art. 37, *caput*, da Constituição Federal, reproduzido no art. 25, *caput*,

Curso de Processo Administrativo

da Constituição Estadual. Relativamente às entidades localizadas na Administração Indireta, somente existentes no Executivo, o Anteprojeto contemplou, de par com as autarquias, sociedades de economia mista e empresas públicas, com as fundações públicas, dotadas, agora de personalidade de direito público, e as demais entidades de direito privado sob o controle direito ou indireto do Estado, isso para afeiçoar-se ao disposto no § 5º do art. 25 da Constituição de Sergipe.

Sob tais cautelas, a Comissão acha-se confiante em que o Anteprojeto esteja em condições de dar respostas mais adequadas Às múltiplas exigências de uma sociedade cada vez mais seletiva e exigente, nunca se rebaixando ao nível de promessa não cumprida ou de esperanças jamais satisfeitas.

Nesse labor, não negligenciou a Comissão de consultar escritos de doutrinadores nacionais de reconhecido destaque científico, a exemplo de Miguel Seabra Fagundes, Oswaldo Aranha Bandeira de Mello, Geraldo Ataliba e Hely Lopes Meirelles, estes já falecidos, e de Celso Antônio Bandeira de Mello, Lafayete Ponde, Lúcia Valle Figueiredo, Diógenes Gasparini, José Afonso da silva, Carlos Ari Sundfeld, Maria Silva Zanella de Pietro, Odete Medauar, e Celso Ribeiro Bastos. Entre os estrangeiros, receberam especial atenção Marcelo Caetano (português, já falecido), Eduardo García de Enterría e Tomás Ramón Fernandes (espanhóis).

Valiosíssimos para a Comissão foram, igualmente, o Código de Procedimento Admi-nistrativo de Portugal (Decreto-Lei nº 442/91) e o Estatuo das Empresas Públicas, também de Portugal (Decreto-Lei nº 260/76, de 08 de abri), e a *Ley 30/1992, de 26 de noviembre, de regimen Jurídico de lãs Administraciones Públicas y Del Procedimiento Administrativo Compún*, bem como a *Ley Del Procediemento Administrativo, de 17 de julho de 1958*, ambas espanholas, cujos exemplares recebeu das respectivas Embaixadas, sem quaisquer entraves burocráticos ou de ordem.

Do Brasil, serviu-se a Comissão do Anteprojeto da Lei Orgânica da Administração Pública Federal, publciado na Revista do Serviço Público, ano 44, vol. 117, nº 2, set/dez de 1989; da Lei nº 8.112/90 (Estatuo dos Servidores Públicos Civis da união), além de outros textos da mesma origem legislativa.

Do Estado de Sergipe, finalmente, valeu-se a Comissão de leis de organização administrativa anteriores, sobretudo as Leis nº 2.410, de 14 de março de 1983, e 2.608, de 27 de fevereiro de 1987.

Ao final, não se afigura exagero, demasia ou extravagância, deixar anotado o ineditismo do documento entregue às mãos de Vossa Excelência. Realmente, e salvo equívoco do qual a Comissão desde logo se penitencia, não há no Brasil um único exemplar de lei com este objeto e com esta dimensão. Trata-se, assim, de uma verdadeira incursão por trilhas nunca antes percorridas entre nós. Não surpreenderá, portanto, que o Anteprojeto, em muitos aspectos, se ressinta de imperfeições, que só o tempo, a sua aplicação e a crítica dos especialistas poderão corrigir. Nada mais natural.

2. Formalmente, o Anteprojeto está assim dividido:
TÍTULO I – DA ADMINISTRAÇÃO PÚBLICA ESTADUAL
CAPÍTULO I – DO CONCEITO DOS OBJETIVOS FUNDAMENTAIS E DA
         ESTRUTURA (artigos 1º a 3º);
CAPÍTULO II – DOS PRINCÍPIOS GERAIS (artigo 4º);

CAPÍTULO III – DA ESTRUTURAÇÃO ADMINISTRATIVA DOS PODERES, DO
    MINISTÉRIO PÚBLICO E DO TRIBUNAL DE CONTAS
    (artigos 5º a 21);
Seção I – Da Direção Superior (artigos 5º a 7º);
Seção II – Da Administração Direta (artigos 8º a 10);
Seção III – Da Administração Indireta (artigos 11 a 16);
Subseção I – Das Entidades em Geral (artigos 11 a 15);
Subseção II – Da Criação das Empresas Públicas e Sociedades de Economia
    Mista (artigo. 16);
Seção IV – Das Deliberações (artigos 17 a 21);

CAPÍTULO IV – DAS TÉCNICAS DE GESTÃO (artigos 22 a 59);
Seção I – Das Disposições Preliminares (artigos 22 a 24);
Seção II – Do Planejamento (artigos 25 a 26);
Seção III Da Coordenação e da Articulação (artigos 27 e 28);
Seção IV – Da Supervisão (artigo. 29);
Seção V – Da Descentralização e da Desconcetração (artigos 30 a 34);
Seção VI – Do Controle (artigos 35 a 59);
Subseção I – Do Controle em Geral (artigos 35 a 37);
Subseção II – Do Controle Interno (artigos 38 a 50);
Subseção III – Do Controle Externo (artigos 51 a 59);

CAPÍTULO V – DOS SISTEMAS DE ATIVIDADES AUXILIARES (artigos 60 e 61);

CAPÍTULO VI – DAS FORMAS DE ATUAÇÃO ADMINISTRATIVA (artigos 62 a 99);
Seção I – Das Formas em Geral (artigo. 62);
Seção II – Do Ato Administrativo (artigos 63 a 89);
Subseção I Das Disposições Preliminares (artigo 63);
Subseção II – Da Existência, da Validade, da Eficácia e da Executoriedade do
    Ato Administrativo (artigos 64 a 67);
Subseção III – Dos Requisitos de Validade do Ato Administrativo (artigos 68 a 73);
Subseção IV – Da Invalidade do Ato Administrativo (artigos 74 a 77);
Subseção V – Da revogação do Ato Administrativo (artigos 78 a 84);
Subseção VI – Do Ato Administrativo Dependente da Vontade do Interessado
    (artigos 85 a 86);
Subseção VII – Do Ato Administrativo de Controle (artigos 87 e 88);
Subseção VIII – Do Ato Administrativo Instrumental de Outro Ato (artigo 89);
Seção III Do Regulamento (artigos 90 a 98);
Seção IV – Do Contrato ou do Convênio (artigo 99);

CAPÍTULO VII – DOS BENS PÚBLICOS (artigos 100 a 106);

CAPÍTULO VIII – DAS RELAÇÕES ENTRE A ADMINISTRAÇÃO E OS
    ADMINISTRADOS (artigos 107 a 144);
Seção I – Dos Princípios Gerais (artigos 107 a 112);
Seção II – Do Procedimento Administrativo (artigos 113 a 144);
Subseção I – Das Disposições Preliminares (artigo 113);
Subseção II – Dos Princípios Específicos (artigo. 114);
Subseção III – Dos Casos de Instauração Obrigatória do Procedimento (artigo 115);
Subseção IV – Do Curso do Procedimento (artigos 116 a 133);

Subseção V – Do Regime dos Prazos (artigos 134 a 140);

Subseção VI – Da Notificação (artigos 141 a 144);

CAPÍTULO IX – DAS RELAÇÕES ENTRE A ADMINISTRAÇÃO E OS SERVIDORES PÚBLICOS CIVIS (artigos 145 a 161);

CAPÍTULO X – DAS RELAÇÕES DA ADMINISTRAÇÃO PÚBLICA ESTADUAL COM ADMINISTRAÇÕES DOS DEMAIS ENTES FEDERADOS (artigos 162 a 166);

TÍTULO II – DAS OUTRAS DISPOSIÇÕES (artigos 167 a 184);

CAPÍTULO I – DAS DISPOSIÇÕES GERAIS (artigos 167 a 179);

CAPÍTULO II – DAS DISPOSIÇÕES TRANSITÓRIAS (artigos 180 a 182);

CAPÍTULO III – DAS DISPOSIÇÕES FINAIS (artigos 183 e 184).

Ainda sob o aspecto formal, há de anotar-se que a Comissão cuidou de escrever o texto com respeitosa obediência aos rigores do vocabulário técnico-jurídico em matéria administrativa, sem chegar, todavia, ao tecnicismo exarcebado que acabaria por torná-lo inapreensível pelo homem comum, pouco ou nada familiarizado com o mundo dos homens de leis. Na medida do possível, buscou conciliar ambas as exigências, muito embora nunca esquecida da conhecida indagação feita pelo gênio de Jean Jacques Rosseau, nos seguintes termos: "Mas se é verdade que um grande príncipe é um homem raro, o que não será um grande legislador?" (Do Contrato Social, Livro II, capítulo VIII).

Não só isso.

Atenta o que, no Estado de Sergipe, não se editou até hoje lei Complementar dispondo sobre a elaboração, redação e consolidação das leis (parágrafo único do art. 54 da Constituição Sergipiana), a Comissão rompeu com os usos consagrados legislativamente e inovou na matéria, inspirando-se para tanto no Código Penal Brasileiro, no Código de Procedimento Administrativo de Portugal e na Lei espanhola de Regime Jurídico das Administrações Públicas e Procedimento Administrativo. Consistiu a novidade em dar nome aos artigos (escritos por extenso e não abreviadamente), no propósito de fazê-los cumprir idêntico papel dos títulos, capítulos, seções e subseções, o que equivale a dizer: ajudar a deduzir o objeto da norma; prestar relevante serviço à exegese; auxiliar muito à memória e facilitar a sua retenção, ademais de melhor propiciar a lembrança das regras a que se refere (Carlos Maximiliano, Hermenêutica e Aplicação do Direito, ed. Forense, 9ª edição, 1979, pág. 266). A conveniência e a oportunidade de semelhante técnica parecem evidentes em si mesmas, somente comparáveis ao ingente esforço no aplicá-la, caso a caso.

Quanto ao emprego freqüente de definições no anteprojeto, não resultou nem de malsã tentativa de transformá-lo em manual teórico, nem de apropriação dos domínios tradicionalmente reservados à doutrina, vigilantemente ciosa deles. Cogitou a Comissão, isto, sim, de homenagear a segurança, com o valor textualmente referido no *caput* do art. 5º da Constituição Federal. Com efeito, se é verdadeiro que a definição limita, ademais de criar os riscos dos espaços negativos, com o que muitas vezes se poderia excluir hipótese possível de ser acobertada pelo conceito, não menos verdadeiro é que a definição legal é a única que obriga, o que não se sucede com as opiniões doutrinárias, por aplaudido que seja o doutrinador. A definição legal tem, quando menos, o mérito de dissipar incertezas, habitualmente presentes quando os especialistas divergem entre si, inquietando e afligindo o leitor. E no Direito Administrativo Brasileiro, pode-se dizer, sem perigo da aleivosia, que as definições se contam pelo número de cabeças que as ofereceram. Enfim, se a lei definir, e pode até definir mal, a doutrina cessa o passo. Prevalece o que está escrito na lei. Além do que, no preparo dos textos legais é comum que os seus autores se orientem também por critérios de utilidade social. As definições constantes do documento obedeceram obsequiamente a essa inspiração.

Com a entrega do Anteprojeto a Vossa Excelência, a Comissão dá por concluído o seu trabalho, com gratificante certeza de haver contribuído para o cumprimento de importantíssimo item do seu programa de governo, o respeitante à modernização administrativa do Estado de Sergipe.

No mais, a Comissão não teve outras razões senão as de sentir-se distinguida com a designação de Vossa Excelência para a realização de tarefa de tamanha complexidade e delicadeza.

Com protestos de respeito e consideração, a Comissão.

MANOEL PASCOAL NABUCO DÁVILA
Procurador de justiça
Procurador-Geral do Estado

DEOCLÉCIO VIETRA FILHO
Procurador do Estado
Subsecretário de Estado da Casa Civil

RITA DE CÁSSIA ANDRADE DE SOUZA
Procuradora do Estado
Subprocuradora-Geral do Estado

CARLOS AUGUSTO ALCÂNTARA MACHADO
Promotor de Jutiça

CARLOS AUGUSTO AYRES DE FREITAS BRITTO
Procurador de justiça

JOSÉ SÉRGIO MONTE ALEGRE
Procurador de justiça
Relator-Geral

Aracajú, de abril de 1996.

4.2. Lei Complementar nº 33, de 26 de dezembro de 1996

Institui o Código de Organização e de Procedimento da Administração Pública do Estado de Sergipe

O GOVERNADOR DO ESTADO DE SERGIPE,

Faço saber que, iniciando o processo legislativo e havendo a Assembléia Legislativa aprovado a iniciativa, eu sanciono, sob a forma de Lei Complementar, o seguinte Código de Organização e de Procedimento da Administração Pública do Estado de Sergipe.

TÍTULO I
DA ADMINISTRAÇÃO PÚBLICA ESTADUAL

CAPÍTULO I
DO CONCEITO, DOS OBJETIVOS FUNDAMENTAIS E DA ESTRUTURA

Art. 1º Do Conceito

Entende-se por Administração Pública Estadual o conjunto de órgãos e entidades criados para o desempenho da função administrativa do Estado de Sergipe.

Parágrafo único. Integram também a Administração Pública Estadual as entidades de direito privado, criadas pelo Estado para exploração de atividade econômica.

Art. 2º Dos Objetivos Fundamentais

A Administração Pública Estadual terá por objetivos fundamentais:

I – a construção de uma sociedade estadual livre, justa e solidária;

II – a garantia do desenvolvimento estadual;

III – a erradicação da pobreza e da marginalização e a redução das desigualdades sociais e regionais, no âmbito territorial do Estado;

IV – a promoção do bem de todos, sem preconceitos de origem, raça, sexo, cor, idade, religião e quaisquer outras formas de discriminação sem causa.

Parágrafo único. O alcance dos objetivos fundamentais da Administração Pública Estadual far-se-á pela priorização dos seguintes meios operacionais:

I – combate sistemático à sonegação tributária e à improbidade administrativa;

II – controle popular dos atos administrativos;

III – valorização dos servidores públicos;

IV – adoção de plano de carreira dos servidores públicos civis;

V – precedência da administração fazendária e de seus servidores fiscais, dentro das respectivas áreas de competência e jurisdição administrativa, sobre os demais setores administrativos;

VI – melhoria dos padrões de atendimento ao público, notadamente nas áreas de saúde e educação;

VII – controle dos elementos causadores de degradação do meio ambiente.

Art. 3º Da Estrutura

A Administração Pública Estadual compõe-se:

I – da Administração Direta, constituída por órgãos que se integram na estrutura administrativa do Poder Legislativo, do Poder Executivo, do Poder Judiciário, do Ministério Público e do Tribunal de Contas do Estado;

II – da Administração Indireta, constituída pelas seguintes entidades que se integram na estrutura administrativa do Poder Executivo do Estado:

– autarquias;

– fundações públicas;

– empresas públicas;

– sociedade de economia mista;

– demais entidades sob controle direto ou indireto do Estado.

CAPÍTULO II
DOS PRINCÍPIOS GERAIS

Art. 4º De Enunciação

A Administração Pública Estadual, no desempenho da função administrativa, reger-se-á pelos princípios gerais:

I – do Estado de Direito, significando a conformação da função administrativa ao direito positivo e à revisão judicial dos atos que a expressam;

II – da legalidade, significando a estrita submissão da função administrativa à lei, sem desvios ou abusos de competência, e unicamente para a realização do específico interesse público que determinou a outorga dessa mesma competência;

III – da impessoalidade, significando o exercício da função administrativa de modo a não configurar promoção pessoal de agentes ou autoridades públicas, nem discriminações constitucionalmente injustificadas;

IV – da moralidade, significando o dever de conformar a função administrativa aos padrões ético-constitucionais de probidade, decoro e boa-fé;

V – da publicidade, significando a adequada divulgação oficial dos atos de individualização da função administrativa, para conhecimento dos seus específicos destinatários, do público em geral, e para a produção dos efeitos que lhes são próprios;

VI – da proporcionalidade, significando que, no desempenho da função administrativa suscetível de agravar a situação jurídica dos administrados, somente se adotarão providências cujas extensão e intensidade sejam indispensáveis para a realização do correspondente interesse público;

VII – da motivação, significando a obrigatória explicitação das razões de fato e de direito que autorizam ou determinam o exercício da função administrativa;

VIII – da supremacia do interesse público, significando a prevalência dessa interesse sobre o meramente individual ou corporativo, se incompatíveis, assegurando-se a estes, quando for o caso, as compensações previstas em lei;

Curso de Processo Administrativo

IX – da indisponibilidade do interesse público, significando a vedação de qualquer comportamento administrativo que importe renúncia total ou parcial de poderes, salvo autorização legal;

X – da revisão, significando o reexame dos atos administrativos independentemente de provocação, para invalidá-los sempre que praticados em desconformidade à ordem jurídica, salvo nos casos de prescrição, decadência ou grave comprometimento à segurança das relações jurídicas, objetivamente demonstrado, ou revogá-los por inconveniência ou inoportunidade;

XI – da decisão executória, significando a execução das decisões administrativas sem a necessidade de uso prévio da via judicial, desde que prevista em lei ou quando o ingresso em juízo for manifestamente incompatível com a preservação do interesse público em causa;

XII – da responsabilidade patrimonial, significando que as pessoas jurídicas de direito público e as de direito privado prestadoras de serviços públicos responderão pelos danos que seus agentes, nessa qualidade, causarem a terceiros, assegurando o direito de regresso contra o agente responsável nos casos de dolo ou culpa.

§ 1º A enunciação dos princípios constantes deste artigo não exclui outros, deles decorrentes, ou resultantes do regime e dos princípios adotados pela Constituição da República Federativa do Brasil e pela Constituição do Estado de Sergipe.

§ 2º Os princípios de que trata este artigo, à exceção dos referidos nos incisos X e XI do seu *caput*, são extensivos às entidades estatais exploradoras de atividade econômica.

CAPÍTULO III
DA ESTRUTURAÇÃO ADMINISTRATIVA DOS PODERES
DO MINISTÉRIO PÚBLICO E DO TRIBUNAL DE CONTAS

Seção I
Da Direção Superior

Art. 5º Da Direção na Administração Direta

A Administração Estadual Direta será superiormente dirigida:

I – no âmbito do Poder Executivo, pelo Governador do Estado;

II – no âmbito do Poder Legislativo, do Poder Judiciário, do Ministério Público e do Tribunal de Contas do Estado, nos termos da legislação própria de cada um desses Poderes ou Órgãos.

Art. 6º Da Direção na Administração Indireta

A Administração Indireta, no âmbito do Poder Executivo, será superiormente dirigida pelo Governador do Estado.

Art. 7º Dos Auxiliares Imediatos

Como dirigente superior da Administração Pública Direta e Indireta do Poder Executivo, o Governador será imediatamente auxiliado pelos Secretários de Estados, pelo Procurador-Geral e pelo Defensor-Geral do Estado.

Parágrafo único. Pelos atos que referendarem, nas respectivas áreas de competência, os Secretários de Estado, o Procurador-Geral e o Defensor-Geral do Estado responderão solidariamente com o Governador.

Seção II

Da Administração Direta

Art. 8º Da Composição

A Administração Estadual Direta compreende:

I – no âmbito do Poder Executivo, os órgãos integrados na estrutura administrativa da Governadoria, das Secretarias, da Procuradoria-Geral e da Defensoria-Geral do Estado; e

II – no âmbito dos Poderes Legislativo e Judiciário, assim como do Ministério Público e do Tribunal de Contas, os indicados na legislação própria de cada um desses Poderes ou Órgãos.

Art. 9º Da Criação dos Órgãos

Os Órgãos da Administração Direta dos Poderes Executivo e Judiciário serão criados por lei específica e os do Poder Legislativo por decreto legislativo específico, dos quais constarão a denominação, a estrutura, as atribuições e competências, bem como os cargos, funções e respectivas remunerações.

Parágrafo único. Nos órgãos estruturados sob forma colegiada, será assegurada a participação das entidades legalmente representativas dos servidores estaduais diretamente interessados na discussão e deliberação dos temas de natureza profissional e previdenciária.

Art. 10. Da Hierarquia

Os órgãos da Administração Direta relacionam-se entre si por vínculos hierárquicos, conforme o disposto no art. 5º deste Código.

Seção III

Da Administração Indireta

Subseção I

Das Entidades em Geral

Art. 11. Da Criação e da Extinção das Entidades

As entidades da Administração Indireta, inclusive as subsidiárias, serão criadas por lei específica, da qual constarão a denominação, a estrutura, as atribuições e competências, e, sempre que se tratar de autarquias e fundações públicas, constarão também os cargos, funções e respectivas remunerações.

§ 1º Também por lei específica é que se promoverá a transformação, fusão, cisão, incorporação, privatização ou extinção de qualquer das entidades da Administração Indireta, inclusive as subsidiárias, após obedecidos os critérios de comprovação de relevante interesse público em parecer fundamentado do órgão de planejamento do Poder ao qual pertença a entidade.

§ 2º Os atos de que trata o § 1º deste artigo, quando relativos às empresas públicas, sociedades de economia mista e demais entidades controladas direta ou indiretamente pelo Estado, serão complementados nos termos das leis civis e comerciais, conforme o caso.

§ 3º A personalidade jurídicas das autarquias e fundações públicas será conferida pelas respectivas leis de criação, devendo seus estatutos ser aprovados por Decreto, quando a entidade pertencer ao Poder Executivo, ou por Ato da respectiva Mesa, quando pertencer ao Poder Legislativo ou Judiciário.

Art. 12. Das Características Centrais

Curso de Processo Administrativo

São características centrais das entidades da Administração Indireta, além da criação, estruturação, denominação e fixação de atribuições e competências por lei específica:
I – autarquias:
– personalidade de direito público;
– patrimônio, receita e quadro de pessoal próprios;
– desempenho de atividades exclusivamente públicas, inseridas nas atribuições constitucionais do Estado de Sergipe.
II – fundações públicas:
– personalidade de direito público;
– patrimônio próprio, formado por bens originariamente livres do Estado de Sergipe, ou do Estado de Sergipe e de outras fontes, para assegurar a realização do fim específico da entidade;
– desempenho de atividade que, suscetível de execução também pelo setor privado, corresponda a um dever constitucional do Estado de Sergipe;
receita e quadro de pessoal próprios.
III – empresas públicas:
– personalidade de direito privado;
– organização sob qualquer das formas admitidas em direito;
– capital exclusivo do Estado ou em participação com o de outras pessoas estatais ou de entidades da respectiva Administração Indireta, desde que a maioria do capital seja do próprio Estado de Sergipe;
– receita e quadro de pessoal próprios.
IV – sociedades de economia mista:
– personalidade de direito privado;
– organização sob a exclusiva forma de sociedade anônima;
– capital formado por associação entre o Estado de Sergipe ou qualquer de suas entidades da Administração Indireta e a iniciativa privada, ficando com o próprio Estado ou com a sua entidade a maioria das ações com direito a voto;
– receita e quadro de pessoal próprios.
Art. 13. Da Autonomia
As entidades da Administração Indireta serão dotadas de autonomia administrativa, patrimonial e financeira.
Parágafo único. Para os fins da coordenação, supervisão e controle de que trata o Capítulo IV deste Título, as entidades da Administração Indireta vincular-se-ão às Secretárias de Estado ou aos órgãos da Administração Direta que por essas técnicas de gestão sejam responsáveis perante o Governador do Estado ou o Chefe de Poder, em cuja área de atribuições estiver enquadrada sua principal atividade.
Art. 14. Da Exploração de Atividade Econômica
A exploração de atividade econômica, por entidades da Administração Pública Estadual, só será admitida por imperativo de segurança do Estado, ou para a realização de relevante interesse coletivo, conforme definidos em lei.
§ 1º A criação de subsidiárias das entidades a que se refere este artigo só poderá ocorrer quando houver correlação de fins.
§ 2º Dependerá de lei específica a participação do Estado ou de suas empresas públicas ou sociedades de economia mista no capital de empresa privada.

§ 3º A empresa pública, a sociedade de economia mista e outras entidades que explorem atividade econômica, sujeitam-se ao regime jurídico próprio das empresas privadas, inclusive quanto às obrigações trabalhistas e tributárias.

§ 4º As empresas públicas e as sociedades de economia mista não poderão gozar de privilégios fiscais não extensivos às do setor privado.

Art. 15. Da Especialidade dos Fins

As entidades da Administração Indireta somente poderão atuar no âmbito da sua competência e unicamente para a realização dos fins que inspiraram a sua criação.

Subseção II

Da Criação das Empresas Públicas e Sociedades de Economia Mista

Art. 16. Da Criação

As empresas públicas e as sociedades de economia mista e respectivamente subsidiárias, somente serão criadas mediante proposta em que fique evidenciada a sua viabilidade técnica, administrativa e econômico-financeira.

§ 1º A proposta de criação será formalizada por órgão colegiado de no mínimo 5 (cinco) membros profissionalmente qualificados, designados pelo Governador do Estado, devendo um deles, pelo menos, ser estranho aos quadros da Administração Pública.

§ 2º A lei de criação da empresa pública e da sociedade de economia mista, e de suas subsidiárias, deverá conter as seguintes especificações mínimas:

I – denominação, que, no caso de empresa pública, será sempre precedida da expressão Empresa Pública, por extenso ou abreviadamente (E.P.);

II – sede e objeto;

III – constituição, competência e funcionamento dos seus órgãos;

IV – Secretaria de Estado a que se achem vinculadas para efeito de controle, inclusive mediante recurso administrativo;

V – técnicas de controle de gestão que permitam, sobretudo, uma correta formulação das políticas institucionais e a subsequente avaliação dos seus resultados;

VI – regime fiscal da entidade e participação do Estado nos resultados obtidos;

VII – normas especiais de acautelamento de decisões relativas a investimentos, fazendo-as preceder e acompanhar de estudos e avaliações demonstrativas da relação custo-benefício econômico-social, visando a mais razoável utilização dos recursos disponíveis;

VIII – normas sobre a aplicação de excedentes econômicos e financeiros, para garantia da manutenção do normal processo de expansão da entidade;

IX – regime jurídico do seu pessoal, com exigência de prévia aprovação em concurso público de provas, ou de provas e títulos, para provimento dos respectivos empregos, salvo o dos empregos de confiança, e observado o disposto no § 1º do art. 152 deste Código;

X – formas adequadas de participação dos servidores na gestão e no controle da entidade;

XI – normas disciplinadoras de prestação de contas da entidade;

XII – princípios de gestão;

XIII – formas de extinção;

XIV – a finalidade e o âmbito de intervenção do Governo do Estado na entidade;

XV – limite das despesas com pessoal ativo e inativo, que não poderá exceder ao fixado em Lei Complementar para o Estado de Sergipe, nos termos do art. 169 da Constituição Federal, com as adaptações que se fizerem necessárias;

XVI – limite das despesas com publicidade, em cada exercício financeiro;

XVII – quadro geral de pessoal, compreendendo todos os empregos, inclusive os de confiança e as funções gratificadas;

XVIII – sujeição às normas gerais de licitação e contratação.

§ 3º As empresas públicas, as sociedades de economia mista e suas subsidiárias poderão ser criadas para prestação de serviços públicos ou para a exploração de atividade econômica.

§ 4º A lei a que se refere o § 2º deste artigo não poderá, sob qualquer pretexto, delegar ao Poder Executivo a competência para disciplinar as especificações mínimas ali referidas.

§ 5º As empresas públicas, sociedades de economia mista e subsidiárias, que explorem serviços públicos estaduais, o farão na qualidade de delegadas do Poder Público, e não de concessionárias ou permissionárias.

§ 6º Observado o disposto no *caput* e nos parágrafos anteriores deste artigo, os estatutos ou atos constitutivos serão elaborados de forma a possibilitar a sua adequação às características da atividade desenvolvida pela empresa pública, sociedade de economia mista ou sua subsidiária.

Seção IV

Das Deliberações

Art. 17. Da Autonomia

As deliberações das entidades da Administração Indireta somente serão suspensas, alteradas ou desfeitas nos casos e formas previstos nesta e em outras leis.

Art. 18. Dos Impedimentos

Nenhum dirigente de órgão ou entidades da Administração Pública Estadual poderá deliberar a respeito de matérias em que tenha interesse, ou relativamente às quais sejam interessados cônjuge, parentes consaguíneos, ou afins, em linha reta ou até o terceiro grau da linha colateral, ou por adoção.

Parágrafo único. Os impedimentos a que se refere este artigo estendem-se ao companheiro, conforme definido em lei.

Art. 19. Do Indeferimento ou Arquivamento Tático

Todo órgão ou entidade da Administração Pública Estadual é obrigado a deliberar sobre petições, representações ou reclamações que lhe sejam endereçadas por particulares, em matéria da sua competência, no prazo de 30 (trinta) dias contados da data de protocolo na respectiva repartição, salvo disposição legal em contrário.

Parágrafo único. A falta de deliberação no prazo referido neste artigo equivale a indeferimento ou arquivamento para fins de impugnação, salvo nos casos previstos em lei.

Art. 20. Da Fundamentação das Decisões

As deliberações de órgãos e entidades da Administração Pública Estadual sobre petições, representações ou reclamações de particulares serão motivadas, nos termos deste Código, ressalvada a hipótese prevista no artigo anterior.

Art. 21. Da Publicação

Na Administração Pública Estadual, as deliberações de efeito externo serão publicadas no Diário Oficial do Estado, na íntegra ou resumidamente.

CAPÍTULO IV
DAS TÉCNICAS DE GESTÃO
Seção I
Das Disposições Preliminares

Art. 22. Da Discriminação

As ações da Administração Pública Estadual, visando alcançar os objetivos fundamentais estabelecidos no art. 2º deste Código, observarão as seguintes técnicas de gestão;

I – planejamento;

II – coordenação e articulação;

III – supervisão;

IV – descentralização e desconcentração;

V – controle.

Art. 23. Das Finalidades

As técnicas de gestão deverão ser observadas pelos órgãos e entidades da Administração Pública Estadual, especialmente para os seguintes fins:

I – a eficiente execução dos programas oficiais de trabalho e a observância das normas legais que disponham sobre a atividade própria do órgão ou da entidade;

II – a boa e correta aplicação e guarda dos dinheiros, bens e valores do Estado e de qualquer das suas entidades;

III – o irrestrito respeito aos direitos individuais, coletivos e difusos, constitucional ou legalmente assegurados.

Art. 24. Da Responsabilidade pela Aplicação

A aplicação das técnicas de gestão, na Administração Pública Estadual, ficará a cargo:

I – dos Secretários de Estado, quanto às entidades da Administração Indireta e órgãos do Poder Executivo, à exceção da Procuradoria-Geral e da Defensoria-Geral do Estado;

II – do Procurador-Geral e do Defensor-Geral do Estado, quanto aos órgãos constitutivos da Procuradoria-Geral e da Defensoria-Geral do Estado, respectivamente;

III – dos dirigentes superiores, na forma do inciso II do art. 5º deste Código, quanto aos órgãos administrativos do Poder Legislativo e do Poder Judiciário, assim como do Ministerio Publico e do Tribunal de Contas do Estado, respectivamente, no que couber.

§ 1º No âmbito das respectivas competências, os Secretários, o Procurador-Geral e o Defensor-Geral do Estado expedirão instruções para a execução das leis, decretos e regulamentos estaduais.

§ 2º Os dirigentes e chefes, em todos os níveis hierárquicos da Administração Pública Estadual, responderão solidariamente pela inobservância das técnicas de gestão de que trata este Capítulo.

Seção II
Do Planejamento

Art. 25. Dos Objetivos e Instrumentos

A ação governamental, em todos os órgãos e entidades da Administração Direta e Indireta, do Poder Executivo Estadual, obedecerá a planejamento que objetive promover o desenvolvimento econômico e social do Estado, e compreenderá a elaboração, acompanhamento e avaliação dos seguintes instrumentos, devidamente integrados:

I – plano plurianual;

II – diretrizes orçamentárias;

III – Orçamentos anuais

IV – planos e programas estaduais, regionais e, se for o caso, setoriais.

Art. 26. Das Funções

Entre as funções de planejamento incluem-se:

I – a identificação dos aspectos de planejamento institucional necessários para atingir os objetivos e metas governamentais;

II – a análise de viabilidade técnico-administrativa dos programas e projetos constitutivos dos instrumentos de planejamento;

III – o acompanhamento e avaliação da execução dos programas e projetos referidos no inciso II deste artigo;

IV – a verificação e a realização de ajustes necessários à consecução dos objetivos e metas previstas nos programas e projetos a que se referem aos anteriores incisos deste artigo.

Parágrafo único. Deverá constar dos planos e programas governamentais a indicação dos órgãos e entidades responsáveis pela sua execução.

Seção III
Da Coordenação e da Articulação

Art. 27. Do Objetivo

As ações da Administração Pública Estadual e, especialmente, a execução dos planos e programas de Governo, serão desenvolvidos de maneira coordenada e articulada, objetivando a otimização dos seus recursos humanos e materiais.

§ 1º Os atos que instituírem planos e programas deverão estabelecer a quem caberá a coordenação geral, regional e, se for o caso, setorial.

§ 2º Quando não ficar expressamente estabelecido a quem competirá a coordenação de que trata este artigo, a mesma será atribuição do órgão de planejamento da Administração Pública Estadual.

Art. 28. Da Atuação Articulada

Sem prejuízo da hierarquia, do controle e da orientação técnica, considerar-se-ão articulados entre si, em consonância com os respectivos fins, para efeito de atuação conjunta, os órgãos e entidades da Administração Pública Estadual, visando a eliminar a dispersão de esforços e a duplicidade de ações.

§ 1º Os órgãos e entidades que operem numa mesma área territorial do Estado deverão atuar de forma coordenada e articulada, com o objetivo de assegurar a programação e a execução integrada dos serviços estaduais.

§ 2º Os órgãos e entidades estaduais que exerçam atividades ou ações assemelhadas às de seus congêneres federais ou municipais, numa mesma área territorial do Estado, deverão com eles articular-se para uma atuação conjunta, buscando evitar dispersão de esforços e de recursos.

Seção IV
Da Supervisão

Art. 29. Do Objetivo

Os órgãos da Administração Direta e as entidades da Administração Indireta, do Poder Executivo Estadual, estão sujeitos à supervisão tendo por objetivo:

I – a observância da correspondente legislação e dos objetivos fundamentais da Administração;

II – a execução dos programas governamentais;

III – a coordenação dos órgãos e entidades supervisionados, para harmonia de atuação conjunta;

IV – a avaliação da gestão administrativa;

V – a fiscalização da aplicação, utilização e guarda de dinheiros, bens e valores públicos;

VI – a economicidade na prestação dos serviços;

VII – a realização dos objetivos previstos nos atos constitutivos dos órgãos e das entidades;

VIII – a harmonização da atuação das entidades com a política e a programação governamentais;

IX – a eficiência da gestão dos órgãos e das entidades;

X – a autonomia administrativa, patrimonial e financeira das entidades.

Parágrafo único. A supervisão cabe aos Secretários de Estado ou autoridades que pela mesma sejam responsáveis perante o Governador do Estado, de acordo com as respectivas áreas de competências em que se enquadrem as atividades dos órgãos subordinados e das entidades vinculadas.

Seção V
Da Descentralização e da Desconcentração

Art. 30. Do Objetivo

A descentralização e a desconcentração têm por objetivo possibilitar maior agilidade às decisões, bem como situar os serviços e as funções o mais próximo possível dos administrados, dos fatos, das necessidades que precisem ser atendidas ou dos problemas que devam ser resolvidos.

Art. 31. Dos Planos de Prática da Descentralização

A descentralização deverá ser posta em prática nos seguintes planos:

I – da Administração Estadual Direta para a Indireta;

Curso de Processo Administrativo

II – da Administração Estadual para as Administrações Municipais;

III – da Administração Estadual para a iniciativa privada.

Art. 32. Dos Planos de Prática da Desconcentração

A desconcentração deverá ser posta em prática nos seguintes planos:

I – dentro dos níveis hierárquicos da Administração Estadual;

II – dentro das atividades enquadradas nas respectivas áreas de competências das Secretarias de Estado e de outros órgãos que lhes sejam equivalentes;

III – dentro de áreas geográficas situadas no território estadual.

Art. 33. Da Atribuição de Prestação de Serviços a Terceiros

O Estado poderá atribuir a prestação de serviços públicos:

I – a particulares, sob o regime de concessão ou de permissão, nos termos previstos em lei, sempre, porém, através de licitação;

II – a entidades de Administrações Municipais, mediante autorização legislativa, que fixe os termos das relações entre o Estado e a entidade, no que se refere à prestação do serviço, à remuneração, à fiscalização, à vigência ou validade, e à rescisão do respectivo instrumento;

III – a entidades da própria Administração Estadual Indireta, independentemente de licitação, quando autorizado por lei, que fixe os termos das relações entre o Estado e a entidade, quanto ao modo de prestação do serviço, de remuneração e de fiscalização.

Art. 34. Da Execução de Programas por outros Órgãos ou Entidades

Ressalvados os casos de manifesta impraticabilidade ou inconveniência, a execução de programas estaduais de caráter nitidamente local poderá ser atribuída a órgãos ou entidades municipais incumbidas de serviços iguais ou assemelhados.

Parágrafo único. Os órgãos e entidades estaduais responsáveis pelos programas cuja execução tenha sido atribuída a outros, conforme previsto no *caput* deste artigo, exercerão o necessário controle e a indispensável fiscalização sobre a mesma execução, devendo a liberação de recursos ser condicionada ao fiel cumprimento dos objetivos e metas previstos no respectivo instrumento de atribuição.

Seção VI

Do Controle

Subseção I

Do Controle em Geral

Art. 35. Do Conceito

Para os fins deste Código, entende-se por controle o conjunto de meios destinados a exercer vigilância, orientação e correção da atuação da Administração Pública Estadual.

Parágrafo único. No âmbito da Administração Pública Estadual, o controle, que se exercitará em todos os órgãos e entidades e em todos os níveis, resultará:

I – da hierarquia, abrangendo aspectos de legalidade, de oportunidade e de conveniência da atuação administrativa;

II – da vinculação administrativa, nos termos da lei de criação das entidades da Administração Indireta.

Art. 36. Da Finalidade

O controle terá por fim assegurar, especialmente, os princípios constitucionais da impessoalidade, publicidade, moralidade e legalidade, prevenindo e corrigindo eventuais atos lesivos aos administrados, a estes e à Administração reciprocamente, ou somente à Administração.

§ 1º O controle será exercido pela Administração, de ofício ou mediante provocação dos administrados.

§ 2º Para estimular o controle mediante provocação, a Administração deverá:

I – divulgar, regular e periodicamente, os meios de controle à disposição dos administrados, como e quando poderão ser utilizados;

II – incentivar os administrados, inclusive com prêmios ou recompensas, a participar do controle da atuação administrativa;

III – assegurar celeridade no exercício do controle, devendo comunicar oficialmente, a quem o provocou, quais as providências adotadas e os resultados obtidos.

Art. 37. Das Modalidades

São modalidades de controle da atuação administrativa:

I – o controle interno à própria Administração;

II – o controle externo exercido pelo Poder Legislativo, com o auxílio do Tribunal de Contas, quando for o caso, sobre as matérias indicadas na Constituição Estadual;

III – o controle externo exercido pelo Poder Judiciário.

§ 1º O controle interno terá natureza meramente administrativa e em nenhuma hipótese a decisão da Administração terá os atributos da coisa julgada, embora se torne definitivamente administrativamente.

§ 2º A todos que participem da atividade de controle da Administração serão asseguradas as garantias próprias a quantos se encontrem na situação de defesa de direitos lesados, ou ameaçados de lesão, ou na de denunciante de atuações administrativas em desacordo com este Código.

§ 3º O controle será feito sob as formas preventiva, concomitante e subsequente à atuação administrativa, e abrangerá aspectos de oportunidade, conveniência e legalidade, ou apenas de legalidade, conforme o caso, sem prejuízo do disposto no *caput* do art. 56 deste Código.

Subseção II
Do Controle Interno

Art. 38. Dos Meios de Controle Interno

O controle interno será feito, basicamente:

I – pela fiscalização hierárquica;

II – pelo recurso administrativo;

III – pelas prestações ou tomadas de contas, nos casos e formas previstos em lei.

Art. 39. Da Fiscalização Hierárquica

A fiscalização hierárquica será exercida pelos órgãos superiores sobre os que lhes sejam subordinados, de forma permanente, independentemente de ordem ou solicitação.

§ 1º Para o fim do disposto no *caput* deste artigo, o superior hierárquico velará, principalmente:

I – pela execução adequada dos programas a cargo do órgão subordinado;

Curso de Processo Administrativo

II – pela observância das leis, regulamentos, instruções e demais normas a que se sujeite a atividade específica do órgão controlado;

III – pelo acompanhamento da execução das atribuições desempenhadas pelos órgãos subordinados, de modo a orientá-los no sentido do aprimoramento do serviço e aumento da produtividade, elevando os níveis de eficiência.

§ 2º As ordens e instruções expedidas pelo órgão controlador, se manifestamente ilegais, não obrigarão o controlado, assegurado a este, em caso de dúvida fundada, solicitar daquele que as expeça por escrito. Não será lícito, entretanto, ao órgão controlado recusar-lhes cumprimento por razões de oportunidade e conveniência.

§ 3º Desde que previsto em lei, o superior hierárquico poderá avocar atribuições originariamente cometidas a um seu subordinado, que, neste caso, ficará desonerado de toda e qualquer responsabilidade pelo que a respeito vier a ser resolvido.

Art. 40. Do Recurso Administrativo

Considera-se recurso administrativo qualquer meio capaz de propiciar a revisão das decisões da Administração Pública Estadual, a fim de confirmá-las ou desconfirmá-las, total ou parcialmente.

Art. 41. Da Interposição do Recurso

O recurso será interposto voluntariamente pelos interessados, salvo quanto ao hierárquico, que poderá ser interposto também pelo próprio agente que proferiu a decisão recorrida, conforme dispuser a lei.

Art. 42. Da Fundamentação das Decisões

A decisão do recurso será fundamentada, podendo a autoridade competente para decidi-lo, a título de fundamentação, aceitar as razões do recorrente, as informações do recorrido ou de órgãos técnicos que se manifestarem nos respectivos autos, ou motivá-las com razões próprias.

Parágrafo único. A autoridade ou órgão competente para conhecer e decidir o recurso, gozará de ampla liberdade de reexame do ato recorrido, sendo-lhe lícito, inclusive, agravar os efeitos da decisão recorrida.

Art. 43. Da Inexigibilidade de Garantia de Instância

Para efeito de interposição do recurso administrativo, não será exigida garantia de instância, seja qual for a sua modalidade.

Art. 44. Da Omissão ou Recusa de Prática de Ato

Admitir-se-á recurso administrativo para suprir omissão ou recusa da autoridade em praticar o ato requerido.

Art. 45. Dos Efeitos do Recurso

O recurso administrativo terá com efeito normal o devolutivo, admitindo-se, como exceção, o efeito suspensivo, quando interposto por servidor público e nos demais casos previstos em lei específica.

§ 1º Para os fins do disposto no *caput* deste artigo, entende-se por:

I – efeito devolutivo, aquele que não impede a execução do ato recorrido enquanto não decidida a matéria versada no recurso, cessando, a partir da interposição deste, a competência da autoridade recorrida para pronunciar-se sobre a matéria em questão.

II – efeito suspensivo, aquele que impede a execução do ato recorrido enquanto não decidida a matéria versada no recurso.

§ 2º Com o fim de prevenir lesões de difícil, incerta, impossível ou retardada reparação ao recorrente ou à Administração Pública Estadual, a autoridade competente poderá, no despacho de recebimento do recurso, e motivamente, declarar que o recebe no efeito suspensivo.

Art. 46. Da Intervenção de Terceiro

Será assegurada a intervenção de terceiro no recurso administrativo sempre que a decisão for suscetível de lhe causar dano material ou moral.

Parágrafo único. A intervenção de terceiro dar-se-á por iniciativa própria, ou, quando previamente conhecido, por obrigatória notificação da Administração, aplicando-se-lhe, no que couber, as normas previstas nos artigos anteriores.

Art. 47. Da Desistência e da Renúncia do Recurso

A parte poderá desistir do recurso ou a ele renunciar, expressa ou tacitamente.

Parágrafo único. A desistência ou a renúncia do recurso não liberará a autoridade competente do dever de apurar os fatos, sempre que a matéria exceder o âmbito dos direitos disponíveis de quem o interpôs.

Art. 48. Da Prevenção de Dano

Não sendo o caso de recurso, por não haver ainda ato de que se deseje recorrer, é assegurado a qualquer pessoa dirigir-se à Administração Pública Estadual, desde que o faça por escrito e fundamentadamente, para prevenir-se de iminente dano material ou moral.

Art. 49. Do Prazo Recursal

O prazo para a interposição de recursos administrativos será de 120 (cento e vinte) dias, salvo disposição legal em contrário.

Art. 50. Da Expiração do Prazo Recursal

É vedada à Administração Pública Estadual conhecer de recurso intempestivo, disso devendo dar ciência a quem o houver interposto.

§ 1º A critério da Administração, a vedação do *caput* deste artigo não se aplicará se ainda em curso o prazo para impugnação judicial e desde que não haja jurisprudência sumulada dos Tribunais Superiores contrária à pretensão do recorrente.

§ 2º Será lícito, ainda, à Administração receber o recurso interposto fora do prazo, se o ato recorrido for manifestamente ilegal.

Subseção III
Do Controle Externo

Art. 51. Da Sujeição ao Controle Externo

Os órgãos dos Poderes do Estado, as entidades da Administração Indireta, o Tribunal de Contas e o Ministerio Publico do Estado, estão sujeitos ao controle externo do Poder Legislativo e do Poder Judiciário, nas respectivas áreas de competências.

Art. 52. Do Controle Legislativo

O controle legislativo é o exercido pela Assembléia Legislativa sobre atos do Poder Executivo, inclusive os da Administração Indireta, do Tribunal de Contas e do Ministerio Publico Estadual.

Art. 53. Da Finalidade do Controle Legislativo

O controle Legislativo tem por finalidade assegurar a conformidade da atuação da Administração Pública aos objetivos fundamentais do Estado e da sociedade.

Art. 54. Dos Meios de Controle Legislativo

São meios de controle legislativo, além de outros previstos na Constituição e nas leis:

I – as verificações e conclusões de comissões parlamentares de inquérito;

II – os pedidos de informações;

III – a convocação de dirigentes de órgãos e entidades da Administração Direta e Indireta do Poder Executivo Estadual, inclusive de Secretários de Estado, do Tribunal de Contas e do Ministério Público Estadual;

IV – a co-participação no desempenho de atos da função administrativa;

V – o desempenho de função jurisdicional específica;

VI – a fiscalização em matéria contábil, financeira, orçamentária, operacional e patrimonial, de qualquer dos Poderes do Estado, do Tribunal de Contas, do Ministério Público Estadual, dos Órgãos da Administração Indireta e das entidades de direito privado criadas pelo Estado para exploração de atividade econômica.

Art. 55. Dos Limites do Controle Legislativo

O controle legislativo obedecerá aos limites previstos na Constituição Federal.

Art. 56. Da Fiscalização Contábil, Financeira, Orçamentária, Operacional e Patrimonial.

A fiscalização contábil, financeira, orçamentária, operacional e patrimonial do Estado e das entidades da Administração Estadual Indireta, quanto à legalidade, legitimidade, economicidade e razoabilidade, assim como da aplicação das subvenções e renúncias de receitas, será exercida pela Assembléia Legislativa, mediante controle externo.

§ 1º A Assembléia Legislativa exercerá o controle externo através de decisões de suas Comissões Técnicas e do Plenário, com auxílio do Tribunal de Contas do Estado.

§ 2º Prestará contas ao Tribunal de Contas, no prazo máximo de 120 (cento e vinte) dias contados a partir do encerramento do exercício financeiro, qualquer pessoa física ou entidade pública que utilize, arrecade, guarde, gerencie ou administre dinheiro, bens e valores públicos, ou pelos quais o Estado responda, ou que, em nome deste, assuma obrigações de natureza pecuniária.

§ 3º Para os efeitos do *caput* deste artigo, os Poderes Legislativo, Executivo e Judiciário, e, ainda, o Ministério Público e o Tribunal de Contas do Estado manterão sistema de controle interno, de forma integrada, com a finalidade de:

I – avaliar o cumprimento das metas previstas no plano plurianual, a execução dos programas de governo e dos orçamentos do Estado;

II – comprovar a legalidade e avaliar os resultados, quanto à eficácia e eficiência da gestão orçamentária, financeira e patrimonial nos órgãos e entidades da Administração Estadual, bem como da aplicação de recursos públicos por entidades de direito privado;

III – Exercer o controle das operações de crédito, avais e garantias, bem como dos direitos e haveres do Estado;

IV – apoiar o controle externo no exercício da respectiva missão institucional.

§ 4º Os responsáveis pelo controle a que se refere o § 3º deste artigo, ao tomarem conhecimento de qualquer irregularidade ou ilegalidade, dela darão ciência ao Tribunal de Contas do Estado, sob pena de responsabilidade solidária.

§ 5º Qualquer pessoa física ou jurídica é parte legítima para denunciar, perante o Tribunal de Contas, irregularidades ou ilegalidades em matéria contábil, financeira, orçamentária, operacional e patrimonial.

Art. 57. Do Controle Judicial

O controle judicial é aquele que se exerce privativamente pelo Poder Judiciário sobre a atuação administrativa de qualquer dos Poderes, das entidades de Administração Indireta, do Tribunal de Contas e do Ministério Público do Estado de Sergipe.

Art. 58. Dos Meios do Controle Judicial

São meios específicos de controle judicial:

I – o mandado de segurança;

II – a ação popular;

III – o habeas data;

IV – o mandado de injunção;

V – a ação civil pública;

VI – o habeas corpus;

VII – a ação direta de inconstitucionalidade.

Art. 59. Da Dispensa do Dever de Recurso

A Administração Pública Estadual poderá deixar de recorrer de decisões judiciais sempre que sobre a matéria já existir jurisprudência sumulada do Supremo Tribunal Federal, do Superior Tribunal de Justiça, do Tribunal Superior do Trabalho e do Tribunal de Justiça do Estado de Sergipe, nas respectivas áreas de competência.

Parágrafo único. A dispensa de dever de recurso será objeto de despacho fundamentado:

I – do Governador do Estado, no âmbito da Administração Direta e Indireta, do Poder Executivo, ouvida a Procuradoria-Geral do Estado;

II – dos Dirigentes Superiores, no âmbito dos Poderes e Órgãos referidos no inciso II do art. 5º deste Código, indicados nos termos da legislação própria de cada um desses Poderes e Órgãos.

CAPÍTULO V
DOS SISTEMAS DE ATIVIDADES AUXILIARES

Art. 60. Da Organização

Serão organizadas sob a forma de sistemas as atividades de pessoal, material, patrimônio, planejamento, orçamento, estatística, administração financeira, contabilidade e auditoria, e serviços gerais ou auxiliares, além de outras atividades auxiliares comuns a todos os órgãos da Administração Estadual que necessitem de coordenação central.

§ 1º Os serviços correspondentes ao exercício das atividades de que trata este artigo consideram-se integrados no sistema respectivo e ficam, conseqüentemente, sujeitos à orientação normativa, à supervisão técnica e à fiscalização específica do órgão central do sistema, sem prejuízo da subordinação ao órgão em cuja estrutura administrativa estiverem integrados.

§ 2º O dirigente do órgão central de cada sistema é responsável pelo fiel cumprimento das leis e regulamentos pertinentes e pelo funcionamento eficiente e coordenado do sistema.

§ 3º Os responsáveis pelos diversos órgãos competentes dos sistemas têm o dever de atuar de modo a imprimir o máximo rendimento e a reduzir os custos operacionais da Administração.

§ 4º Junto ao órgão central de cada sistema poderá funcionar uma comissão de coordenação, cujas atribuições e composição serão definidas em decreto.

Art. 61. Da Estrutura e Subordinação

A estruturação dos sistemas de que trata o art. 60 deste Código e a subordinação dos respectivos órgãos centrais serão estabelecidas em decreto.

CAPÍTULO VI
DAS FORMAS DE ATUAÇÃO ADMINISTRATIVA

Seção I
Das Formas em Geral

Art. 62. Da Enunciação

A Administração Pública Estadual atuará, principalmente mediante as seguintes formas, obedecido o regime jurídico instituído neste Código:

I – ato administrativo;

II – regulamento;

III – contrato e convênio.

Parágrafo único. O disposto neste artigo não excluirá a atuação, segundo as formas de direito privado, desde que compatíveis com a natureza da atividade administrativa, o seu formalismo e os fins a que se propõe alcançar.

Seção II
Do Ato Administrativo

Subseção I
Das Disposições Preliminares

Art. 63. Do Conceito

Para os efeitos deste Código, considera-se ato administrativo a declaração unilateral da Administração Pública, no exercício da função administrativa, e em cumprimento a normas de direito administrativo, destinada a produzir efeitos jurídicos em situação correta.

§ 1º O ato administrativo deve ser enunciado com clareza e precisão suficientes para a determinação dos efeitos jurídicos pretendidos e compreenderá necessariamente:

I – a indicação da norma de outorga da competência para a prática do ato, assim como do dispositivo que estiver sendo aplicado;

II – a identificação do agente que expediu o ato, com expressa referência ao uso de competência originária, delegada ou subdelegada, conforme o caso;

III – o destinatário do ato;

IV – a motivação do ato;

V – o objeto do ato;

VI – a data em que o ato foi praticado;

VII – a assinatura do agente que expediu o ato;

VIII – a determinação da publicação oficial do ato, sempre que exigida.

§ 2º Equipara-se a ato administrativo o praticado por quem esteja fazendo as vezes da Administração Pública, em regime de concessão, permissão ou autorização de serviços ou de obras públicas, ou de permissão ou autorização de uso privativo de bem público, assim como o praticado por quem, não integrando a Administração, se ache no desempenho de ofício ou função pública.

Subseção II

Da Existência, da Validade, da Eficácia

e da Executoriedade do Ato Administrativo

Art. 64. Da Existência

Considera-se existente o ato administrativo que reúna todos os elementos do seu conceito, tal como formulado no *caput* do art. 63 deste Código.

Art. 65. Da Validade

Considera-se válido o ato administrativo quando observadas as exigências legais para a sua formação e expedição.

Art. 66. Da Eficácia

O ato administrativo é eficaz somente quando apto a produzir os efeitos a que se destina.

§ 1º Considera-se apto a produzir os efeitos a que se destina o ato administrativo não sujeito a condição suspensiva, a termo inicial de vigência, a modo, ou aos atos de controle previstos nos artigos 87 e 88 deste Código.

§ 2º Sem prejuízo do disposto no parágrafo anterior, o ato administrativo de efeito externo só se tornará eficaz a partir de sua publicação no Diário Oficial do Estado, salvo nos casos em que o sigilo seja imprescindível à segurança da sociedade e do Estado, nos termos da lei.

§ 3º Sempre que possível, e desde que não importe fraude à aplicação deste Código, a publicidade referida no § 2º deste artigo, poderá ser substituída pela ciência pessoal e direta do destinatário do ato, reconhecendo-se a este o direito de dispensá-la, se de outro modo tomar conhecimento inequívoco do ato.

§ 4º Dentre outras situações previstas em lei, presume-se o conhecimento oficial do ato sempre que o interessado esteja presente no momento da sua prática ou intervenha no procedimento administrativo destinado a produzi-lo e revele conhecer-lhe o conteúdo.

Art. 67. Da Executoriedade

O ato administrativo é executório, logo que eficaz.

§ 1º O cumprimento das obrigações e o respeito pelas limitações que derivam de um ato administrativo podem ser impostos coercitivamente pela Administração sem recurso prévio ao Judiciário, desde que a imposição seja feita pelas formas e nos termos admitidos por lei.

§ 2º Não é executório o ato:

I – cuja eficácia esteja suspensa;

II – de que tenha sido interposto recurso com efeito suspensivo;

III – sujeito a aprovação ou homologação.

§ 3º A decisão de proceder a execução administrativa será previamente notificada ao seu destinatário.

Subseção III
Dos Requisitos de Validade do Ato Administrativo

Art. 68. Da Enunciação

Para os fins deste Código, consideram-se requisitos de validade do ato administrativo a competência, a forma, o motivo, o objeto e a finalidade.

Art. 69. Da Competência

Todo ato administrativo supõe para a sua válida emissão a existência de prévia lei que habilite a Administração a praticá-lo e dentro dos termos dessa específica habilitação.

§ 1º A competência dar-se-á em razão da matéria, do grau hierárquico, do lugar e do tempo, conforme estabelecida em lei.

§ 2º A competência é irrenunciável, improrrogável e intransferível, admitido, contudo, o deslocamento do seu exercício mediante delegação, desde que expressamente prevista em lei.

§ 3º O ato de delegação deverá atender aos seguintes requisitos:

I – referência expressa à lei que o autorizou;

II – a indicação da autoridade delegante e do órgão em que atua;

III – A indicação da autoridade delegatária,

IV – a matéria objeto da delegação e os atos que lhe digam respeito;

V – o prazo de sua vigência, em cuja falta se considerará feita por tempo indeterminado;

VI – a publicação no Diário Oficial do Estado, como requisito de eficácia.

§ 4º É vedada a subdelegação, salvo se a lei dispuser em contrário, aplicando-se-lhe, no que couber, as normas sobre delegação.

§ 5º Sempre que atuar no uso de delegação de competência, o delegatário fará expressa menção de que atua nessa qualidade, com indicação do respectivo ato e do Diário Oficial que o publicou.

§ 6º Durante o prazo da delegação, a autoridade delegante somente poderá exercer novamente a competência sobre a matéria delegada mediante avocação a ser feita caso a caso, motivadamente.

§ 7º Na hipótese do parágrafo anterior, não se admitirá a avocação se o ato do delegatário houver sido impugnado administrativa ou judicialmente.

§ 8º A delegação de competência admite desfazimento durante a sua vigência, de ofício ou mediante provocação escrita e fundamentada de interessado, sem que implique modificação da competência relativamente aos atos já praticados pelo delegatário, que por eles continuará responsável.

§ 9º Os atos praticados no desempenho de delegação serão de exclusiva responsabilidade do delegatário, admitida, todavia, a responsabilidade solidária do delegante sempre que tiver ciência prévia do mau uso da delegação, ou, conhecendo-o posteriormente, a tempo de corrigi-lo, omitir-se em fazê-lo.

§ 10. A delegação de competência não exime o delegante do dever de fiscalizar o seu uso pelo delegatário.

§ 11. A delegação de competência entende-se sempre inspirada no propósito de imprimir maior rapidez e objetividade às decisões administrativas, situando-as na proximidade dos fatos, pessoas ou problemas a atender.

§ 12. São excluídos do regime da delegação de competência os ato que, pela própria natureza das funções exercidas pelo delegante e pelo delegatário, sejam entre si incompatíveis ou importem contrariedade ao processo da respectiva formação. Igualmente indelegável é a competência, se o ato pressupõe conhecimentos especializados ou requisitos próprios de habilitação do delegante.

§ 13. Além da delegação de competência, é admitida a delegação de assinatura de correspondência oficial, de outros documentos, ou de atos de simples instrução de procedimento administrativo.

§ 14. A desinvestidura ou o afastamento temporário do delegante não faz cessar a delegação de competência, porém, faz desaparecer a de assinatura.

Art. 70. Da Forma

O ato administrativo deve ser praticado por escrito, salvo disposição legal em contrário ou em razão de urgência objetivamente comprovada e não simplesmente alegada.

§ 1º Salvo disposição legal em contrário, a forma escrita não é exigível para os atos emanados de órgãos colegiados, não se lhes dispensando todavia o registro em ata ou outro instrumento que a substitua.

§ 2º.Relacionam-se com a forma do ato administrativo as formalidades a observar, como tais entendidas as que constituam o conjunto de atos ou fatos, ainda que meramente rituais, exigidos por lei para segurança da formação, expressão ou execução da vontade administrativa.

§ 3º Toda formalidade é essencial à validade do ato administrativo, salvo disposição legal em contrário.

§ 4º Observado o disposto no parágrafo anterior, consideram-se não essenciais à validade do ato administrativo as formalidades:

I – omitidas ou defeituosamente realizadas, desde que se tenha produzido o resultado desejado sem ocorrência de lesão a direito do administrado;

II – prescritas com o simples propósito de assegurar a boa marcha interna dos assuntos administrativos;

III – estabelecidas para acautelar direitos disponíveis dos administrados, quando omitidas ou defeituosamente praticadas sem protesto, reclamação ou outro recurso de quem os titularize.

§ 5º Sempre que a lei não prescrever forma específica, ter-se-á como válido o ato administrativo, quanto a esse requisito, pelo exclusivo fato de haver-se praticado por escrito.

Art. 71. Do Motivo

Nenhum ato administrativo poderá ser validamente praticado senão com base em razões de fato ou de direito, previstas ou não em lei.

Curso de Processo Administrativo

§ 1º Sem prejuízo do dispositivo no *caput* deste artigo, o autor deverá proceder a motivação do ato de efeito externo, em linguagem clara e concisa.

§ 2º Na motivação deverão ser observados ainda os seguintes requisitos:

I – a indicação da norma e do dispositivo em que se amparar o ato;

II – a exatidão dos fatos levados em conta para a expedição do ato;

III – e enunciação da relação de pertinência lógica entre os fatos ocorridos e o objeto do ato, tendo em vista os fins para os quais for praticado.

§ 3º A motivação deve ser contemporânea da prática do ato, ou anterior a ela, admitindo-se, como exceção, a motivação posterior, em se tratando de atos vinculados, sempre que seja possível demonstrar, inequivocamente, que as razões que lhe determinaram a prática realmente existiam tal como disposto em lei.

Art. 72. Do Objeto

O objeto do ato administrativo deve ser lícito, possível, e exprimir-se na criação, modificação, enunciação, certificação ou extinção de situações jurídicas concernentes a pessoas, coisas, ou atividades cujo exercício se ache sob a responsabilidade da Administração Pública.

Art. 73. Da Finalidade

O ato administrativo observará unicamente a finalidade específica prevista, explícita ou implicitamente, na norma de outorga da competência para a sua emissão, não sendo lícito à Administração Pública Estadual substituí-la por outra, ainda que de interesse público, ou dela desviar-se para atendimento a interesses meramente privados.

Parágrafo único . Cada categoria ou tipo de ato administrativo corresponderá a uma finalidade específica.

Subseção IV
Da Invalidade do Ato Administrativo

Art. 74. Das Normas Gerais

A invalidade do ato administrativo reger-se-á por este Código, aplicando-se-lhe supletivamente, no que couber, as normas sobre os defeitos dos atos jurídicos previstas no Código Civil.

§ 1º A invalidade compreende a inexistência, a nulidade e a anulabilidade do ato administrativo, segundo o disposto especialmente nesta Subseção.

§ 2º Os agentes administrativos, sempre que derem causa à invalidade do ato administrativo, deverão ser responsabilizados disciplinarmente, sem prejuízo da responsabilidade civil e criminal que a espécie comportar.

§ 3º Na hipótese do parágrafo anterior, sempre que o ato inválido também causar prejuízo a terceiro, observar-se-á o disposto no art. 37, § 6º, da Constituição da República Federativa do Brasil, e no art. 25, § 3º, da Constituição do Estado de Sergipe.

§ 4º Não se sujeitará à invalidade o ato administrativo meramente irregular, assim entendido o que, praticado em desconformidade à lei, em nada interfira com a segurança e certeza do seu objeto, com o fim a realizar ou com as garantias de direitos dos administrados.

§ 5º O ato referido no parágrafo anterior poderá ser, a todo tempo, corrigido de ofício ou por provocação do interessado, devendo o ato retificador ser produzido pela mesma forma e com a idêntica publicidade do ato retificado.

§ 6º A retificação produzirá os seus efeitos a partir da data do ato retificado.

§ 7º Salvo disposição legal em contrário, o ato administrativo desfazer-se-á por invalidade, pela mesma forma e com obediência às mesmas formalidades com que foi praticado.

§ 8º O ato administrativo praticado por entidades da Administração Indireta poderá ser invalidado pelo órgão a que se encontrem vinculadas, desde que nos casos expressamente previstos em lei.

Art. 75. Do Ato Inexistente

Para os fins desta Lei, considera-se inexistente o ato que não reúne os elementos do seu conceito, tal como formulado no *caput* do art. 63 deste Código.

Parágrafo único. Independentemente de prévio pronunciamento administrativo ou judicial, o ato inexistente a ninguém obrigará.

Art. 76. Do Ato Nulo

Será nulo o ato administrativo assim expressamente considerado por lei e, especialmente, o praticado:

I – em desconformidade com os princípios enunciados no art. 4º deste Código;

II – com vício de incompetência em razão da matéria;

III – com total omissão da forma prescrita em lei ou com desatenção às formalidades legalmente previstas para a sua válida formação, expedição ou execução, inclusive as relativas ao respectivo procedimento, ressalvado o disposto no art. 70, § 4º, deste Código;

IV – com base em motivo materialmente inexistente ou desajustado à sua espécie;

V – Sem motivação, ou com motivação viciada por inexatidão,

VI – com vício de pertinência lógica entre o motivo e o objeto, tendo em vista a finalidade a que se destinava;

VII – com objeto:

– impossível;

– constitutivo de crime ou contravenção;

– ininteligível;

– indeterminado.

VIII – com desvio de finalidade, para atender interesse privado;

IX – com usurpação de poderes;

X – sob coação irresistível;

XI – em conseqüência de ato administrativo anteriormente invalidado, revogado ou por outra forma já extinto;

XII – com infração das normas reguladoras da formação da vontade a ser manifestada por órgãos colegiados;

XIII – com ofensa a direitos indisponíveis consagrados nas Constituições Federal e Estadual.

§ 1º A todo tempo, a nulidade poderá ser declarada pela Administração, de ofício ou por provocação de qualquer pessoa.

§ 2º A nulidade opera retroativamente, desconstituindo os efeitos já produzidos e, além disso, impedindo os que o ato deveria normalmente produzir, se válido fosse.

Curso de Processo Administrativo

§ 3º O disposto no § 2º não impede a atribuição de efeitos jurídicos a situações de fato decorrentes de ato nulo, sempre que o exija a comprovada boa-fé do seu destinatário ou de terceiros, ou quando a decretação da nulidade comprometa gravemente a segurança das relações jurídicas, o que deve ser objetivamente demonstrado caso a caso.

§ 4º O ato nulo não admite ratificação, reforma ou conversão.

Art. 77. Do Ato Anulável

É anulável o ato administrativo cujos vícios não estejam compreendidos no art. 76 deste Código e o que a lei expressamente declare como tal.

§ 1º Na via administrativa, o ato anulável somente será desconstituído por iniciativa do seu destinatário, mediante recurso, ou, dentro do prazo do recurso, pelo próprio órgão que o praticou ou por ato de órgão que lhe seja hierarquicamente superior, atuando de ofício.

§ 2º A desconstituição do ato anulável terá eficácia retroativa, salvo quanto à permanência:

I – dos seus efeitos, relativamente a terceiros de boa-fé;

II – dos seus efeitos patrimoniais, relativamente ao sujeito afetado pela anulação, sempre que necessário para evitar-lhe dano injusto e enriquecimento ilícito da Administração.

§ 3º Salvo disposição legal em contrário, a anulação do ato na via administrativa está sujeita ao prazo previsto no art. 49 deste Código.

§ 4º O ato anulável admite convalidação mediante:

I – ratificação, reforma ou conversão;

II – decurso do prazo para a sua impugnação sem que esta haja sido apresentada, ou quando tenha sido recusada anteriormente, sem exame da sua procedência;

III – aceitação do seu destinatário, manifestada expressa ou tacitamente.

§ 5º Para os fins do parágrafo anterior, considera-se:

I – ratificação, o ato administrativo mediante o qual o órgão competente confirma o ato anulável, suprindo o vício de que padecia;

II – reforma, o ato administrativo destinado a conservar do ato reformado a parte não afetada de ilegalidade;

III – conversão, o ato administrativo pelo qual se transfere de uma categoria para outra, que o torne válido, o ato anteriormente praticado.

§ 6º A ratificação, a reforma ou a conversão é admitida apenas quando ainda em curso o prazo para a impugnação do ato ou até o momento em que for proposta, perante o Judiciário, a respectiva ação de anulação.

§ 7º Quando existirem diversos interessados no ato, a sua aceitação por parte de um deles não retira aos demais o direito de impugná-lo.

§ 8º Não cabe aceitação quando se tratar de direitos indisponíveis por parte de quem os titularize.

Subseção V
Da Revogação do Ato Administrativo

Art. 78. Do Conceito

O ato administrativo admite, como forma de extinção, a sua desconstituição por outro ato administrativo, sempre que se torne inconveniente ou inoportuno ao interesse público, respeitados os efeitos já produzidos.

Art. 79. Da Iniciativa

O ato administrativo pode ser revogado de ofício ou mediante petição escrita e fundamentada de qualquer pessoa, física ou jurídica.

Art. 80. Do Sujeito Ativo

Somente a Administração Pública Estadual pode revogar seus atos administrativos.

Parágrafo único. A nenhum dos Poderes ou Órgãos referidos no art. 5º deste Código, entretanto, é dado revogar atos administrativos uns dos outros, salvo disposições constitucionais em contrário.

Art. 81. Da Competência

São competentes para a prática do ato de revogação o órgão que o expediu tanto quanto o que lhe seja superior no exercício do poder hierárquico, desde que não exaurida a competência para dispor novamente sobre a matéria.

Parágrafo único. Quando se tratar de entidade da Administração Pública Indireta, a revogação do ato por quem lhe seja estranho somente é admitida desde que prevista expressamente em lei.

Art. 82. Do Efeito Repristinatório

Sempre que por um novo ato vier a ser revogado o ato revogatório, entende-se que o seu efeito é o de restabelecer a situação originariamente criada pelo primeiro ato, salvo disposição em contrário.

Art. 83. Da Forma e Das Formalidades da Revogação

Serão observadas, na revogação do ato administrativo, a forma e as formalidades prescritas para o ato que se pretende revogar.

Art. 84. Do Ato Irrevogável

Não pode ser revogado o ato:

I – inexistente, nulo ou anulável;

II – que esteja sob apreciação judicial, quanto à competência para praticá-lo, à finalidade que o inspirou, e, quando for o caso, à forma;

III – por qualquer forma já exaurido;

IV – praticado no exercício de vinculação legal, salvo se esta houver deixado de existir;

V – de controle de outros atos;

VI – que somente se forme pela integração da vontade de diferentes órgãos administrativos;

VII – constitutivo de direito em favor dos seus destinatários, salvo mediante consentimento expresso destes, tratando-se de direitos disponíveis;

VIII – que a lei declare como tal.

Subseção VI
Do Ato Administrativo Dependente da Vontade do Interessado

Art. 85. Do Conceito

Curso de Processo Administrativo

Para os efeitos deste Código, considera-se ato administrativo dependente da vontade do interessado aquele em que a manifestação dessa vontade condiciona a sua formação ou a sua eficácia.

Art. 86. Da Enunciação

Dependem da manifestação da vontade do interessado, dentre outros estabelecidos neste Código ou em leis especiais, os atos de:

I – permissão, pelo qual se atribui ao interessado o uso privativo de bem público;

II – autorização, pelo qual se libera ao interessado o desempenho de certa atividade, ou o uso privativo de bem público;

III – admissão, pelo qual se faculta ao interessado a sua inclusão em estabelecimentos administrativos para desfrutar dos respectivos serviços;

IV – licença, pelo qual se faculta ao interessado a realização de atos materiais ou o desempenho de certa atividade, que anteriormente lhe era vedado;

V – dispensa, pelo qual se exonera o interessado do cumprimento de obrigação legalmente exigida.

§ 1º A permissão, a autorização e a dispensa entendem-se discricionárias e precárias, ficando a sua expedição a critério do órgão competente, assim como seu desfazimento por revogação.

§ 2º Admitir-se-á, como exceção, permissão com prazo de vigência previamente definido, durante o qual não poderá ser revogado.

§ 3º A admissão e a licença entendem-se vinculadas e definitivas, não sendo lícita a recusa da sua expedição, quando o interessado demonstrar haver satisfeito as exigências legais.

§ 4º O desfazimento dos atos enumerados no *caput* deste artigo por invalidade, revogação ou cassação, conforme o caso, deverá ser precedido de audiência do interessado, com garantia de defesa, em procedimento administrativo.

§ 5º Para o fim do disposto no parágrafo anterior, entende-se como cassação e extinção do ato por ilegalidade na sua execução.

Subseção VII
Do Ato Administrativo de Controle

Art. 87. Do Conceito

Considera-se ato administrativo de controle, o praticado para prevenir ilegalidades ou inconveniências, no âmbito da Administração Pública Estadual.

Art. 88. Da Enunciação

São atos de controle dentre outros:

I – homologação, pela qual, vinculadamente, se atribui eficácia ou se afirma a validade de ato anterior, de órgão de mesma ou de outra pessoa jurídica, ou de particulares, mediante exame da sua legalidade.

II – aprovação, pela qual se faculta a expedição de outro ato ou, se já expedido, lhe atribui eficácia, mediante exame de sua legalidade, conveniência e oportunidade, seja o ato controlado emanado de órgãos da mesma pessoa ou de outra pessoa de direito público, seja de particulares;

III – visto, pelo qual se afirma a legalidade do ato controlado, sob o aspecto meramente formal.

Subseção VIII

Do Ato Administrativo Instrumental de Outro Ato

Art. 89. Do Conceito

Para os fins deste Código, considera-se ato administrativo instrumental, aquele que é utilizado como meio de expedição de outro ato administrativo, tais como o Ato, o Decreto, a Resolução, a Portaria, a Instrução, a Circular, a Ordem Interna de Serviço, o Ofício, o Despacho, o Memorando.

§ 1º São da competência privativa:

I – das Mesas dos Poderes Legislativo e Judiciário, o Ato;

II – do Governador do Estado, o Decreto;

III – dos Órgãos colegiados, a Resolução;

IV – dos Secretários de Estados, ou a estes equiparadores; de Diretores Gerais; de Dirigentes de Autarquias e Fundações Públicas e outras autoridades administrativas, quando esta for a espécie de ato estabelecida em lei, a Portaria.

§ 2º Os demais atos administrativos instrumentais são de competência comum aos agentes administrativos, atuando nessa qualidade.

§ 3º A redação oficial dos atos a que se refere este artigo, inclusive no tocante à sua forma e estrutura, deverá constar de manual a ser aprovado pelo Governador do Estado, quando no âmbito do Poder Executivo, ou pelas respectivas Mesas, quando se tratar dos Poderes Legislativo e Judiciário.

Seção III

Do Regulamento

Art. 90. Do Âmbito de Aplicação

As disposições desta seção aplicam-se à atividade administrativa que se deva desenvolver sob a forma de regulamento ou ato equivalente.

Art. 91. Do Conceito

Para os efeitos deste Código, considera-se regulamento, ou ato equivalente nas esferas dos Poderes Legislativo e Judiciário, a declaração unilateral, de caráter geral e abstrato, editada privativamente, no primeiro caso, pelo Governador do Estado, ou, no segundo caso, pelas Mesas dos mesmos Poderes, com a exclusiva finalidade de assegurar a fiel execução da Lei ou de Decreto Legislativo.

Parágrafo único. A Lei ou o Decreto Legislativo a que se refere o *caput* deste artigo, será unicamente aquele cuja aplicação esteja na dependência de iniciativa da Administração Pública Estadual.

Art. 92. Da Hierarquia Normativa

Nenhum regulamento, ou ato equivalente será editado senão em caráter subalterno à Lei ou ao Decreto Legislativo, e destes dependente, e nenhum ato administrativo, ou norma de inferior hierarquia, poderá contrariá-los, sob pena de nulidade.

Art. 93. Da Eficácia

Curso de Processo Administrativo

Para que produza os seus efeitos, o regulamento ou ato equivalente a que se refere esta seção, terá que ser publicado no Diário Oficial do Estado.

Art. 94. Das Vedações

Sem prejuízos do disposto nos artigos anteriores, é vedado:

I – incluir no regulamento ou no ato equivalente matéria estranha à Lei ou ao Decreto Legislativo regulamentado;

II – revogar regulamento ou ato equivalente da Lei ou ao Decreto Legislativo em vigor, sem que outro regulamento ou ato equivalente seja simultaneamente expedido;

III – fazer constar de regulamento ou ato equivalente, ostensiva ou dissimuladamente, qualquer restrição à liberdade e à propriedade de pessoas;

IV – expedir regulamento que não seja como meio de disciplina e controle da discrição administrativa, de modo a assegurar-se uniformidade de comportamento da Administração e igualdade de tratamento a quantos tenham de com esta se relacionar;

V – expedir regulamento que configure, explícita ou implicitamente, delegação legislativa;

VI – constar de regulamento artigo que revogue disposições em contrário não especificadamente indicadas.

Art. 95. Da Forma

O regulamento, expedido por Decreto, na esfera do Poder Executivo, ou o ato equivalente, nas esferas dos Poderes Legislativo e Judiciário será, numerado em ordem cronológica, contendo o preâmbulo, o texto, e o encerramento, e, após as assinaturas do Chefe do respectivo Poder e das autoridades que o referendarem.

§ 1º Integrarão o preâmbulo:

I – o título, compreendendo a epígrafe e a ementa;

II – a autoria do regulamento ou ato equivalente;

III – o fundamento legal;

IV – Os considerandos, quando for o caso;

V – a ordem de execução.

§ 2º Constarão do texto do regulamento ou ato equivalente, as disposições relativas à matéria regulamentada.

§ 3º O regulamento ou ato equivalente será encerrado com:

I – a cláusula de vigência;

II – a cláusula revogatória;

III – o fecho, compreendendo o local, dia, mês e ano de sua expedição, e a referência aos anos da Independência e da República.

Art. 96. Do Projeto

Incumbe às Secretarias de Estado, ou órgãos que lhes sejam equiparados, dar início à elaboração do projeto de regulamento, observadas as respectivas áreas de competência.

Parágrafo único. O projeto de regulamento deverá fazer-se acompanhar de circunstanciada exposição de motivos, de forma a possibilitar, o mais possível, a correta apreensão do seu texto, a utilidade e a conveniência de sua expedição, e, ainda, a indicação das normas legais e regulamentares vigentes sobre a matéria.

Art. 97. Das Remissões

Nos regulamentos, deverão ser evitadas as remissões puras e simples a dispositivos de outros regulamentos e, quando inevitáveis, deverão ser feitas de modo a que permitam a apreensão do seu sentido sem o auxílio do texto em causa.

Art. 98. Da Manifestação da Procuradoria-Geral de Estado

No âmbito da Administração Pública Estadual Direta e Indireta,

Do Poder Executivo, nenhum projeto de regulamento poderá ser encaminhado ao Governador, sem prévia manifestação da Procuradoria Geral do Estado.

Seção IV
Do Contrato ou do Convênio

Art. 99. Do Regime Jurídico

A atuação administrativa que se deva desenvolver sob a forma de contrato ou convênio obedecerá às normas editadas pela União e pelo Estado, nos termos das Constituições Federal e Estadual.

Parágrafo único. Salvo as exceções legais, as obras, serviços, compras e alienações serão contratados mediante processo de licitação, em que se assegure igualdade de condições a todos os concorrentes em cláusulas que estabeleçam as obrigações de pagamento, mantidas as condições efetivas da proposta, nos termos da lei, a qual somente permitirá as exigências de qualificação técnico-econômica indispensáveis à garantia do cumprimento das obrigações

CAPÍTULO VII
DOS BENS PÚBLICOS

Art. 100. Da Enunciação

São públicos os bens, de qualquer natureza:

I – pertencentes ao Estado de Sergipe, ou a qualquer das suas autarquias ou fundações públicas;

II – os que, não pertencendo ao Estado, ou a suas autarquias ou fundações públicas, estiverem afetados à realização de serviço público.

Art. 101. Do Domínio Público

Ao conjunto de bens referidos no art. 100 deste Código, dar-se-á o nome de domínio público cujo regime jurídico será estabelecido em lei especial.

§ 1º A lei referida no *caput* deste artigo disporá especialmente sobre:

I – a classificação dos bens públicos quanto à sua destinação;

II – a afetação e a desafetação dos bens públicos;

III – a inalienabilidade, impenhorabilidade e imprescritibilidade dos bens públicos;

IV – os bens do domínio hídrico e do domínio terrestre;

V – as formas de aquisição e alienação dos bens públicos;

VI – as formas de utilização dos bens públicos pelos administrados;

VII – o inventário e a contabilização dos bens públicos;

Curso de Processo Administrativo

VIII – a conservação dos bens públicos e quais os órgãos e agentes por ela responsáveis;

IX – o reaproveitamento e a movimentação de material inservível para a repartição, órgão ou entidade que o possua ou dele seja proprietária.

§ 2º O regime jurídico do domínio público não excluirá a aplicação subsidiária de normas de direito privado, civil ou comercial.

Art. 102. Das Vedações em Geral

Aos órgãos e entidades da Administração Pública Estadual é vedado efetuar, em favor de clubes ou outras sociedades civis, de caráter esportivo ou de lazer, inclusive os que congreguem servidores ou empregados públicos e seus familiares:

I – contribuições pecuniárias, a qualquer título;

II – despesas de construção, reforma, ampliação ou manutenção de suas dependências e instalações;

III – cessão, a título gratuito, de bens móveis e imóveis.

Parágrafo único. Excetuam-se da vedação de que trata o *caput* deste artigo as despesas com a manutenção de creches e escolas para atendimento pré-escolar, nos termos da lei.

Art. 103. Da Responsabilidade dos Agentes Públicos

O agente público que, por ação ou omissão, culposa ou dolosa, der causa a danos a bens do domínio público, será obrigado a promover o respectivo ressarcimento, sendo com ele solidariamente responsável o superior imediato que deixar de adotar as providências indispensáveis à recomposição do Erário.

Art. 104. Das Normas Especiais Sobre Alienação de Bens Imóveis

A alienação de bens imóveis da Administração Pública Estadual Direta, das autarquias e das fundações, será precedida de:

I – demonstração da necessidade ou utilidade da alienação;

II – autorização legislativa, nos termos da Constituição Estadual;

III – avaliação;

IV – concorrência, salvo nas hipóteses indicadas em lei.

§ 1º Os bens imóveis, cuja aquisição haja derivado de procedimentos judiciais ou de dação em pagamento, poderão ser alienados por ato da autoridade competente, observadas as seguintes normas:

I – demonstração da necessidade ou a utilidade da alienação;

II – avaliação;

III – adoção de procedimento licitatório, na modalidade indicada em lei.

§ 2º Os bens imóveis doados à Administração Direta ou Indireta de qualquer outra esfera do Governo, cessadas as razões que justificaram a sua doação, reverterão ao patrimônio da pessoa jurídica doadora, sendo vedada a sua alienação a terceiros pelo beneficiário.

Art. 105. Das Normas Especiais Sobre Alienação de Bens Móveis

A alienação de bens móveis, dispensada a autorização por lei, será precedida de:

I – demonstração da necessidade ou a utilidade da alienação;

II – avaliação;

III – licitação, salvo nos casos indicados em lei.

Art. 106. Das Normas Especiais Relativas a Veículos

Os veículos automotores de transporte rodoviário da Administração Pública Estadual são classificados, para fins de utilização, nas seguintes categorias:

I – de representação funcional;

II – de uso exclusivo em serviço.

§ 1º Os veículos de representação funcional são de uso privativo:

I – do Governador do Estado;

II – do Vice-Governador do Estado;

III – dos Secretários de Estado, ou a estes equiparados;

IV – dos Membros da Assembléia Legislativa e do Tribunal de Justiça, dos Procuradores de Justiça e dos Conselheiros do Tribunal de Contas.

§ 2º São veículos de serviço os de uso exclusivo em:

I – transporte de servidores em serviço;

II – transporte de material da Administração;

III – atividades relativas à segurança pública, saúde pública, defesa do Estado, fiscalização e coleta de dados ou informações, e outras próprias da Administração Pública.

§ 3º É vedada a contratação de veículos de terceiros, salvo quando comprovadamente mais vantajosa para a Administração Pública Estadual, ou quando para o atendimento de situações excepcionais, de relevante interesse público, mediante autorização fundamentada das autoridades referidas no art. 5º deste Código.

CAPÍTULO VIII
DAS RELAÇÕES ENTRE A ADMINISTRAÇÃO E OS ADMINISTRADOS
Seção I
Dos Princípios Gerais

Art. 107. Do Regime Jurídico

As relações entre a Administração Pública Estadual e os administrados regem-se pelo disposto neste Código, e especialmente neste Capítulo, sem prejuízo das demais normas que lhes sejam aplicáveis.

Art. 108. Do Direito a Informações

Todos têm direito a receber da Administração Pública Estadual informações de seu interesse particular, ou de interesse coletivo ou geral, que serão prestadas no prazo de 30 (trinta) dias, sob pena de responsabilidade, ressalvadas aquelas cujo sigilo seja imprescindível à segurança da sociedade e do Estado, nos casos previstos em leis.

Parágrafo único. A alegação da necessidade de sigilo será devidamente fundamentada pela autoridade competente e comunicada ao interessado no mesmo prazo a que se refere o *caput* deste artigo.

Art. 109. Do Direito de Petição e Certidão

São a todos assegurados, independentemente do pagamento de taxas:

I – o direito de petição aos Poderes Públicos em defesa de direitos ou contra ilegalidade ou abuso de poder;

Curso de Processo Administrativo

II – a obtenção de certidões em repartições públicas, para defesa de direitos e esclarecimentos de situações de interesse pessoal, observado o procedimento previsto neste Código.

§ 1º As certidões de documentos oficiais serão substituídas por fotocópias autenticadas, a critério da Administração ou se solicitado pelo interessado.

§ 2º Qualquer restrição injustificada, oposta pela Administração Pública ao interessado, dificultando-lhe o exercício de seu direito, sujeitará o agente público à responsabilidade administrativa, civil e penal, conforme o caso.

Art. 110. Do Direito ao Devido Processo Legal

Ninguém será privado de seus bens ou direitos sem o devido processo legal.

Art. 111. Do Direito ao Contraditório e à Ampla Defesa

Aos litigantes em processo administrativo são assegurados o contraditório e a ampla defesa, com os meios e recursos a ela inerentes, sendo-lhes garantido o direito de oferecer e produzir provas e fiscalizar a produção das mesmas, podendo, caso desejem, acompanhá-la pessoalmente ou, quando cabível, indicar assistente técnico.

Parágrafo único. São inadmissíveis, no processo, as provas obtidas por meios ilícitos.

Art. 112. Do Direito à Publicidade dos Atos Oficiais

A todos será assegurado o direito à publicidade dos atos oficiais, salvo quando a defesa da intimidade ou o interesse social exigirem o contrário, nos termos da lei e, nesses casos, desde que a recusa seja devidamente fundamentada.

Seção II
Do Procedimento Administrativo

Subseção I
Das Disposições Preliminares

Art. 113. Do Âmbito de Aplicação

O procedimento administrativo em geral reger-se-á por este Código, especialmente pelo disposto nesta Seção.

§ 1º A língua portuguesa é o idioma oficial de todo e qualquer procedimento administrativo.

§ 2º Os procedimentos de concurso, de licitação, administrativo fiscal e outros de específica previsão legal reger-se-ão pelas legislações próprias, aplicando-se-lhes com as adaptações necessárias, as normas deste Código.

Subseção II
Dos Princípios Específicos

Art. 114. Da Enunciação

Além dos princípios gerais elencados na Seção anterior, e de outros estabelecidos em lei, o procedimento administrativo obedecerá aos princípios.

I – da legalidade objetiva, significando que todo e qualquer procedimento administrativo só poderá ser instaurado com base na lei e para a sua preservação;

II – da oficialidade, significando que, uma vez instaurado o procedimento, é dever da Administração impulsioná-lo e conduzí-lo, tomando as providências necessárias ao desdobramento dos atos que se seguirão;

III – do informalismo, significando que o procedimento, em regra, dispensa ritos solenes e formas sacramentais rígidas, no que se referir aos atos dos administrados, salvo disposição legal em contrário;

IV – da verdade material, significando que a autoridade pública não ficará adstrita à provas produzidas no procedimento, podendo se socorrer de outras, inclusive daquelas carreadas em procedimentos diversos, ficando, no entanto, obrigada a motivar a respectiva decisão;

V – do inquisitório, significando que a autoridade pública, mesmo que o procedimento tenha sido instaurado por iniciativa do administrado, poderá proceder às diligências que considere convenientes para a instrução, ainda que sobre matérias não mencionadas no requerimento ou na resposta do interessado, e decidir de forma diferente ou mais ampla que o pedido, quando o interesse público o exigir;

VI – da celeridade, significando que a Administração zelará pelo rápido e eficaz curso do procedimento, quer recusando e evitando o que for impertinente ou dilatório, quer ordenando e promovendo o necessário ao seu seguimento, visando a oportuna decisão;

VII – da gratuidade, significando que o procedimento administrativo será gratuito, salvo se o interesse dos administrados exigir a realização de atividades que afastem os serviços do seu regular e normal funcionamento, quando, então, serão remuneradas por taxas correspondentes ao custo dos serviços, das quais, no entanto, ficarão dispensadas as pessoas comprovadamente necessitadas, na forma da lei;

VIII – da revisibilidade, significando que a Administração deverá assegurar aos interessados o direito de recurso de decisões desfavoráveis, inclusive quando o procedimento for decidido, originariamente, por autoridade do mais alto escalão hierárquico, neste caso, mediante pedido de reconsideração.

Subseção III
Dos Casos de Instauração Obrigatória do Procedimento

Art. 115. Da Enunciação

O procedimento administrativo será obrigatoriamente instaurado nos seguintes casos, dentre outros estabelecidos em lei:

I – imposição de sanções;

II – privação ou restrição de bens ou direitos;

III – provocação de interessado, no exercício do direito de petição;

IV – desfazimento de ato administrativo;

V – invalidação ou revogação de procedimento licitatório;

VI – dispensa ou inexigibilidade de licitação.

Subseção IV
Do Curso do Procedimento

Art. 116. Das Fases

O procedimento administrativo obedecerá as seguintes fases:

I – iniciativa;

II – instrução;

Curso de Processo Administrativo

III – decisão.

Art. 117. Das Formas de Iniciativa

O procedimento inicia-se de ofício ou a requerimento do interessado.

§ 1º O procedimento administrativo iniciar-se-á de ofício, nas hipóteses de decisão do órgão competente, por iniciativa própria ou por determinação da autoridade superior ou, ainda, por denúncia ou representação de qualquer administrado.

§ 2º Na hipótese do parágrafo anterior, o procedimento será instaurado por decreto, portaria, auto de infração, ou despacho inicial de autoridade competente.

§ 3º Quando o procedimento for instaurado por iniciativa do administrado, a este caberá escolher a forma do requerimento, salvo se a lei a exigir por escrito.

§ 4º Formulado oralmente o requerimento, será lavrado o respectivo termo, em duas vias, do qual constará:

I – a indicação do órgão ou entidade a que é dirigido;

II – a identificação do requerente pelo nome, estado civil, profissão, e residência ou domicílio, ou de quem eventualmente o represente;

III – a exposição dos fatos e, desde que possível ao requerente, dos fundamentos de direito que amparem o pedido, em linguagem clara e concisa;

IV – o pedido, que poderá, inclusive, ser formulado alternativa ou sucessivamente, mas sempre em termos claros e precisos;

V – a data e a assinatura do requerente, ou de quem o represente, ou, ainda, de outrem a seu rogo se não souber ou não puder assinar;

VI – a assinatura do agente administrativo que lavrou o termo, com indicação do respectivo cargo, função ou emprego.

§ 5º Em qualquer hipótese, a peça inaugural deverá ser autuada, com o respectivo número e data, constando da autuação o nome do interessado, se conhecido, e o objeto do procedimento.

§ 6º Iniciado o procedimento por escrito, observar-se-ão os requisitos constantes do § 4º deste artigo, à exceção do referido no seu inciso VI.

§ 7º O requerimento escrito será apresentado em duas vias, podendo o interessado exigir o correspondente recibo comprobatório da entrega, com data de entrada e assinatura do servidor que o recebeu, inclusive com o seu carimbo.

§ 8º Salvo disposição legal em contrário, o requerimento dirigido à Administração Pública Estadual poderá ser remetida pelo correio, com aviso de recepção.

§ 9º Se o requerimento não observar os requisitos constantes dos §§ 4º e 6º deste artigo, o seu autor será notificado para suprir as deficiências no prazo indicado, que não poderá ser superior a 5 (cinco) dias, salvo motivo de força maior devidamente comprovado, hipótese em que se admitirá prorrogação, uma vez, por igual período.

§ 10. A notificação de que trata o parágrafo anterior deverá informar o interessado a respeito da eventualidade de o requerimento vir a ser arquivado, caso não seja atendida.

§ 11. Sem prejuízo do disposto no § 9º deste artigo, os órgãos ou agentes administrativos deverão, sempre que possível, de ofício, suprir as deficiências do requerimento, de modo a evitar que os administrados sejam prejudicados em razão de simples irregularidades que não comprometam o seu objeto.

§ 12. O requerimento que não identifique o seu autor e aquele cujo pedido for ininteligível serão liminarmente indeferidos.

Art. 118. Dos Interessados

Para os efeitos deste Código, são interessados no procedimento administrativo:

I – os que iniciem na qualidade de titulares de direitos ou interesses legítimos;

II – os que, não havendo iniciado o procedimento, sejam titulares de direitos que possam vir a ser diretamente afetados pela decisão;

III – as entidades associativas, quando expressamente autorizadas;

IV – as organizações sindicais, entidades de classe ou associações legalmente constituídas e em funcionamento há pelo menos um ano, em defesa dos interesses de seus membros ou associados;

V – as associações que, constituídas há pelo menos um ano, nos termos da lei civil, incluam entre as suas finalidades institucionais a proteção ao meio-ambiente, ao consumidor, ao patrimônio artístico, estético, histórico, turístico e paisagístico, ou a qualquer outro interesse difuso ou coletivo.

Art. 119. Dos Deveres Gerais dos Interessados

Os interessados no procedimento deverão abster-se de:

I – formular pretensões ilegais ou de atendimento impossível;

II – articular fatos inverídicos;

III – requerer a prática de atos meramente dilatórios;

IV – recusar a sua colaboração para o esclarecimento dos fatos e a descoberta da verdade.

§ 1º Os deveres dos interessados têm como limite os direitos que este Código lhes reconheça, especialmente os previstos no seu art. 125, § 2º, incisos I,II e III.

§ 2º A violação dos deveres de que trata o *caput* deste artigo caracterizará atuação de má-fé, sujeitando os interessados à multa de até 10 (dez) vezes a Unidade Fiscal Padrão do Estado de Sergipe (UFP/SE), ou outro índice que a substitua, sem prejuízo da extinção do procedimento, se for o caso.

Art. 120. Da abstenção

Deverá abster-se de intervir no procedimento administrativo o agente público que:

I – for amigo íntimo ou inimigo capital de qualquer interessado;

II – for credor ou devedor de qualquer interessado;

III – for herdeiro presuntivo, donatário ou empregador de qualquer interessado;

IV – houver recebido dádivas de qualquer interessado, antes ou depois de iniciado o procedimento, ou o tiver aconselhado acerca do respectivo objeto, ou, ainda, subministrado meios para atender a eventuais despesas do procedimento;

V – for interessado na decisão do procedimento em favor de quem neles venha a figurar;

VI – houver atuado como mandatário de qualquer interessado, judicial ou extrajudicialmente;

VII – houver atuado como perito, testemunha, ou órgão do Ministério Público ou da Magistratura, em processo ou procedimento em que tenha figurado qualquer interessado;

Curso de Processo Administrativo

VIII – o conheceu em primeira instância, tendo-lhe proferido decisão, isoladamente ou em conjunto com outro;

IX – tiver, como advogado de qualquer interessado, o seu cônjuge, companheiro ou qualquer parente seu, consangüíneo ou afim, em linha reta, ou na linha colateral, até o terceiro grau, ou por adoção;

X – for cônjuge, companheiro, parente consangüíneo ou afim, de qualquer interessado, em linha reta, ou na colateral, até o terceiro grau, ou por adoção;

XI – exercer órgão de direção ou administração de pessoa jurídica, interessada no procedimento administrativo;

XII – tiver questão litigiosa pendente com qualquer interessado no procedimento administrativo.

§ 1º A inobservância do disposto no *caput* deste artigo implicará a anulação dos atos em que o agente houver intervido, sem prejuízo da responsabilidade disciplinar.

§ 2º Sem prejuízo do disposto no *caput* deste artigo, o superior hierárquico ordenará ao agente que devia abster-se, e não o fez, que não intervenha de qualquer modo no procedimento.

§ 3º Poderá, ainda, o agente público abster-se de atuar no procedimento por motivo de foro íntimo.

Art. 121. Da Recusa

Qualquer interessado poderá recusar o agente público designado para intervir no procedimento, nos casos previstos nos incisos I a XII do art. 120 deste Código.

§ 1º A recusa far-se-á por escrito à autoridade que houver feito a designação ou ao seu superior hierárquico, com a indicação da causa que a fundamenta.

§ 2º Feita a recusa, o agente recusado será ouvido no dia seguinte sobre o motivo alegado, para o fim de sua substituição no procedimento.

§ 3º Se o agente recusado negar a existência do motivo que fundamentou a recusa, o superior hierárquico decidirá a respeito, no prazo de até 5 (cinco) dias.

Art. 122. Da Instrução

A instrução do procedimento terá por objetivo a elucidação dos fatos e a produção das provas.

§ 1º Não se iniciará a instrução sempre que se verificar qualquer questão que comprometa o curso normal do procedimento, e, especialmente:

I – a incompetência do órgão ou da autoridade administrativa;

II – a caducidade ou prescrição do direito que se pretenda exercer;

III – a ilegitimidade manifesta do requerente;

IV – a intempestividade do pedido.

§ 2º O disposto no § 1º deste artigo somente não se aplicará nos casos em que o conhecimento da questão prejudicial dependa de elementos a recolher durante a instrução.

§ 3º O ato que conheça e afirme a existência de questão prejudicial, devidamente fundamentado, será notificado aos interessados, que o poderão impugnar nos termos deste Código.

Art. 123. Das Medidas Cautelares

Para garantir a eficácia da decisão final, o órgão ou a autoridade responsável pelo procedimento poderá ordenar medidas cauteleres, de caráter provisório, desde que:

I – o procedimento tenha sido iniciado;

II – haja justo receio de frustrar-se a decisão, se a medida não for adotada;

III – se destinem a evitar lesão de difícil, incerta ou impossível reparação aos interesses públicos.

§ 1º O ato que ordenar a medida cautelar será devidamente fundamentado e dele terão ciência os interessados.

§ 2º A medida cautelar será sempre adequada e proporcional ao objetivo a realizar.

§ 3º A alteração ou a revogação da medida cautelar será igualmente fundamentada, de uma ou de outra, dando-se ciência aos interessados, inclusive a quem tenha interesse na sua manutenção.

§ 4º O conteúdo das medidas cautelares respeitará os direitos, liberdades e garantias asseguradas constitucionalmente.

§ 5º A medida cautelar pode ser adotada com ou sem a audiência prévia dos interessados.

§ 6º As medidas cautelares extinguir-se-ão automaticamente, logo que:

I – for proferida a decisão final no procedimento;

II – decorrer o prazo da sua validade;

III – decorrido o prazo para a decisão final, sem que esta haja sido proferida.

Art. 124. Das Provas

Todos os meios legais, bem como os moralmente legítimos, são hábeis para provar as situações objeto do procedimento administrativo.

§ 1º Os fatos notórios e aqueles de que o órgão ou entidade competente tenha conhecimento, em virtude do exercício de suas funções, independem de prova.

§ 2º É garantida, em qualquer hipótese, a participação do interessado no procedimento, por si ou por advogado legalmente constituído, devendo este, desde logo, apresentar o instrumento do mandato.

§ 3º Somente se dispensará a apresentação imediata do instrumento do mandato a fim de se evitar perecimento de direito ou para a prática de atos urgentes, e, nestes casos, o advogado deverá apresentá-lo no prazo de 15 (quinze) dias, prorrogável por igual período.

Art. 125. Do Ônus da Prova

Ao interessado incumbirá provar os fatos e situações alegados, sem prejuízo da autoridade que dirige o procedimento, averiguar as situações indispensáveis à elucidação dos fatos e imprescindíveis à formação do seu convencimento, visando a oportuna decisão.

§ 1º A autoridade administrativa poderá notificar o interessado a prestar informações e apresentar provas no prazo e condições que assinalar, sob expressa advertência de sobrestar o procedimento, observando o disposto no § 2º do art. 131 deste Código.

§ 2º É legítima a recusa ao atendimento da notificação prevista no parágrafo anterior, quando:

I – o interessado, por estado ou profissão, deva guardar sigilo;

II – importar a revelação de fatos criminosos ou torpes praticados pelo próprio interessado, pelo seu cônjuge, ou companheiro ou por parente consangüíneo, ou afim, em linha reta ou até o 3º grau da linha colateral, ou por adoção;

Curso de Processo Administrativo

III – for suscetível de causar dano moral ou material ao próprio interessado ou a alguma outra pessoa referida no inciso anterior.

§ 3º Nenhum agente público poderá se eximir do dever de colaborar com a Administração Pública Estadual para o descobrimento da verdade, salvo nas hipóteses do § 2º deste artigo.

Art. 126. Das Provas Específicas

Sempre que depoimentos pessoais, inquirição de testemunhas, inspeções, perícias ou outras provas específicas forem realizadas, a autoridade deverá notificar o interessado para que, caso deseje, se faça presente, e, se for o caso, indique procuradores ou assistentes técnicos.

Parágrafo único. O interessado deverá, com antecedência mínima de 10 (dez) dias, ser notificado da data, hora e local em que serão praticados os atos a que se refere este artigo, salvo motivo de força maior devidamente comprovado.

Art. 127. Das Alegações Finais

Concluída a instrução, o interessado será notificado para apresentar suas alegações finais no prazo de 10 (dez) dias.

Parágrafo único. Serão reduzidas a termo as alegações finais que se produzirem oralmente, devendo, neste caso, o agente público designar dia, hora e local para a sua realização, observado o mesmo prazo do *caput* deste artigo.

Art. 128. Das Diligências Complementares

Produzidas as alegações finais, poderão ser efetuadas diligências complementares, de ofício ou a pedido do interessado, sempre que a necessidade ou conveniência se origine de circunstâncias ou de fatos apurados na instrução.

Parágrafo único. Tratando-se de diligência complementar requerida pelo interessado, o agente público deverá, fundamentadamente, manifestar-se pela sua realização ou não.

Art. 129. Do Relatório

Concluída a instrução, seguir-se-á o relatório, peça informativa e opinativa, que deverá conter o pedido do interessado, quando for o caso, e ainda, o resumo do procedimento, sendo acrescido de proposta fundamentada de decisão, sempre que a autoridade instrutora não for competente para decidir.

Art. 130. Da Decisão

O procedimento administrativo extingue-se com a decisão, contendo as razões fáticas e jurídicas que a fundamentem.

Parágrafo único. Na decisão serão resolvidas as questões suscitadas no procedimento e que não tenham sido decididas em momento anterior.

Art. 131. Das Outras Causas de Extinção do Procedimento

Além da decisão, constituem causas de extinção do procedimento:

I – a desistência;

II – a deserção;

III – a perda do objeto ou impossibilidade de sua realização.

§ 1º A desistência poderá ser manifestada pelo interessado, entretanto, somente será causa de extinção do procedimento quando versar sobre direitos e interesses disponíveis.

§ 2º Será declarado deserto o procedimento que, por causa imputável ao interessado, ficar parado por mais de 30 (trinta) dias, salvo se houver interesse público na respectiva decisão.

§ 3º A deserção não extingue o direito que o particular pretendia fazer valer, sendo-lhe lícito renovar o pedido, uma única vez, em outro procedimento.

§ 4º Nas hipóteses dos incisos II e III do *caput* deste artigo, a extinção do procedimento, devidamente fundamentada, será notificada ao interessado no prazo de 10 (dez) dias.

Art. 132. Do Tempo dos Atos Procedimentais

Os atos procedimentais realizar-se-ão nos dias úteis, no horário normal de funcionamento da repartição pública na qual tramitar o procedimento.

Parágrafo único. Serão concluídos depois do horário referido no *caput* deste artigo os atos já iniciados, cujo adiamento prejudique o curso normal do procedimento ou cause dano ao interessado ou à Administração.

Art. 133. Do Lugar dos Atos Procedimentais

Os atos procedimentais realizar-se-ão na sede da repartição pública na qual a autoridade que dirige o procedimento estiver lotada.

Parágrafo único. Excepcionalmente, os atos poderão efetuar-se em outro lugar, em razão de situação arguída pelo interessado, justificadamente, desde que acolhida pela autoridade a que se refere este artigo.

Subseção V

Do Regime dos Prazos

Art. 134. Da Fixação

Salvo disposição legal em contrário, os atos procedimentais realizar-se-ão nos prazos previstos neste Código.

Parágrafo único. Quando a lei for omissa, a autoridade fixará o prazo, levando em conta a complexidade do procedimento, não podendo, em nenhuma hipótese, ser inferior a 05 (cinco) dias.

Art. 135. Da Continuidade

Os prazos serão sempre contínuos, não se interrompidos nos sábados, domingos e feriados.

Art. 136. Da Contagem

Na contagem dos prazos, excluir-se-á o dia do início e incluir-se-á o do vencimento.

§ 1º Os prazos fluirão a partir do 1º (primeiro) dia útil após o recebimento da notificação.

§ 2º Considerar-se-á prorrogado o prazo, até o primeiro dia útil seguinte, se o vencimento cair em sábado, domingo ou feriado, ou dia em que:

I – for determinado o fechamento do órgão ou entidade público;

II – o expediente for encerrado antes da hora normal.

Art. 137. Dos prazos para Despachos e Decisões

A autoridade proferirá:

I – os despachos, em 02 (dois) dias;

Curso de Processo Administrativo

II – as decisões, no prazo de 10 (dez) dias.

Art. 138. Da Ampliação dos Prazos

É admitida a ampliação, pela metade, dos prazos estabelecidos, sempre que as circunstâncias o exigirem e desde que não prejudique direitos de terceiros.

Art. 139. Do Procedimento de Urgência

Sempre que razões de interesse público, devidamente demonstradas, o exigirem, será adotado o procedimento administrativo de urgência, pelo qual se reduzirão, à metade, os respectivos prazos.

Art. 140. Do prazo para Conclusão de Procedimento

O procedimento administrativo deverá estar concluído em até 120 (cento e vinte) dias da sua instauração, salvo disposição de lei em contrário ou imposição de circunstâncias excepcionais.

Parágrafo único. A excepcionalidade a que se refere o *caput* deste artigo deverá ser justificada pela autoridade ou órgão responsável pelo procedimento ao seu superior hierárquico, nos 5 (cinco) dias seguintes à expiração do prazo.

Subseção VI

Da Notificação

Art. 141. Do Dever de Notificar

Além das hipóteses previstas neste Código, o interessado deverá ser notificado:

I – das decisões sobre quaisquer pretensões por ele formuladas;

II – dos despachos, decisões ou outros atos que lhe imponham deveres, restrições ou sanções, ou lhe causem prejuízos.

Art. 142. Da Dispensa

A notificação dos atos será dispensada:

I – quando praticados na presença do interessado;

II – quando o interessado revelar conhecimento do seu conteúdo, manifestado expressamente no procedimento.

Art. 143. Da Forma

A notificação far-se-á:

I – pelo correio, com aviso de recebimento;

II – por agente administrativo;

III – por edital.

§ 1º A notificação far-se-á por via postal sempre que exista distribuição na localidade da residência do notificado.

§ 2º A notificação será feita, no entanto, por agente administrativo se o interessado for agente público e estiver em exercício, ou quando frustrada a sua realização pelo correio.

§ 3º Far-se-á a notificação por edital, publicado no Diário Oficial do Estado e em jornal de grande circulação, quando:

I – desconhecido o interessado;

II – ignorado, incerto ou inacessível o lugar em que o interessado se encontrar;

III – houver interessados em tal número que torne inconveniente realizá-lo por outra forma.

Art. 144. Do Conteúdo

Da notificação deverá constar:

I – o texto integral do ato administrativo;

II – a finalidade da notificação;

III – a identificação do procedimento administrativo, incluindo a indicação do autor da notificação e a data desta;

IV – o órgão competente para apreciar a impugnação do ato;

V – a menção de que o procedimento é regido por este Código.

CAPÍTULO IX

DAS RELAÇÕES ENTRE A ADMINISTRAÇÃO
E OS SERVIDORES PÚBLICOS CIVIS

Art. 145. Do Regime Jurídico

As relações entre a Administração Pública Estadual Direta, Autárquica e Fundacional e os seus servidores públicos civis regem-se pelo disposto neste Código, e especialmente neste Capítulo, sem prejuízo das demais leis que lhes sejam aplicáveis.

Parágrafo único. As leis referidas neste artigo somente poderão ser alteradas por leis específicas.

Art. 146. Das Diretrizes Básicas de Valorização dos Servidores Públicos Civis

A Administração Pública Estadual observará as seguintes diretrizes básicas de valorização dos seus servidores públicos civis.

I – melhoria das condições de profissionalização e aperfeiçoamento do servidor;

II – preparação de chefias ou direções técnicas e administrativas mediante a formação e aperfeiçoamento de chefes, dirigentes, ou administradores capacitados, de forma a garantir a qualidade, produtividade e continuidade das ações da Administração Pública;

III – fixação de quadros ou lotações de servidores de acordo com as reais necessidades de funcionamento de cada órgão ou entidade;

IV – adoção de medidas de acompanhamento da capacidade e suficiência da lotação de cada órgão ou entidade, bem como de permanente verificação de pessoal excedente ou ocioso na Administração Estadual, objetivando a sua absorção ou aproveitamento nas atividades do mesmo ou de outros órgãos ou entidades;

V – garantia de vencimento não inferior ao salário mínimo, vedada a inclusão de parcelas, a qualquer título, para complemantação do referido salário;

VI – busca da compatibilidade entre o padrão remuneratório do cargo ou função e o grau de complexidade e responsabilidade exigido para o respectivo exercício;

VII – paridade de tratamento humano para os ocupantes de todo e qualquer cargo função, independentemente do grau de escolaridade ou titulação acadêmica dos respectivo ocupantes;

VIII – política de atualização remuneratória que, nas forças do erário, reflita a perda real do poder aquisitivo da moeda nacional;

IX – instituição e concessão de:

prêmios pela apresentação de idéias, inventos ou trabalhos que favoreçam o aumento de produtividade e a redução dos custos operacionais;

medalhas, diplomas de honra ao mérito, condecoração e elogio.

Art. 147. Do Conceito do Servidor Público Civil

Considera-se servidor público civil a pessoa legalmente investida em cargo público da Administração Estadual Direta, Autárquica e Fundacional.

Art. 148. Do Cadastro dos Servidores

No âmbito da Administração Direta de cada um dos Poderes, do Ministério Público e do Tribunal de Contas, bem como em cada entidade da Administração Autárquica e Fundacional do Poder Executivo do Estado, haverá um cadastro permanente dos respectivos servidores públicos civis, periodicamente atualizado, com indicação, inclusive, dos atos de criação dos correspondentes cargos.

Art. 149. Dos Quadros de Pessoal

Haverá, na Administração Direta de cada um dos Poderes, do Ministério Público e do Tribunal de Contas do Estado, assim como em cada autarquia e fundação pública, um quadro geral de pessoal, compreendendo os quadros específicos de:

I – cargos de provimento efetivo;

II – cargos de provimento em comissão;

III – funções de confiança.

Art. 150. Do Conceito de Cargo Público

Cargo público é o conjunto de atribuições e responsabilidades permanentes cometidas a um servidor público civil, que, mediante lei ou decreto legislativo, conforme o caso, seja criado com denominação própria, classificação, número certo e vencimentos e vantagens pagos pelos cofres públicos.

Parágrafo único. A lei ou decreto legislativo que criar o cargo público definirá, desde logo, os requisitos de escolaridade para o seu provimento e as respectivas atribuições.

Art. 151. Da Classificação dos Cargos Públicos

Os Cargos públicos, no âmbito da Administração Pública Estadual Direta, das autarquias e das fundações públicas, são classificados:

I – quanto ao provimento, em:

– efetivos;

– em comissão.

II – quanto à posição no respectivo quadro, em:

– isolados;

– de carreira.

Art. 152. Do Provimento dos Cargos Efetivos

O provimento dos cargos efetivos depende de aprovação em concurso público de provas ou de provas e títulos, realizado em qualquer dia útil da semana, em lugar acessível aos deficientes físicos, observada a ordem de classificação dos aprovados.

§ 1º Nos concursos públicos de provas e títulos, os títulos valerão tão somente para efeito classificatório.

§ 2º Nos concursos públicos de provas ou de provas e títulos, somente serão exigidas do candidato, para a respectiva inscrição, a apresentação de documento oficial de identidade e a declaração de que preenche as condições previstas no edital.

§ 3º Quando da abertura de concurso público para provimento de cargos efetivos, será assegurado às pessoas portadoras de deficiência física o direito de inscrição para os cargos cujas atribuições sejam compatíveis com a deficiência de que sejam portadoras, reservando-se, para tanto, 20% (vinte por cento) das respectivas vagas oferecidas.

§ 4º As vagas reservadas de que trata o § 3º deste artigo, quando não preenchidas, reverterão em proveito dos demais candidatos.

§ 5º Não se abrirá novo concurso público para provimento de determinado cargo efetivo enquanto houver candidato aprovado e ainda não nomeado, em concurso anterior realizado para o mesmo cargo e cujo prazo de validade, mínimo de 02 (dois) anos, não tenha expirado, ficando o Poder, no qual se realizou o concurso, obrigado a preencher as vagas estabelecidas no edital, no prazo máximo de 120 (cento e vinte) dias.

Art. 153. Do Provimento dos Cargos em Comissão

Os cargos em comissão serão de livre nomeação e exoneração das autoridades a que se refere o art. 5º deste Código.

§ 1º Observado o disposto neste artigo reservar-se-á o limite mínimo de 50% (cinquenta por cento) dos cargos em comissão, de cada quadro, para provimento, preferencialmente, por servidores ocupantes de cargos efetivos, de natureza técnica ou profissional.

§ 2º Os ocupantes de cargo em comissão terão substitutos indicados em ato normativo, ou, no caso de omissão, previamente designados pela autoridade competente.

§ 3º Os substitutos a que se refere o § 2º deste artigo assumirão automaticamente o exercício dos cargos em comissão, nos afastamentos temporários dos respectivos titulares.

Art. 154. Da Transformação de Cargos Públicos

A transformação de Cargos Públicos de provimento efetivo far-se-á mediante lei ou decreto legislativo específicos, conforme o caso.

Art. 155. Do Conceito de Função de Confiança

Função de confiança é o conjunto de atribuições e responsabilidades cometidas transitoriamente a servidor público estadual, criada mediante lei, ou decreto legislativo, conforme o caso, com denominação própria, número certo e retribuição pecuniária paga pelos cofres públicos.

Parágrafo único. As atribuições das funções de confiança não coincidirão com as de cargos efetivos ou de cargos em comissão.

Art. 156. Da Investidura em Funções de Confiança

As funções de confiança serão de livre designação e dispensa:

I – no âmbito do Poder Executivo:

– dos Secretários de Estado ou dirigentes de órgãos que lhes sejam equiparados da Administração Direta;

– dos respectivos dirigentes de entidades da Administração Autárquica e Fundacional;

II – no âmbito dos Poderes Legislativo e Judiciário, do Ministério Público e do Tribunal de Contas do Estado, das autoridades competentes.

Curso de Processo Administrativo

§ 1º A designação para função de confiança recairá preferencialmente em servidor do quadro geral de pessoal a que pertencer a própria função.

§ 2º A função de confiança será exercida, preferencialmente, por servidor ocupante de cargo de carreira técnica ou profissional.

Art. 157. Do Aumento de Despesas e da Estruturação

De Carreiras Funcionais

A concessão de qualquer vantagem ou aumento de remuneração, a criação de cargos ou alteração de estrutura de carreiras, bem como a admissão de pessoal, a qualquer título, pelos órgãos e entidades da Administração Direta ou Indireta, somente poderão ocorrer:

I – se houver prévia dotação orçamentária suficiente para atender às projeções de despesa de pessoal e aos acréscimos dela decorrentes;

II – se houver autorização específica na lei de diretrizes orçamentárias, ressalvadas as empresas públicas e sociedades de economia mista.

Parágrafo único. A lei de criação de vantagens pecuniárias conterá, desde logo, a descrição do fato justificador, que não poderá ser idêntico ao do vencimento, o respectivo valor e os critérios da sua concessão.

Art. 158. Do Calendário de Pagamento de Pessoal

A Administração Pública Estadual Direta, Autárquica e Fundacional, sempre que possível, estabelecerá um calendário de pagamento de pessoal, ativo e inativo, com previsão de vigência nunca inferior a um semestre, vedada, nesse período, a aplicação de sistema de rodízio entre órgãos e entidades, com relação à sequência das respectivas datas.

Art. 159. Da Proibição de Serviços Gratuitos

É proibida a prestação gratuita de serviços públicos, ressalvados os casos previstos em lei.

Art. 160. Do Afastamento na Aposentadoria Compulsória

O servidor público civil que complementar a idade exigida para a aposentadoria compulsória será afastado do exercício do respectivo cargo, independentemente da expedição do ato de aposentação.

Art. 161. Da Declaração de Bens

No momento da posse, o servidor público civil apresentará declaração atualizada de bens e valores que constituam o seu patrimônio.

Capítulo X
DAS RELAÇÕES DA ADMINISTRAÇÃO PÚBLICA ESTADUAL COM AS
ADMINISTRAÇÕES DOS DEMAIS ENTES FEDERADOS

Art. 162. Do Âmbito de Aplicação

As disposições deste Capítulo aplicam-se a todos os órgãos e entidades da Administração Pública Estadual que, no exercício da função administrativa, mantenham relações com Administrações Públicas de quaisquer outros níveis federativos.

Art. 163. Das Normas Gerais

Nas suas relações com órgãos e entidades de outros níveis federativos, a Administração Pública do Estado de Sergipe deverá:

I – facilitar, pelos meios ao seu alcance, as informações, dados, documentos e meios de prova em seu poder e de que aqueles necessitem para o eficaz exercício das suas competências, somente sendo lícita a recusa quando o atendimento puder ocasionar prejuízos ao cumprimento das próprias atribuições;

II – abster-se da prática de qualquer ato que se situe na competência de órgão ou entidade de outra Administração Pública, ressalvadas as normas constitucionais relativas à competência comum e à concorrente e as disposições do art. 165 deste Código;

III – assegurar cooperação técnica e financeira:

aos programas municipais de educação pré-escolar e de ensino fundamental;

aos serviços municipais de saneamento básico e de atendimento à saúde da população.

§ 1º As relações de que trata o *caput* deste artigo serão formalizadas mediante convênio, de cujo instrumento constarão as seguintes indicações mínimas:

I – garantia de reciprocidade de tratamento, na hipótese do inciso I do *caput* deste artigo;

II – órgãos ou entidades signatárias do convênio, e a competência para celebrá-lo, com expressa menção à área das respectivas atribuições;

III – o objeto do convênio;

IV – os meios de execução do convênio;

V – o prazo de vigência, que admitirá prorrogação, desde que expressamente prevista no respectivo instrumento;

VI – as hipóteses de extinção do convênio e suas conseqüências para as partes;

VII – a menção de que o convênio reger-se-á por esta Lei, sem prejuízo das demais normas que lhe sejam aplicáveis;

VIII – o local, a data, e o foro competente para apreciar as questões que se suscitarem na execução do convênio;

IX – a assinatura das autoridades responsáveis pela celebração do convênio.

§ 2º Na hipótese da recusa de que trata o inciso I do *caput* deste artigo, a mesma deverá ser comunicada ao órgão ou entidade interessada, com a devida fundamentação.

§ 3º Na hipótese do inciso III do *caput* deste artigo, a cooperação far-se-á em estrita observância, entre outros, aos princípios da impessoalidade e da proporcionalidade.

Art. 164. Da Vedação de Cooperação Técnica e Financeira

É vedado a qualquer órgão ou entidade da Administração Pública Estadual Direta e Indireta do Poder Executivo prestar cooperação técnica e financeira a órgãos ou entidades de Administração Municipal que não tenham aplicado, no exercício financeiro imediatamente anterior, o percentual constitucional mínimo na manutenção e no desenvolvimento do ensino, sob pena de nulidade.

Parágrafo único. Extinguir-se-á, de pleno direito, a cooperação técnica e financeira se, durante a vigência do convênio, ficar constatada a falta de aplicação do percentual mínimo a que se refere este artigo.

Art. 165. Da Colaboração Recíproca para Execução de Leis, Serviços ou Decisões.

Curso de Processo Administrativo

Os órgãos e entidades da Administração Pública Estadual Direta e Indireta do Poder Executivo poderão celebrar convênios para execução das suas leis, serviços ou decisões, por intermédio de agentes administrativos federais, estaduais ou municipais.

§ 1º Para os fins do disposto neste artigo, e sempre que para a execução do convênio for necessária a criação de uma entidade comum, esta poderá revestir a forma de consórcio, dotado de personalidade jurídica.

§ 2º A criação do consórcio, sempre precedida de autorização legislativa específica, far-se-á pelo registro do seu estatuto no Ofício competente, devendo dele constar:

I – a sua finalidade;

II – as particularidades da sua operacionalização, inclusive as de caráter financeiro;

III – os órgãos de decisão, que serão integrados por representantes dos consorciados, na proporção fixada estatutariamente.

§ 3º Em nenhum caso, a celebração dos convênios a que se refere este artigo implicará renúncia das competências próprias de cada órgão ou entidade que nele intervenha.

§ 4º Os convênios de que trata este artigo considerar-se-ão perfeitos a partir do momento da sua assinatura, salvo disposição em contrário constante dos mesmos, porém somente serão eficazes após a sua publicação oficial, na íntegra ou resumidamente.

Art. 166. Do Protocolo de Intenções

Os convênios a que se refere este Capítulo poderão ser precedidos de protocolo de intenções, que obrigarão os intervenientes, salvo se fato ulterior, pertinente e suficiente, ou, acaso já ocorrido e até então ignorado, impossibilitar o seu cumprimento.

Título II
DAS OUTRAS DISPOSIÇÕES

CAPÍTULO I
DAS DISPOSIÇÕES GERAIS

Art. 167. Do Conceito de Lei Específica

Para os fins deste Código, considera-se específica a lei que é editada com o fim de estabelecer normas exclusivamente sobre a matéria que lhe constitui o objeto.

Art. 168. Da Extensão de Prerrogativas

São extensivas às sociedades de economia mista, empresas públicas e suas subsidiárias, desde que prestadoras de serviços públicos, as prerrogativas atribuídas à Fazenda Pública, no tocante à impossibilidade de desapropriação dos bens afetados ao serviço e à imunidade de impostos.

Art. 169. Do Conceito de Serviço de Publicidade

Para os fins deste Código, consideram-se serviços de publicidade aqueles destinados a informar o público, difundir idéias ou promover a venda de produtos e serviços, bem como a veiculação de publicidade legal, institucional, ou social, e o planejamento, a concepção, a produção, a execução ou distribuição de peças ou campanhas publicitárias.

Art. 170. Do Programa Estadual de Desburocratização

A lei criará o programa estadual de desburocratização, visando simplificar a vida dos administrados e propiciar a maximização dos resultados úteis com o mínimo de custos.

Art. 171. Da Inabilitação para o Exercício de Cargo, Função ou Emprego Público

Considerar-se-á inabilitado para o exercício de qualquer cargo, função ou emprego público estadual o agente que tiver as suas contas rejeitadas por alcance, em decisão definitiva do Tribunal de Contas do Estado, salvo decisão em contrário do respectivo Poder Legislativo que julgá-las ou se a questão estiver sendo objeto de apreciação judicial.

Art. 172. Da Vedação de Despesas sem Interesse Público

É vedada a realização de despesas sem que haja interesse público, especialmente com a aquisição ou assinatura de livros, revistas e periódicos, salvo nos casos de jornais de maior circulação e de publicações de natureza técnica ou científica necessários ao bom desempenho dos serviços, vedada também a despesa com cartões, brindes, convites e outros congêneres que não constituam exigência do cargo, emprego ou função público.

Art. 173. Da Vedação de Tratamento Discriminatório ao Aposentado

É vedado impor ao aposentado qualquer tratamento que configure discriminação injustificada, em relação ao pessoal em atividade, no âmbito da Administração Pública Estadual, sob pena de responsabilidade disciplinar, de natureza civil e administrativa.

Parágrafo único. A responsabilidade disciplinar de que trata este artigo recai, inclusive, sobre o ocupante de cargo em comissão, emprego ou função de confiança.

Art. 174. Da Cooperação com o Ministério Público

Os órgãos e entidades da Administração Pública Estadual Direta e Indireta do Poder Executivo, nas áreas das respectivas competências, cooperarão com o Ministério Público, de ofício ou mediante provocação, na prevenção e repressão a todas as formas de improbidade administrativa e de evasão ou sonegação de tributos.

Parágrafo único. Para os fins do disposto neste artigo, os órgãos estaduais de administração fazendária, sempre que solicitados pelo Ministério Público, realizarão diligências, perícias, levantamentos, auditorias, inspeções, coleta de dados e informações necessárias à instrução de procedimentos destinados a apurar enriquecimento ilícito de agentes públicos estaduais ou prejuízo ao erário, observada a legislação sobre o sigilo fiscal ou bancário, quando for o caso.

Art. 175. Da Dispensa de Reconhecimento de Firma

É dispensado o reconhecimento de firma em documento produzido no país e destinado a fazer prova no âmbito da Administração Pública Estadual.

Parágrafo único. Constatada a falsidade de assinatura em documento público ou particular, o órgão ou entidade não considerará satisfeita a exigência documental e, imediatamente, dará conhecimento do fato ao Ministério Público para a instauração da respectiva ação penal.

Art. 176. Da Utilização de Meios Técnicos

A Administração Pública Estadual promoverá a incorporação de técnicas e meios eletrônicos e de informática para o bom desempenho das suas atividades, observadas as limitações estabelecidas na Constituição e nas leis.

§ 1º É assegurado aos administrados, no exercício dos seus direitos ou deveres, sempre que compatível com os meios técnicos de que disponha a Administração Pública Estadual, relacionar-se com esta através de técnicas e meios eletrônicos ou de informática, respeitando-se as garantias e requisitos previstos em cada procedimento.

Curso de Processo Administrativo

§ 2º Os documentos que vierem a ser emitidos através de técnicas e meios eletrônicos ou de informática pelos órgãos e entidades da Administração Pública Estadual, e os que estes emitam como cópias de originais armazenados por esses mesmos meios e técnicas, gozarão de validade e eficácia de documento original, sempre que garantida a sua autenticidade, integridade e conservação.

Art. 177. Da Mudança de Orientação Administrativa

A mudança de orientação jurisprudencial administrativa não alcançará as situações já consumadas sob orientação anterior e diversa.

Art. 178. Da Extensão das Normas sobre a Legalidade

As disposições deste Código referentes à legalidade estender-se-ão, com as adaptações necessárias, à moralidade, à impessoalidade e à publicidade.

Art. 179. Dos Servidores Públicos Militares

As disposições constantes do Capítulo IX do Título I deste Código aplicam-se, no que couber, aos servidores públicos militares.

CAPÍTULO II
DAS DISPOSIÇÕES TRANSITÓRIAS

Art. 180. Da Elaboração do Manual de Redação de Atos Oficiais

O Poder Executivo do Estado de Sergipe elaborará o Manual de Redação de Atos Oficiais a que se refere o § 3º do art. 89, no prazo de até 180 (cento e oitenta) dias, contado da data de início da vigência deste Código.

Parágrafo único. Enquanto não aprovado o Manual referido neste artigo, os atos oficiais continuarão a ser elaborados pela forma usual.

Art. 181. Do Prazo para Atualização dos Estatutos dos Servidores Públicos Civis

O Poder Executivo, no prazo de até 180 (cento e oitenta) dias, contado da data de início da vigência deste Código, promoverá a consolidação e atualização dos diplomas legais estatutários referentes aos servidores públicos civis do Estado de Sergipe, reunindo em um só Estatuto as disposições a eles aplicáveis.

Art. 182. Da Lei Especial sobre Bens Públicos

A lei especial a que se refere o art. 101 deverá ter o respectivo projeto elaborado e encaminhado à Assembléia Legislativa do Estado no prazo de no prazo de 180 (cento e oitenta) dias, contado da data de início da vigência deste Código.

CAPÍTILO III
DAS DISPOSIÇÕES FINAIS

Art. 183. Da Vigência

Esta Lei, que institui o Código de Organização e de Procedimento da Administração Pública do Estado de Sergipe, entrará em vigor após 180 (cento e oitenta) dias, contados da data de sua publicação.

Parágrafo único. Da publicação ou edição deste Código constarão sempre a Exposição de Motivos e a Mensagem que acompanharam o respectivo Projeto à Assembléia Legislativa.

Art. 184. Da Revogação de Disposições em Contrário

Ficam revogadas as disposições em contrário.

Aracaju, 26 de dezembro de 1996; 175º da Independência e 108º da República.

ALBANO FRANCO
GOVERNADOR DO ESTADO
Maria Isabel Carvalho Nabuco D'Ávila
Secretária de Estado da Administração
Roberto Eugênio da Fonseca Porto
Procurador-Geral do Estado
Luiz Antonio Silveira Teixeira
Secretário de Estado da Justiça
Ricardo Augusto Ferreira Ribeiro

4.3. Lei nº 10.177, de 30 de dezembro de 1998

Diário Oficial v.108, n.248, 31/12/98. Gestão Mário Covas
Assunto: Administração
Regula o processo administrativo no âmbito da Administração Pública Estadual

O GOVERNADOR DO ESTADO DE SÃO PAULO: Faço saber que a Assembléia Legislativa decreta e eu promulgo a seguinte lei:

TÍTULO I
Das Disposições Preliminares

Art. 1º Esta lei regula os atos e procedimentos administrativos da Administração Pública centralizada e descentralizada do Estado de São Paulo, que não tenham disciplina legal específica.

Parágrafo único. Considera-se integrante da Administração descentralizada estadual toda pessoa jurídica controlada ou mantida, direta ou indiretamente, pelo Poder Público estadual, seja qual for seu regime jurídico.

Art. 2º As normas desta lei aplicam-se subsidiariamente aos atos e procedimentos administrativos com disciplina legal específica.

Art. 3º Os prazos fixados em normas legais específicas prevalecem sobre os desta lei.

TÍTULO II
Dos Princípios da Administração Pública

Art. 4º A Administração Pública atuará em obediência aos princípios da legalidade, impessoalidade, moralidade, publicidade, razoabilidade, finalidade, interesse público e motivação dos atos administrativos.

Art. 5º A norma administrativa deve ser interpretada e aplicada da forma que melhor garanta a realização do fim público a que se dirige.

Art. 6º Somente a lei poderá:

I – criar condicionamentos aos direitos dos particulares ou impor-lhes deveres de qualquer espécie; e

II – prever infrações ou prescrever sanções.

TÍTULO III
Dos Atos Administrativos
CAPÍTULO I
Disposição Preliminar

Art. 7º A Administração não iniciará qualquer atuação material relacionada com a esfera jurídica dos particulares sem a prévia expedição do ato administrativo que lhe sirva de fundamento, salvo na hipótese de expressa previsão legal.

CAPÍTULO II
Da Invalidade dos Atos

Art. 8º São inválidos os atos administrativos que desatendam os pressupostos legais e regulamentares de sua edição, ou os princípios da Administração, especialmente nos casos de:

I – incompetência da pessoa jurídica, órgão ou agente de que emane;

II – omissão de formalidades ou procedimentos essenciais;

III – impropriedade do objeto;

IV – inexistência ou impropriedade do motivo de fato ou de direito;

V – desvio de poder;

VI – falta ou insuficiência de motivação.

Parágrafo único. Nos atos discricionários, será razão de invalidade a falta de correlação lógica entre o motivo e o conteúdo do ato, tendo em vista sua finalidade.

Art. 9º A motivação indicará as razões que justifiquem a edição do ato, especialmente a regra de competência, os fundamentos de fato e de direito e a finalidade objetivada.

Parágrafo único – A motivação do ato no procedimento administrativo poderá consistir na remissão a pareceres ou manifestações nele proferidos.

Art. 10. A Administração anulará seus atos inválidos, de ofício ou por provocação de pessoa interessada, salvo quando:

I – ultrapassado o prazo de 10 (dez) anos contado de sua produção;

II – da irregularidade não resultar qualquer prejuízo;

III – forem passíveis de convalidação.

Art. 11. A Administração poderá convalidar seus atos inválidos, quando a invalidade decorrer de vício de competência ou de ordem formal, desde que:

I – na hipótese de vício de competência, a convalidação seja feita pela autoridade titulada para a prática do ato, e não se trate de competência indelegável;

II – na hipótese de vício formal, este possa ser suprido de modo eficaz.

§ 1º Não será admitida a convalidação quando dela resultar prejuízo à Administração ou a terceiros ou quando se tratar de ato impugnado.

§ 2º A convalidação será sempre formalizada por ato motivado.

CAPÍTULO III
Da Formalização dos Atos

Art. 12. São atos administrativos:

Curso de Processo Administrativo

I – de competência privativa:

a) do Governador do Estado, o Decreto;

b) dos Secretários de Estado, do Procurador Geral do Estado e dos Reitores das Universidades, a Resolução;

c) dos órgãos colegiados, a Deliberação;

II – de competência comum:

a) a todas as autoridades, at o nível de Diretor de Serviço; às autoridades policiais; aos dirigentes das entidades descentralizadas, bem como, quando estabelecido em norma legal específica, a outras autoridades administrativas, a Portaria;

b) a todas as autoridades ou agentes da Administração, os demais atos administrativos, tais como Ofícios, Ordens de Serviço, Instruções e outros.

§ 1º Os atos administrativos, excetuados os decretos, aos quais se refere a Lei Complementar nº 60, de 10 de julho de 1972, e os referidos no art. 14 desta lei, serão numerados em séries próprias, com renovação anual, identificando-se pela sua denominação, seguida da sigla do órgão ou entidade que os tenha expedido.

§ 2º Aplica-se na elaboração dos atos administrativos, no que couber, o disposto na Lei Complementar nº 60, de 10 de julho de 1972.

Art. 13. Os atos administrativos produzidos por escrito indicarão a data e o local de sua edição, e conterão a identificação nominal, funcional e a assinatura da autoridade responsável.

Art. 14. Os atos de conteúdo normativo e os de caráter geral serão numerados em séries específicas, seguidamente, sem renovação anual.

Art. 15. Os regulamentos serão editados por decreto, observadas as seguintes regras:

I – nenhum regulamento poderá ser editado sem base em lei, nem prever infrações, sanções, deveres ou condicionamentos de direitos nela não estabelecidos;

II – os decretos serão referendados pelos Secretários de Estado em cuja área de atuação devam incidir, ou pelo Procurador Geral do Estado, quando for o caso;

III – nenhum decreto regulamentar será editado sem exposição de motivos que demonstre o fundamento legal de sua edição, a finalidade das medidas adotadas e a extensão de seus efeitos;

IV – as minutas de regulamento serão obrigatoriamente submetidas ao órgão jurídico competente, antes de sua apreciação pelo Governador do Estado.

CAPÍTULO IV

Da Publicidade dos Atos

Art. 16. Os atos administrativos, inclusive os de caráter geral, entrarão em vigor na data de sua publicação, salvo disposição expressa em contrário.

Art. 17. Salvo norma expressa em contrário, a publicidade dos atos administrativos consistirá em sua publicação no Diário Oficial do Estado, ou, quando for o caso, na citação, notificação ou intimação do interessado.

Parágrafo único. A publicação dos atos sem conteúdo normativo poderá ser resumida.

CAPÍTULO V
Do Prazo para a Produção dos Atos

Art. 18. Será de 60 (sessenta) dias, se outra não for a determinação legal, o prazo máximo para a prática de atos administrativos isolados, que não exijam procedimento para sua prolação, ou para a adoção, pela autoridade pública, de outras providências necessárias à aplicação de lei ou decisão administrativa.

Parágrafo único – O prazo fluirá a partir do momento em que, à vista das circunstâncias, tornar-se logicamente possível a produção do ato ou a adoção da medida, permitida prorrogação, quando cabível, mediante proposta justificada.

CAPÍTULO VI
Da Delegação e da Avocação

Art. 19. Salvo vedação legal, as autoridades superiores poderão delegar a seus subordinados a prática de atos de sua competência ou avocar os de competência destes.

Art. 20. São indelegáveis, entre outras hipóteses decorrentes de normas específicas:

I – a competência para a edição de atos normativos que regulem direitos e deveres dos administrados;

II – as atribuições inerentes ao caráter político da autoridade;

III – as atribuições recebidas por delegação, salvo autorização expressa e na forma por ela determinada;

IV – a totalidade da competência do órgão;

V – as competências essenciais do órgão, que justifiquem sua existência.

Parágrafo único – O órgão colegiado não pode delegar suas funções, mas apenas a execução material de suas deliberações.

TÍTULO IV
Dos Procedimentos Administrativos
CAPÍTULO I
Normas Gerais

Seção I
Dos Princípios

Art. 21. Os atos da Administração serão precedidos do procedimento adequado à sua validade e à proteção dos direitos e interesses dos particulares.

Art. 22. Nos procedimentos administrativos observar-se-ão, entre outros requisitos de validade, a igualdade entre os administrados e o devido processo legal, especialmente quanto à exigência de publicidade, do contraditório, da ampla defesa e, quando for o caso, do despacho ou decisão motivados.

§ 1º Para atendimento dos princípios previstos neste artigo, serão assegurados às partes o direito de emitir manifestação, de oferecer provas e acompanhar sua produção, de obter vista e de recorrer.

Curso de Processo Administrativo

§ 2º Somente poderão ser recusadas, mediante decisão fundamentada, as provas propostas pelos interessados quando sejam ilícitas, impertinentes, desnecessárias ou protelatórias.

Seção II
Do Direito de Petição

Art. 23. assegurado a qualquer pessoa, física ou jurídica, independentemente de pagamento, o direito de petição contra ilegalidade ou abuso de poder e para a defesa de direitos.

Parágrafo único – As entidades associativas, quando expressamente autorizadas por seus estatutos ou por ato especial, e os sindicatos poderão exercer o direito de petição, em defesa dos direitos e interesses coletivos ou individuais de seus membros.

Art. 24. Em nenhuma hipótese, a Administração poderá recusar-se a protocolar a petição, sob pena de responsabilidade do agente.

Seção III
Da Instrução

Art. 25. Os procedimentos serão impulsionados e instruídos de ofício, atendendo-se à celeridade, economia, simplicidade e utilidade dos trâmites.

Art. 26. O órgão ou entidade da Administração estadual que necessitar de informações de outro, para instrução de procedimento administrativo, poderá requisitá-las diretamente, sem observância da vinculação hierárquica, mediante ofício, do qual uma cópia será juntada aos autos.

Art. 27. Durante a instrução, os autos do procedimento administrativo permanecerão na repartição competente.

Art. 28. Quando a matéria do processo envolver assunto de interesse geral, o órgão competente poderá, mediante despacho motivado, autorizar consulta pública para manifestação de terceiros, antes da decisão do pedido, se não houver prejuízo para a parte interessada.

§ 1º A abertura da consulta pública será objeto de divulgação pelos meios oficiais, a fim de que os autos possam ser examinados pelos interessados, fixando-se prazo para oferecimento de alegações escritas.

§ 2º O comparecimento à consulta pública não confere, por si, a condição de interessado no processo, mas constitui o direito de obter da Administração resposta fundamentada.

Art. 29. Antes da tomada de decisão, a juízo da autoridade, diante da relevância da questão, poderá ser realizada audiência pública para debates sobre a matéria do processo.

Art. 30. Os órgãos e entidades administrativas, em matéria relevante, poderão estabelecer outros meios de participação dos administrados, diretamente ou por meio de organizações e associações legalmente reconhecidas.

Art. 31. Os resultados da consulta e audiência pública e de outros meios de participação dos administrados deverão ser acompanhados da indicação do procedimento adotado.

Seção IV
Dos Prazos

Art. 32. Quando outros não estiverem previstos nesta lei ou em disposições especiais, serão obedecidos os seguintes prazos máximos nos procedimentos administrativos:

I – para autuação, juntada aos autos de quaisquer elementos, publicação e outras providências de mero expediente: 2 (dois) dias;

II – para expedição de notificação ou intimação pessoal: 6 (seis) dias;

III – para elaboração e apresentação de informes sem caráter técnico ou jurídico: 7 (sete) dias;

IV – para elaboração e apresentação de pareceres ou informes de caráter técnico ou jurídico: 20 (vinte) dias, prorrogáveis por 10 (dez) dias quando a diligência requerer o deslocamento do agente para localidade diversa daquela onde tem sua sede de exercício;

V – para decisões no curso do procedimento: 7 (sete) dias;

VI – para manifestações do particular ou providências a seu cargo: 7 (sete) dias;

VII – para decisão final: 20 (vinte) dias;

VIII – para outras providências da Administração: 5 (cinco) dias.

§ 1º O prazo fluirá a partir do momento em que, à vista das circunstâncias, tornar-se logicamente possível a produção do ato ou a adoção da providência.

§ 2º Os prazos previstos neste artigo poderão ser, caso a caso, prorrogados uma vez, por igual período, pela autoridade superior, à vista de representação fundamentada do agente responsável por seu cumprimento.

Art. 33. O prazo máximo para decisão de requerimentos de qualquer espécie apresentados à Administração será de 120 (cento e vinte) dias, se outro não for legalmente estabelecido.

§ 1º Ultrapassado o prazo sem decisão, o interessado poderá considerar rejeitado o requerimento na esfera administrativa, salvo previsão legal ou regulamentar em contrário.

§ 2º Quando a complexidade da questão envolvida não permitir o atendimento do prazo previsto neste artigo, a autoridade cientificará o interessado das providências até então tomadas, sem prejuízo do disposto no parágrafo anterior.

§ 3º O disposto no § 1º deste artigo não desonera a autoridade do dever de apreciar o requerimento.

Seção V
Da Publicidade

Art. 34. No curso de qualquer procedimento administrativo, as citações, intimações e notificações, quando feitas pessoalmente ou por carta com aviso de recebimento, observarão as seguintes regras:

I – constitui ônus do requerente informar seu endereço para correspondência, bem como alterações posteriores;

II – considera-se efetivada a intimação ou notificação por carta com sua entrega no endereço fornecido pelo interessado;

III – será obrigatoriamente pessoal a citação do acusado, em procedimento sancionatório, e a intimação do terceiro interessado, em procedimento de invalidação;

Curso de Processo Administrativo

IV – na citação, notificação ou intimação pessoal, caso o destinatário se recuse a assinar o comprovante de recebimento, o servidor encarregado certificará a entrega e a recusa;

V – quando o particular estiver representado nos autos por procurador, a este serão dirigidas as notificações e intimações, salvo disposição em contrário.

Parágrafo único – Na hipótese do inciso III, não encontrado o interessado, a citação ou a intimação serão feitas por edital publicado no Diário Oficial do Estado.

Art. 35. Durante a instrução, será concedida vista dos autos ao interessado, mediante simples solicitação, sempre que não prejudicar o curso do procedimento.

Parágrafo único – A concessão de vista será obrigatória, no prazo para manifestação do interessado ou para apresentação de recursos, mediante publicação no Diário Oficial do Estado.

Art. 36. Ao advogado assegurado o direito de retirar os autos da repartição, mediante recibo, durante o prazo para manifestação de seu constituinte, salvo na hipótese de prazo comum.

CAPÍTULO II
Dos Recursos

Seção I
Da Legitimidade para Recorrer

Art. 37. Todo aquele que for afetado por decisão administrativa poderá dela recorrer, em defesa de interesse ou direito.

Art. 38. À Procuradoria Geral do Estado compete recorrer, de ofício, de decisões que contrariarem Súmula Administrativa ou Despacho Normativo do Governador do Estado, sem prejuízo da possibilidade de deflagrar, de ofício, o procedimento invalidatório pertinente, nas hipóteses em que já tenha decorrido o prazo recursal.

Seção II
Da Competência para Conhecer do Recurso

Art. 39. Quando norma legal não dispuser de outro modo, será competente para conhecer do recurso a autoridade imediatamente superior àquela que praticou o ato.

Art. 40. Salvo disposição legal em contrário, a instância máxima para o recurso administrativo será:

I – na Administração centralizada, o Secretário de Estado ou autoridade a ele equiparada, excetuados os casos em que o ato tenha sido por ele praticado originariamente; e

II – na Administração descentralizada, o dirigente superior da pessoa jurídica.

Parágrafo único – O disposto neste artigo não se aplica ao recurso previsto no art. 38.

Seção III
Das Situações Especiais

Art. 41. São irrecorríveis, na esfera administrativa, os atos de mero expediente ou preparatórios de decisões.

Art. 42. Contra decisões tomadas originariamente pelo Governador do Estado ou pelo dirigente superior de pessoa jurídica da Administração descentralizada, caberá pedido de reconsideração, que não poderá ser renovado, observando-se, no que couber, o regime do recurso hierárquico.

Parágrafo único – O pedido de reconsideração só será admitido se contiver novos argumentos, e será sempre dirigido à autoridade que houver expedido o ato ou proferido a decisão.

Seção IV
Dos Requisitos da Petição de Recurso

Art. 43. A petição de recurso observará os seguintes requisitos:

I – será dirigida à autoridade recorrida e protocolada no órgão a que esta pertencer;

II – trará a indicação do nome, qualificação e endereço do recorrente;

III – conterá exposição, clara e completa, das razões da inconformidade.

Art. 44. Salvo disposição legal em contrário, o prazo para apresentação de recurso ou pedido de reconsideração será de 15 (quinze) dias contados da publicação ou notificação do ato.

Art. 45. Conhecer-se-á do recurso erroneamente designado, quando de seu conteúdo resultar induvidosa a impugnação do ato.

Seção V
Dos Efeitos dos Recursos

Art. 46. O recurso será recebido no efeito meramente devolutivo, salvo quando:

I – houver previsão legal ou regulamentar em contrário; e

II – além de relevante seu fundamento, da execução do ato recorrido, se provido, puder resultar a ineficácia da decisão final.

Parágrafo único – Na hipótese do inciso II, o recorrente poderá requerer, fundamentadamente, em petição anexa ao recurso, a concessão do efeito suspensivo.

Seção VI
Da Tramitação dos Recursos

Art. 47. A tramitação dos recursos observará as seguintes regras:

I – a petição será juntada aos autos em 2 (dois) dias, contados da data de seu protocolo;

II – quando os autos em que foi produzida a decisão recorrida tiverem de permanecer na repartição de origem para quaisquer outras providências cabíveis, o recurso será autuado em separado, trasladando-se cópias dos elementos necessários;

III – requerida a concessão de efeito suspensivo, a autoridade recorrida apreciará o pedido nos 5 (cinco) dias subseqüentes;

IV – havendo outros interessados representados nos autos, serão estes intimados, com prazo comum de 15 (quinze) dias, para oferecimento de contra-razões;

V – com ou sem contra-razões, os autos serão submetidos ao órgão jurídico, para elaboração de parecer, no prazo máximo de 20 (vinte) dias, salvo na hipótese do art. 38;

VI – a autoridade recorrida poderá reconsiderar seu ato, nos 7 (sete) dias subseqüentes;

Curso de Processo Administrativo

VII – mantido o ato, os autos serão encaminhados à autoridade competente para conhecer do recurso, para decisão, em 30 (trinta) dias.

§ 1º As decisões previstas nos incisos III, VI e VII serão encaminhadas, em 2 (dois) dias, à publicação no Diário Oficial do Estado.

§ 2º Da decisão prevista no inciso III, não caberá recurso na esfera administrativa.

Art. 48. Os recursos dirigidos ao Governador do Estado serão, previamente, submetidos à Procuradoria Geral do Estado ou ao órgão de consultoria jurídica da entidade descentralizada, para parecer, a ser apresentado no prazo máximo de 20 (vinte) dias.

Seção VII
Da Decisão e seus Efeito

Art. 49. A decisão de recurso não poderá, no mesmo procedimento, agravar a restrição produzida pelo ato ao interesse do recorrente, salvo em casos de invalidação.

Art. 50. Ultrapassado, sem decisão, o prazo de 120 (cento e vinte) dias contado do protocolo do recurso que tramite sem efeito suspensivo, o recorrente poderá considerá-lo rejeitado na esfera administrativa.

§ 1º No caso do pedido de reconsideração previsto no art. 42, o prazo para a decisão será de 90 (noventa) dias.

§ 2º O disposto neste artigo não desonera a autoridade do dever de apreciar o recurso.

Art. 51. Esgotados os recursos, a decisão final tomada em procedimento administrativo formalmente regular não poderá ser modificada pela Administração, salvo por anulação ou revisão, ou quando o ato, por sua natureza, for revogável.

CAPÍTULO III
Dos Procedimentos em Espécie

Seção I
Do Procedimento de Outorga

Art. 52. Regem-se pelo disposto nesta Seção os pedidos de reconhecimento, de atribuição ou de liberação do exercício do direito.

Art. 53. A competência para apreciação do requerimento será do dirigente do órgão ou entidade encarregados da matéria versada, salvo previsão legal ou regulamentar em contrário.

Art. 54. O requerimento será dirigido à autoridade competente para sua decisão, devendo indicar:

I – o nome, a qualificação e o endereço do requerente;

II – os fundamentos de fato e de direito do pedido;

III – a providência pretendida;

IV – as provas em poder da Administração que o requerente pretende ver juntadas aos autos.

Parágrafo único – O requerimento será desde logo instruído com a prova documental de que o interessado disponha.

Art. 55. A tramitação dos requerimentos de que trata esta Seção observará as seguintes regras:

I – protocolado o expediente, o órgão que o receber providenciará a autuação e seu encaminhamento à repartição competente, no prazo de 2 (dois) dias;

II – o requerimento será desde logo indeferido, se não atender aos requisitos dos incisos I a IV do artigo anterior, notificando-se o requerente;

III – se o requerimento houver sido dirigido a órgão incompetente, este providenciará seu encaminhamento à unidade adequada, notificando-se o requerente;

IV – a autoridade determinará as providências adequadas à instrução dos autos, ouvindo, em caso de dúvida quanto à matéria jurídica, o órgão de consultoria jurídica;

V – quando os elementos colhidos puderem conduzir ao indeferimento, o requerente será intimado, com prazo de 7 (sete) dias, para manifestação final;

VI – terminada a instrução, a autoridade decidirá, em despacho motivado, nos 20 (vinte) dias subseqüentes;

VII – da decisão caberá recurso hierárquico.

Art. 56. Quando duas ou mais pessoas pretenderem da Administração o reconhecimento ou atribuição de direitos que se excluam mutuamente, será instaurado procedimento administrativo para a decisão, com observância das normas do artigo anterior, e das ditadas pelos princípios da igualdade e do contraditório.

Seção II
Do Procedimento de Invalidação

Art. 57. Rege-se pelo disposto nesta Seção o procedimento para invalidação de ato ou contrato administrativo e, no que couber, de outros ajustes.

Art. 58. O procedimento para invalidação provocada observará as seguintes regras:

I – o requerimento será dirigido à autoridade que praticou o ato ou firmou o contrato, atendidos os requisitos do art. 54;

II – recebido o requerimento, será ele submetido ao órgão de consultoria jurídica para emissão de parecer, em 20 (vinte) dias;

III – o órgão jurídico opinará sobre a procedência ou não do pedido, sugerindo, quando for o caso, providências para a instrução dos autos e esclarecendo se a eventual invalidação atingirá terceiros;

IV – quando o parecer apontar a existência de terceiros interessados, a autoridade determinará sua intimação, para, em 15 (quinze) dias, manifestar-se a respeito;

V – concluída a instrução, serão intimadas as partes para, em 7 (sete) dias, apresentarem suas razões finais;

VI – a autoridade, ouvindo o órgão jurídico, decidirá em 20 (vinte) dias, por despacho motivado, do qual serão intimadas as partes;

VII – da decisão, caberá recurso hierárquico.

Art. 59. O procedimento para invalidação de ofício observará as seguintes regras:

I – quando se tratar da invalidade de ato ou contrato, a autoridade que o praticou, ou seu superior hierárquico, submeterá o assunto ao órgão de consultoria jurídica;

II – o órgão jurídico opinará sobre a validade do ato ou contrato, sugerindo, quando for o caso, providências para instrução dos autos, e indicará a necessidade ou não da

Curso de Processo Administrativo

instauração de contraditório, hipótese em que serão aplicadas as disposições dos incisos IV a VII do artigo anterior.

Art. 60. No curso de procedimento de invalidação, a autoridade poderá, de ofício ou em face de requerimento, suspender a execução do ato ou contrato, para evitar prejuízos de reparação onerosa ou impossível.

Art. 61. Invalidado o ato ou contrato, a Administração tomará as providências necessárias para desfazer os efeitos produzidos, salvo quanto a terceiros de boa fé, determinando a apuração de eventuais responsabilidades.

Seção III
Do Procedimento Sancionatório

Art. 62. Nenhuma sanção administrativa será aplicada a pessoa física ou jurídica pela Administração Pública, sem que lhe seja assegurada ampla defesa, em procedimento sancionatório.

Parágrafo único. No curso do procedimento ou, em caso de extrema urgência, antes dele, a Administração poderá adotar as medidas cautelares estritamente indispensáveis à eficácia do ato final.

Art. 63. O procedimento sancionatório observará, salvo legislação específica, as seguintes regras:

I – verificada a ocorrência de infração administrativa, será instaurado o respectivo procedimento para sua apuração;

II – o ato de instauração, expedido pela autoridade competente, indicará os fatos em que se baseia e as normas pertinentes à infração e à sanção aplicável;

III – o acusado será citado ou intimado, com cópia do ato de instauração, para, em 15 (quinze) dias, oferecer sua defesa e indicar as provas que pretende produzir;

IV – caso haja requerimento para produção de provas, a autoridade apreciará sua pertinência, em despacho motivado;

V – o acusado será intimado para:

a) manifestar-se, em 7 (sete) dias, sobre os documentos juntados aos autos pela autoridade, se maior prazo não lhe for assinado em face da complexidade da prova;

b) acompanhar a produção das provas orais, com antecedência mínima de 2 (dois) dias;

c) formular quesitos e indicar assistente técnico, quando necessária prova pericial, em 7 (sete) dias;

d) concluída a instrução, apresentar, em 7 (sete) dias, suas alegações finais;

VI – antes da decisão, será ouvido o órgão de consultoria jurídica;

VII – a decisão, devidamente motivada, será proferida no prazo máximo de 20 (vinte) dias, notificando-se o interessado por publicação no Diário Oficial do Estado;

VIII – da decisão caberá recurso.

Art. 64. O procedimento sancionatório será sigiloso at decisão final, salvo em relação ao acusado, seu procurador ou terceiro que demonstre legítimo interesse.

Parágrafo único. Incidirá em infração disciplinar grave o servidor que, por qualquer forma, divulgar irregularmente informações relativas à acusação, ao acusado ou ao procedimento.

Seção IV
Do Procedimento de Reparação de Danos

Art. 65. Aquele que pretender, da Fazenda Pública, ressarcimento por danos causados por agente público, agindo nessa qualidade, poderá requerê-lo administrativamente, observadas as seguintes regras:

I – o requerimento será protocolado na Procuradoria Geral do Estado, at 5 (cinco) anos contados do ato ou fato que houver dado causa ao dano;

II – o protocolo do requerimento suspende, nos termos da legislação pertinente, a prescrição da ação de responsabilidade contra o Estado, pelo período que durar sua tramítação;

III – o requerimento conterá os requisitos do art. 54, devendo trazer indicação precisa do montante atualizado da indenização pretendida, e declaração de que o interessado concorda com as condições contidas neste artigo e no subseqüente;

IV – o procedimento, dirigido por Procurador do Estado, observará as regras do art. 55;

V – a decisão do requerimento caberá ao Procurador Geral do Estado ou ao dirigente da entidade descentralizada, que recorrerão de ofício ao Governador, nas hipóteses previstas em regulamento;

VI – acolhido em definitivo o pedido, total ou parcialmente, será feita, em 15 (quinze) dias, a inscrição, em registro cronológico, do valor atualizado do débito, intimando-se o interessado;

VII – a ausência de manifestação expressa do interessado, em 10 (dez) dias, contados da intimação, implicará em concordância com o valor inscrito; caso não concorde com esse valor, o interessado poderá, no mesmo prazo, apresentar desistência, cancelando-se a inscrição e arquivando-se os autos;

VIII – os débitos inscritos at 1º de julho serão pagos at o último dia útil do exercício seguinte, à conta de dotação orçamentária específica;

IX – o depósito, em conta aberta em favor do interessado, do valor inscrito, atualizado monetariamente at o mês do pagamento, importará em quitação do débito;

X – o interessado, mediante prévia notificação à Administração, poderá considerar indeferido seu requerimento caso o pagamento não se realize na forma e no prazo previstos nos incisos VIII e IX.

§ 1º Quando o interessado utilizar-se da faculdade prevista nos incisos VII, parte final, e X, perderá qualquer efeito o ato que tiver acolhido o pedido, não se podendo invocá-lo como reconhecimento da responsabilidade administrativa.

§ 2º Devidamente autorizado pelo Governador, o Procurador Geral do Estado poderá delegar, no âmbito da Administração centralizada, a competência prevista no inciso V, hipótese em que o delegante tornar-se-á a instância máxima de recurso.

Art. 66. Nas indenizações pagas nos termos do artigo anterior, não incidirão juros, honorários advocatícios ou qualquer outro acréscimo.

Art. 67. Na hipótese de condenação definitiva do Estado ao ressarcimento de danos, deverá o fato ser comunicado ao Procurador Geral do Estado, no prazo de 15 (quinze) dias, pelo órgão encarregado de oficiar no feito, sob pena de responsabilidade.

Art. 68. Recebida a comunicação, o Procurador Geral do Estado, no prazo de 10 (dez) dias, determinará a instauração de procedimento, cuja tramitação obedecerá o disposto na Seção III para apuração de eventual responsabilidade civil de agente público, por culpa ou dolo.

Parágrafo único. O Procurador Geral do Estado, de ofício, determinará a instauração do procedimento previsto neste artigo, quando na forma do art. 65, a Fazenda houver ressarcido extrajudicialmente o particular.

Art. 69. Concluindo-se pela responsabilidade civil do agente, será ele intimado para, em 30 (trinta) dias, recolher aos cofres públicos o valor do prejuízo suportado pela Fazenda, atualizado monetariamente.

Art. 70. Vencido, sem o pagamento, o prazo estipulado no artigo anterior, será proposta, de imediato, a respectiva ação judicial para cobrança do débito.

Art. 71. Aplica-se o disposto nesta Seção às entidades descentralizadas, observada a respectiva estrutura administrativa.

Seção V
Do Procedimento para Obtenção de Certidão

Art. 72. assegurada, nos termos do art. 5º , XXXIV, "b", da Constituição Federal, a expedição de certidão sobre atos, contratos, decisões ou pareceres constantes de registros ou autos de procedimentos em poder da Administração Pública, ressalvado o disposto no Art. 75.

Parágrafo único. As certidões serão expedidas sob a forma de relato ou mediante cópia reprográfica dos elementos pretendidos.

Art. 73. Para o exercício do direito previsto no artigo anterior, o interessado deverá protocolar requerimento no órgão competente, independentemente de qualquer pagamento, especificando os elementos que pretende ver certificados.

Art. 74. O requerimento será apreciado, em 5 (cinco) dias úteis, pela autoridade competente, que determinará a expedição da certidão requerida em prazo não superior a 5 (cinco) dias úteis.

Art. 75. O requerimento será indeferido, em despacho motivado, se a divulgação da informação solicitada colocar em comprovado risco a segurança da sociedade ou do Estado, violar a intimidade de terceiros ou não se enquadrar na hipótese constitucional.

§ 1º Na hipótese deste artigo, a autoridade competente, antes de sua decisão, ouvirá o órgão de consultoria jurídica, que se manifestará em 3 (três) dias úteis.

§ 2º Do indeferimento do pedido de certidão caberá recurso.

Art. 76. A expedição da certidão independerá de qualquer pagamento quando o requerente demonstrar sua necessidade para a defesa de direitos ou esclarecimento de situações de interesse pessoal.

Parágrafo único – Nas demais hipóteses, o interessado deverá recolher o valor correspondente, conforme legislação específica.

Seção VI
o Procedimento para Obtenção de Informações Pessoais

Art. 77. Toda pessoa terá direito de acesso aos registros nominais que a seu respeito constem em qualquer espécie de fichário ou registro, informatizado ou não, dos órgãos ou entidades da Administração, inclusive policiais.

Art. 78. O requerimento para obtenção de informações observará as seguintes regras:

I – o interessado apresentará, ao órgão ou entidade do qual pretende as informações, requerimento escrito manifestando o desejo de conhecer tudo o que a seu respeito conste das fichas ou registros existentes;

II – as informações serão fornecidas no prazo máximo de 10 (dez) dias úteis, contados do protocolo do requerimento;

III – as informações serão transmitidas em linguagem clara e indicarão, conforme for requerido pelo interessado:

a) o conteúdo integral do que existir registrado;

b) a fonte das informações e dos registros;

c) o prazo at o qual os registros serão mantidos;

d) as categorias de pessoas que, por suas funções ou por necessidade do serviço, têm, diretamente, acesso aos registros;

e) as categorias de destinatários habilitados a receber comunicação desses registros; e

f) se tais registros são transmitidos a outros órgãos estaduais, e quais são esses órgãos.

Art. 79. Os dados existentes, cujo conhecimento houver sido ocultado ao interessado, quando de sua solicitação de informações, não poderão, em hipótese alguma, ser utilizados em quaisquer procedimentos que vierem a ser contra o mesmo instaurados.

Art. 80. Os órgãos ou entidades da Administração, ao coletar informações, devem esclarecer aos interessados:

I – o caráter obrigatório ou facultativo das respostas;

II – as conseqüências de qualquer incorreção nas respostas;

III – os órgãos aos quais se destinam as informações; e

IV – a existência do direito de acesso e de retificação das informações.

Parágrafo único – Quando as informações forem colhidas mediante questionários impressos, devem eles conter os esclarecimentos de que trata este artigo.

Art. 81. proibida a inserção ou conservação em fichário ou registro de dados nominais relativos a opiniões políticas, filosóficas ou religiosas, origem racial, orientação sexual e filiação sindical ou partidária.

Art. 82. vedada a utilização, sem autorização prévia do interessado, de dados pessoais para outros fins que não aqueles para os quais foram prestados.

Seção VII
Do Procedimento para Retificação de Informações Pessoais

Art. 83. Qualquer pessoa tem o direito de exigir, da Administração:

I – a eliminação completa de registros de dados falsos a seu respeito, os quais tenham sido obtidos por meios ilícitos, ou se refiram às hipóteses vedadas pelo art. 81;

II – a retificação, complementação, esclarecimento ou atualização de dados incorretos, incompletos, dúbios ou desatualizados.

Curso de Processo Administrativo

Parágrafo único – Aplicam-se ao procedimento de retificação as regras contidas nos artigos 54 e 55.

Art. 84. O fichário ou o registro nominal devem ser completados ou corrigidos, de ofício, assim que a entidade ou órgão por eles responsável tome conhecimento da incorreção, desatualização ou caráter incompleto de informações neles contidas.

Art. 85. No caso de informação já fornecida a terceiros, sua alteração será comunicada a estes, desde que requerida pelo interessado, a quem dará cópia da retificação.

Seção VIII
Do Procedimento de Denúncia

Art. 86. Qualquer pessoa que tiver conhecimento de violação da ordem jurídica, praticada por agentes administrativos, poderá denunciá-la à Administração.

Art. 87. A denúncia conterá a identificação do seu autor, devendo indicar o fato e suas circunstâncias, e, se possível, seus responsáveis ou beneficiários.

Parágrafo único – Quando a denúncia for apresentada verbalmente, a autoridade lavrará termo, assinado pelo denunciante.

Art. 88. Instaurado o procedimento administrativo, a autoridade responsável determinará as providências necessárias à sua instrução, observando-se os prazos legais e as seguintes regras:

I – obrigatória a manifestação do órgão de consultoria jurídica;

II – o denunciante não parte no procedimento, podendo, entretanto, ser convocado para depor;

III – o resultado da denúncia será comunicado ao autor, se este assim o solicitar.

Art. 89. Incidirá em infração disciplinar grave a autoridade que não der andamento imediato, rápido e eficiente ao procedimento regulado nesta Seção.

TÍTULO V
Disposições Finais

Art. 90. O descumprimento injustificado, pela Administração, dos prazos previstos nesta lei gera responsabilidade disciplinar, imputável aos agentes públicos encarregados do assunto, não implicando, necessariamente, em nulidade do procedimento.

§ 1º Respondem também os superiores hierárquicos que se omitirem na fiscalização dos serviços de seus subordinados, ou que de algum modo concorram para a infração.

§ 2º Os prazos concedidos aos particulares poderão ser devolvidos, mediante requerimento do interessado, quando óbices injustificados, causados pela Administração, resultarem na impossibilidade de atendimento do prazo fixado.

Art. 91. Os prazos previstos nesta lei são contínuos, salvo disposição expressa em contrário, não se interrompendo aos domingos ou feriados.

Art. 92. Quando norma não dispuser de forma diversa, os prazos serão computados excluindo-se o dia do começo e incluindo-se o do vencimento.

§ 1º Só se iniciam e vencem os prazos em dia de expediente no órgão ou entidade.

§ 2º Considera-se prorrogado o prazo at o primeiro dia útil subseqüente se, no dia do vencimento, o expediente for encerrado antes do horário normal.

Art. 93. Esta lei entrará em vigor em 120 (cento e vinte) dias contados da data de sua publicação.

Art. 94. Revogam-se as disposições em contrário, especialmente o Decreto-lei nº 104, de 20 de junho de 1969 e a Lei nº 5702, de 5 de junho de 1987.

Palácio dos Bandeirantes, 30 de dezembro de 1998.

MÁRIO COVAS
Belisário dos Santos Junior,Secretário da Justiça e da Defesa da Cidadania
Fernando Leça,Secretário – Chefe da Casa Civil
Antonio Angarita, Secretário do Governo e Gestão Estratégica
Publicada na Assessoria Técnico-Legislativa, aos 30 de dezembro de 1998.[1]
Secretário-Chefe da Casa Civil

---

[1] Retirada do site: *http://www.adusp.org.br/CERT/lei.htm*, em 29.12.2004.

Curso de Processo Administrativo

4.4. Lei nº 9.784, de 29 de janeiro de 1999

Regula o processo administrativo no âmbito da Administração Pública Federal.

O PRESIDENTE DA REPÚBLICA Faço saber que o Congresso Nacional decreta e eu sanciono a seguinte Lei:

CAPÍTULO I
DAS DISPOSIÇÕES GERAIS

Art. 1º Esta Lei estabelece normas básicas sobre o processo administrativo no âmbito da Administração Federal direta e indireta, visando, em especial, à proteção dos direitos dos administrados e ao melhor cumprimento dos fins da Administração.

§ 1º Os preceitos desta Lei também se aplicam aos órgãos dos Poderes Legislativo e Judiciário da União, quando no desempenho de função administrativa.

§ 2º Para os fins desta Lei, consideram-se:

I – órgão – a unidade de atuação integrante da estrutura da Administração direta e da estrutura da Administração indireta;

II – entidade – a unidade de atuação dotada de personalidade jurídica;

III – autoridade – o servidor ou agente público dotado de poder de decisão.

Art. 2º A Administração Pública obedecerá, dentre outros, aos princípios da legalidade, finalidade, motivação, razoabilidade, proporcionalidade, moralidade, ampla defesa, contraditório, segurança jurídica, interesse público e eficiência.

Parágrafo único. Nos processos administrativos serão observados, entre outros, os critérios de:

I – atuação conforme a lei e o Direito;

II – atendimento a fins de interesse geral, vedada a renúncia total ou parcial de poderes ou competências, salvo autorização em lei;

III – objetividade no atendimento do interesse público, vedada a promoção pessoal de agentes ou autoridades;

IV – atuação segundo padrões éticos de probidade, decoro e boa-fé;

V – divulgação oficial dos atos administrativos, ressalvadas as hipóteses de sigilo previstas na Constituição;

VI – adequação entre meios e fins, vedada a imposição de obrigações, restrições e sanções em medida superior àquelas estritamente necessárias ao atendimento do interesse público;

VII – indicação dos pressupostos de fato e de direito que determinarem a decisão;

VIII – observância das formalidades essenciais à garantia dos direitos dos administrados;

IX – adoção de formas simples, suficientes para propiciar adequado grau de certeza, segurança e respeito aos direitos dos administrados;

X – garantia dos direitos à comunicação, à apresentação de alegações finais, à produção de provas e à interposição de recursos, nos processos de que possam resultar sanções e nas situações de litígio;

XI – proibição de cobrança de despesas processuais, ressalvadas as previstas em lei;

XII – impulsão, de ofício, do processo administrativo, sem prejuízo da atuação dos interessados;

XIII – interpretação da norma administrativa da forma que melhor garanta o atendimento do fim público a que se dirige, vedada aplicação retroativa de nova interpretação.

CAPÍTULO II
DOS DIREITOS DOS ADMINISTRADOS

Art. 3º O administrado tem os seguintes direitos perante a Administração, sem prejuízo de outros que lhe sejam assegurados:

I – ser tratado com respeito pelas autoridades e servidores, que deverão facilitar o exercício de seus direitos e o cumprimento de suas obrigações;

II – ter ciência da tramitação dos processos administrativos em que tenha a condição de interessado, ter vista dos autos, obter cópias de documentos neles contidos e conhecer as decisões proferidas;

III – formular alegações e apresentar documentos antes da decisão, os quais serão objeto de consideração pelo órgão competente;

IV – fazer-se assistir, facultativamente, por advogado, salvo quando obrigatória a representação, por força de lei.

CAPÍTULO III
DOS DEVERES DO ADMINISTRADO

Art. 4º São deveres do administrado perante a Administração, sem prejuízo de outros previstos em ato normativo:

I – expor os fatos conforme a verdade;

II – proceder com lealdade, urbanidade e boa-fé;

III – não agir de modo temerário;

IV – prestar as informações que lhe forem solicitadas e colaborar para o esclarecimento dos fatos.

CAPÍTULO IV
DO INÍCIO DO PROCESSO

Art. 5º O processo administrativo pode iniciar-se de ofício ou a pedido de interessado.

Art. 6º O requerimento inicial do interessado, salvo casos em que for admitida solicitação oral, deve ser formulado por escrito e conter os seguintes dados:

I – órgão ou autoridade administrativa a que se dirige;

II – identificação do interessado ou de quem o represente;

III – domicílio do requerente ou local para recebimento de comunicações;

IV – formulação do pedido, com exposição dos fatos e de seus fundamentos;

V – data e assinatura do requerente ou de seu representante.

Parágrafo único. É vedada à Administração a recusa imotivada de recebimento de documentos, devendo o servidor orientar o interessado quanto ao suprimento de eventuais falhas.

Art. 7º Os órgãos e entidades administrativas deverão elaborar modelos ou formulários padronizados para assuntos que importem pretensões equivalentes.

Art. 8º Quando os pedidos de uma pluralidade de interessados tiverem conteúdo e fundamentos idênticos, poderão ser formulados em um único requerimento, salvo preceito legal em contrário.

CAPÍTULO V
DOS INTERESSADOS

Art. 9º São legitimados como interessados no processo administrativo:

I – pessoas físicas ou jurídicas que o iniciem como titulares de direitos ou interesses individuais ou no exercício do direito de representação;

II – aqueles que, sem terem iniciado o processo, têm direitos ou interesses que possam ser afetados pela decisão a ser adotada;

III – as organizações e associações representativas, no tocante a direitos e interesses coletivos;

IV – as pessoas ou as associações legalmente constituídas quanto a direitos ou interesses difusos.

Art. 10. São capazes, para fins de processo administrativo, os maiores de dezoito anos, ressalvada previsão especial em ato normativo próprio.

CAPÍTULO VI
DA COMPETÊNCIA

Art. 11. A competência é irrenunciável e se exerce pelos órgãos administrativos a que foi atribuída como própria, salvo os casos de delegação e avocação legalmente admitidos.

Art. 12. Um órgão administrativo e seu titular poderão, se não houver impedimento legal, delegar parte da sua competência a outros órgãos ou titulares, ainda que estes não lhe sejam hierarquicamente subordinados, quando for conveniente, em razão de circunstâncias de índole técnica, social, econômica, jurídica ou territorial.

Parágrafo único. O disposto no *caput* deste artigo aplica-se à delegação de competência dos órgãos colegiados aos respectivos presidentes.

Art. 13. Não podem ser objeto de delegação:

I – a edição de atos de caráter normativo;

II – a decisão de recursos administrativos;

III – as matérias de competência exclusiva do órgão ou autoridade.

Art. 14. O ato de delegação e sua revogação deverão ser publicados no meio oficial.

§ 1º O ato de delegação especificará as matérias e poderes transferidos, os limites da atuação do delegado, a duração e os objetivos da delegação e o recurso cabível, podendo conter ressalva de exercício da atribuição delegada.

§ 2º O ato de delegação é revogável a qualquer tempo pela autoridade delegante.

§ 3º As decisões adotadas por delegação devem mencionar explicitamente esta qualidade e considerar-se-ão editadas pelo delegado.

Art. 15. Será permitida, em caráter excepcional e por motivos relevantes devidamente justificados, a avocação temporária de competência atribuída a órgão hierarquicamente inferior.

Art. 16. Os órgãos e entidades administrativas divulgarão publicamente os locais das respectivas sedes e, quando conveniente, a unidade fundacional competente em matéria de interesse especial.

Art. 17. Inexistindo competência legal específica, o processo administrativo deverá ser iniciado perante a autoridade de menor grau hierárquico para decidir.

CAPÍTULO VII

DOS IMPEDIMENTOS E DA SUSPEIÇÃO

Art. 18. É impedido de atuar em processo administrativo o servidor ou autoridade que:

I – tenha interesse direto ou indireto na matéria;

II – tenha participado ou venha a participar como perito, testemunha ou representante, ou se tais situações ocorrem quanto ao cônjuge, companheiro ou parente e afins até o terceiro grau;

III – esteja litigando judicial ou administrativamente com o interessado ou respectivo cônjuge ou companheiro.

Art. 19. A autoridade ou servidor que incorrer em impedimento deve comunicar o fato à autoridade competente, abstendo-se de atuar.

Parágrafo único. A omissão do dever de comunicar o impedimento constitui falta grave, para efeitos disciplinares.

Art. 20. Pode ser argüida a suspeição de autoridade ou servidor que tenha amizade íntima ou inimizade notória com algum dos interessados ou com os respectivos cônjuges, companheiros, parentes e afins até o terceiro grau.

Art. 21. O indeferimento de alegação de suspeição poderá ser objeto de recurso, sem efeito suspensivo.

CAPÍTULO VIII

DA FORMA, TEMPO E LUGAR DOS ATOS DO PROCESSO

Art. 22. Os atos do processo administrativo não dependem de forma determinada senão quando a lei expressamente a exigir.

Curso de Processo Administrativo

§ 1º Os atos do processo devem ser produzidos por escrito, em vernáculo, com a data e o local de sua realização e a assinatura da autoridade responsável.

§ 2º Salvo imposição legal, o reconhecimento de firma somente será exigido quando houver dúvida de autenticidade.

§ 3º A autenticação de documentos exigidos em cópia poderá ser feita pelo órgão administrativo.

§ 4º O processo deverá ter suas páginas numeradas seqüencialmente e rubricadas.

Art. 23. Os atos do processo devem realizar-se em dias úteis, no horário normal de funcionamento da repartição na qual tramitar o processo.

Parágrafo único. Serão concluídos depois do horário normal os atos já iniciados, cujo adiamento prejudique o curso regular do procedimento ou cause dano ao interessado ou à Administração.

Art. 24. Inexistindo disposição específica, os atos do órgão ou autoridade responsável pelo processo e dos administrados que dele participem devem ser praticados no prazo de cinco dias, salvo motivo de força maior.

Parágrafo único. O prazo previsto neste artigo pode ser dilatado até o dobro, mediante comprovada justificação.

Art. 25. Os atos do processo devem realizar-se preferencialmente na sede do órgão, cientificando-se o interessado se outro for o local de realização.

CAPÍTULO IX
DA COMUNICAÇÃO DOS ATOS

Art. 26. O órgão competente perante o qual tramita o processo administrativo determinará a intimação do interessado para ciência de decisão ou a efetivação de diligências.

§ 1º A intimação deverá conter:

I – identificação do intimado e nome do órgão ou entidade administrativa;

II – finalidade da intimação;

III – data, hora e local em que deve comparecer;

IV – se o intimado deve comparecer pessoalmente, ou fazer-se representar;

V – informação da continuidade do processo independentemente do seu comparecimento;

VI – indicação dos fatos e fundamentos legais pertinentes.

§ 2º A intimação observará a antecedência mínima de três dias úteis quanto à data de comparecimento.

§ 3º A intimação pode ser efetuada por ciência no processo, por via postal com aviso de recebimento, por telegrama ou outro meio que assegure a certeza da ciência do interessado.

§ 4º No caso de interessados indeterminados, desconhecidos ou com domicílio indefinido, a intimação deve ser efetuada por meio de publicação oficial.

§ 5º As intimações serão nulas quando feitas sem observância das prescrições legais, mas o comparecimento do administrado supre sua falta ou irregularidade.

Art. 27. O desatendimento da intimação não importa o reconhecimento da verdade dos fatos, nem a renúncia a direito pelo administrado.

Parágrafo único. No prosseguimento do processo, será garantido direito de ampla defesa ao interessado.

Art. 28. Devem ser objeto de intimação os atos do processo que resultem para o interessado em imposição de deveres, ônus, sanções ou restrição ao exercício de direitos e atividades e os atos de outra natureza, de seu interesse.

CAPÍTULO X
DA INSTRUÇÃO

Art. 29. As atividades de instrução destinadas a averiguar e comprovar os dados necessários à tomada de decisão realizam-se de ofício ou mediante impulsão do órgão responsável pelo processo, sem prejuízo do direito dos interessados de propor atuações probatórias.

§ 1º O órgão competente para a instrução fará constar dos autos os dados necessários à decisão do processo.

§ 2º Os atos de instrução que exijam a atuação dos interessados devem realizar-se do modo menos oneroso para estes.

Art. 30. São inadmissíveis no processo administrativo as provas obtidas por meios ilícitos.

Art. 31. Quando a matéria do processo envolver assunto de interesse geral, o órgão competente poderá, mediante despacho motivado, abrir período de consulta pública para manifestação de terceiros, antes da decisão do pedido, se não houver prejuízo para a parte interessada.

§ 1º A abertura da consulta pública será objeto de divulgação pelos meios oficiais, a fim de que pessoas físicas ou jurídicas possam examinar os autos, fixando-se prazo para oferecimento de alegações escritas.

§ 2º O comparecimento à consulta pública não confere, por si, a condição de interessado do processo, mas confere o direito de obter da Administração resposta fundamentada, que poderá ser comum a todas as alegações substancialmente iguais.

Art. 32. Antes da tomada de decisão, a juízo da autoridade, diante da relevância da questão, poderá ser realizada audiência pública para debates sobre a matéria do processo.

Art. 33. Os órgãos e entidades administrativas, em matéria relevante, poderão estabelecer outros meios de participação de administrados, diretamente ou por meio de organizações e associações legalmente reconhecidas.

Art. 34. Os resultados da consulta e audiência pública e de outros meios de participação de administrados deverão ser apresentados com a indicação do procedimento adotado.

Art. 35. Quando necessária à instrução do processo, a audiência de outros órgãos ou entidades administrativas poderá ser realizada em reunião conjunta, com a participação de titulares ou representantes dos órgãos competentes, lavrando-se a respectiva ata, a ser juntada aos autos.

Curso de Processo Administrativo

Art. 36. Cabe ao interessado a prova dos fatos que tenha alegado, sem prejuízo do dever atribuído ao órgão competente para a instrução e do disposto no art. 37 desta Lei.

Art. 37. Quando o interessado declarar que fatos e dados estão registrados em documentos existentes na própria Administração responsável pelo processo ou em outro órgão administrativo, o órgão competente para a instrução proverá, de ofício, à obtenção dos documentos ou das respectivas cópias.

Art. 38. O interessado poderá, na fase instrutória e antes da tomada da decisão, juntar documentos e pareceres, requerer diligências e perícias, bem como aduzir alegações referentes à matéria objeto do processo.

§ 1º Os elementos probatórios deverão ser considerados na motivação do relatório e da decisão.

§ 2º Somente poderão ser recusadas, mediante decisão fundamentada, as provas propostas pelos interessados quando sejam ilícitas, impertinentes, desnecessárias ou protelatórias.

Art. 39. Quando for necessária a prestação de informações ou a apresentação de provas pelos interessados ou terceiros, serão expedidas intimações para esse fim, mencionando-se data, prazo, forma e condições de atendimento.

Parágrafo único. Não sendo atendida a intimação, poderá o órgão competente, se entender relevante a matéria, suprir de ofício a omissão, não se eximindo de proferir a decisão.

Art. 40. Quando dados, atuações ou documentos solicitados ao interessado forem necessários à apreciação de pedido formulado, o não atendimento no prazo fixado pela Administração para a respectiva aprese

§ 1º Se um parecer obrigatório e vinculante deixar de ser emitido no prazo fixado, o processo não terá seguimento até a respectiva apresentação, responsabilizando-se quem der causa ao atraso.

§ 2º Se um parecer obrigatório e não vinculante deixar de ser emitido no prazo fixado, o processo poderá ter prosseguimento e ser decidido com sua dispensa, sem prejuízo da responsabilidade de quem se omitiu no atendimento.

Art. 43. Quando por disposição de ato normativo devam ser previamente obtidos laudos técnicos de órgãos administrativos e estes não cumprirem o encargo no prazo assinalado, o órgão responsável pela instrução deverá solicitar laudo técnico de outro órgão dotado de qualificação e capacidade técnica equivalentes.

Art. 44. Encerrada a instrução, o interessado terá o direito de manifestar-se no prazo máximo de dez dias, salvo se outro prazo for legalmente fixado.

Art. 45. Em caso de risco iminente, a Administração Pública poderá motivadamente adotar providências acauteladoras sem a prévia manifestação do interessado.

Art. 46. Os interessados têm direito à vista do processo e a obter certidões ou cópias reprográficas dos dados e documentos que o integram, ressalvados os dados e documentos de terceiros protegidos por sigilo ou pelo direito à privacidade, à honra e à imagem.

Art. 47. O órgão de instrução que não for competente para emitir a decisão final elaborará relatório indicando o pedido inicial, o conteúdo das fases do procedimento e formulará proposta de decisão, objetivamente justificada, encaminhando o processo à autoridade competente.

CAPÍTULO XI
DO DEVER DE DECIDIR

Art. 48. A Administração tem o dever de explicitamente emitir decisão nos processos administrativos e sobre solicitações ou reclamações, em matéria de sua competência.

Art. 49. Concluída a instrução de processo administrativo, a Administração tem o prazo de até trinta dias para decidir, salvo prorrogação por igual período expressamente motivada.

CAPÍTULO XII
DA MOTIVAÇÃO

Art. 50. Os atos administrativos deverão ser motivados, com indicação dos fatos e dos fundamentos jurídicos, quando:

I – neguem, limitem ou afetem direitos ou interesses;

II – imponham ou agravem deveres, encargos ou sanções;

III – decidam processos administrativos de concurso ou seleção pública;

IV – dispensem ou declarem a inexigibilidade de processo licitatório;

V – decidam recursos administrativos;

VI – decorram de reexame de ofício;

VII – deixem de aplicar jurisprudência firmada sobre a questão ou discrepem de pareceres, laudos, propostas e relatórios oficiais;

VIII – importem anulação, revogação, suspensão ou convalidação de ato administrativo.

§ 1º A motivação deve ser explícita, clara e congruente, podendo consistir em declaração de concordância com fundamentos de anteriores pareceres, informações, decisões ou propostas, que, neste caso, serão parte integrante do ato.

§ 2º Na solução de vários assuntos da mesma natureza, pode ser utilizado meio mecânico que reproduza os fundamentos das decisões, desde que não prejudique direito ou garantia dos interessados.

§ 3º A motivação das decisões de órgãos colegiados e comissões ou de decisões orais constará da respectiva ata ou de termo escrito.

CAPÍTULO XIII
DA DESISTÊNCIA E OUTROS CASOS DE EXTINÇÃO DO PROCESSO

Art. 51. O interessado poderá, mediante manifestação escrita, desistir total ou parcialmente do pedido formulado ou, ainda, renunciar a direitos disponíveis.

§ 1º Havendo vários interessados, a desistência ou renúncia atinge somente quem a tenha formulado.

§ 2º A desistência ou renúncia do interessado, conforme o caso, não prejudica o prosseguimento do processo, se a Administração considerar que o interesse público assim o exige.

Art. 52. O órgão competente poderá declarar extinto o processo quando exaurida sua finalidade ou o objeto da decisão se tornar impossível, inútil ou prejudicado por fato superveniente.

Curso de Processo Administrativo

CAPÍTULO XIV
DA ANULAÇÃO, REVOGAÇÃO E CONVALIDAÇÃO

Art. 53. A Administração deve anular seus próprios atos, quando eivados de vício de legalidade, e pode revogá-los por motivo de conveniência ou oportunidade, respeitados os direitos adquiridos.

Art. 54. O direito da Administração de anular os atos administrativos de que decorram efeitos favoráveis para os destinatários decai em cinco anos, contados da data em que foram praticados, salvo comprovada má-fé.

§ 1º No caso de efeitos patrimoniais contínuos, o prazo de decadência contar-se-á da percepção do primeiro pagamento.

§ 2º Considera-se exercício do direito de anular qualquer medida de autoridade administrativa que importe impugnação à validade do ato.

Art. 55. Em decisão na qual se evidencie não acarretarem lesão ao interesse público nem prejuízo a terceiros, os atos que apresentarem defeitos sanáveis poderão ser convalidados pela própria Administração.

CAPÍTULO XV
DO RECURSO ADMINISTRATIVO E DA REVISÃO

Art. 56. Das decisões administrativas cabe recurso, em face de razões de legalidade e de mérito.

§ 1º O recurso será dirigido à autoridade que proferiu a decisão, a qual, se não a reconsiderar no prazo de cinco dias, o encaminhará à autoridade superior.

§ 2º Salvo exigência legal, a interposição de recurso administrativo independe de caução.

Art. 57. O recurso administrativo tramitará no máximo por três instâncias administrativas, salvo disposição legal diversa.

Art. 58. Têm legitimidade para interpor recurso administrativo:

I – os titulares de direitos e interesses que forem parte no processo;

II – aqueles cujos direitos ou interesses forem indiretamente afetados pela decisão recorrida;

III – as organizações e associações representativas, no tocante a direitos e interesses coletivos;

IV – os cidadãos ou associações, quanto a direitos ou interesses difusos.

Art. 59. Salvo disposição legal específica, é de dez dias o prazo para interposição de recurso administrativo, contado a partir da ciência ou divulgação oficial da decisão recorrida.

§ 1º Quando a lei não fixar prazo diferente, o recurso administrativo deverá ser decidido no prazo máximo de trinta dias, a partir do recebimento dos autos pelo órgão competente.

§ 2º O prazo mencionado no parágrafo anterior poderá ser prorrogado por igual período, ante justificativa explícita.

Art. 60. O recurso interpõe-se por meio de requerimento no qual o recorrente deverá expor os fundamentos do pedido de reexame, podendo juntar os documentos que julgar convenientes.

Art. 61. Salvo disposição legal em contrário, o recurso não tem efeito suspensivo.

Parágrafo único. Havendo justo receio de prejuízo de difícil ou incerta reparação decorrente da execução, a autoridade recorrida ou a imediatamente superior poderá, de ofício ou a pedido, dar efeito suspensivo ao recurso.

Art. 62. Interposto o recurso, o órgão competente para dele conhecer deverá intimar os demais interessados para que, no prazo de cinco dias úteis, apresentem alegações.

Art. 63. O recurso não será conhecido quando interposto:

I – fora do prazo;

II – perante órgão incompetente;

III – por quem não seja legitimado;

IV – após exaurida a esfera administrativa.

§ 1º Na hipótese do inciso II, será indicada ao recorrente a autoridade competente, sendo-lhe devolvido o prazo para recurso.

§ 2º O não conhecimento do recurso não impede a Administração de rever de ofício o ato ilegal, desde que não ocorrida preclusão administrativa.

Art. 64. O órgão competente para decidir o recurso poderá confirmar, modificar, anular ou revogar, total ou parcialmente, a decisão recorrida, se a matéria for de sua competência.

Parágrafo único. Se da aplicação do disposto neste artigo puder decorrer gravame à situação do recorrente, este deverá ser cientificado para que formule suas alegações antes da decisão.

Art. 65. Os processos administrativos de que resultem sanções poderão ser revistos, a qualquer tempo, a pedido ou de ofício, quando surgirem fatos novos ou circunstâncias relevantes suscetíveis de justificar a inadequação da sanção aplicada.

Parágrafo único. Da revisão do processo não poderá resultar agravamento da sanção.

CAPÍTULO XVI
DOS PRAZOS

Art. 66. Os prazos começam a correr a partir da data da cientificação oficial, excluindo-se da contagem o dia do começo e incluindo-se o do vencimento.

§ 1º Considera-se prorrogado o prazo até o primeiro dia útil seguinte se o vencimento cair em dia em que não houver expediente ou este for encerrado antes da hora normal.

§ 2º Os prazos expressos em dias contam-se de modo contínuo.

§ 3º Os prazos fixados em meses ou anos contam-se de data a data. Se no mês do vencimento não houver o dia equivalente àquele do início do prazo, tem-se como termo o último dia do mês.

Art. 67. Salvo motivo de força maior devidamente comprovado, os prazos processuais não se suspendem.

Curso de Processo Administrativo

CAPÍTULO XVII
DAS SANÇÕES

Art. 68. As sanções, a serem aplicadas por autoridade competente, terão natureza pecuniária ou consistirão em obrigação de fazer ou de não fazer, assegurado sempre o direito de defesa.

CAPÍTULO XVIII
DAS DISPOSIÇÕES FINAIS

Art. 69. Os processos administrativos específicos continuarão a reger-se por lei própria, aplicando-se-lhes apenas subsidiariamente os preceitos desta Lei.

Art. 70. Esta Lei entra em vigor na data de sua publicação.

Brasília 29 de janeiro de 1999; 178º da Independência e 111º da República.

FERNANDO HENRIQUE CARDOSO
Renan Calheiros
Paulo Paiva
Este texto não substitui o publicado no D.O.U. de 1.2.1999.[2]

---

[2] Disponível em https://www.planalto.gov.br. Acesso em 29.12.2004.

Referências bibliográficas

CASTRO, Carlos Roberto de Siqueira. *O devido processo legal e a razoabilidade das leis na Constituição de 1988*. Rio de Janeiro: Forense, 1989.

ANDRADE, Samira Hamud Morato de. O Princípio do Devido Processo Legal e o Processo Administrativo. *Revista de Direito Constitucional e Internacional*, n° 37.

CAIS, Cleide Previtalli. *O Processo Tributário*. São Paulo: RT.

CINTRA, Antonio C. de Araújo, GRINOVER, Ada p. e DINAMARCO, Cândido R. *Teoria Geral do Processo*. 12ª ed. São Paulo: Malheiros, 1996.

CONTIPELLI, Ernani de Paula. A integração, a interpretação sistemática e o processo administrativo. R*evista Tributária e de Finanças Públicas*, v. 46. São Paulo: RT, 2002.

CRETELLA JÚNIOR, José. *Prática do Processo Administrativo*, 3ª ed. São Paulo: RT, 1999.

CUNHA, André da. *Estudos Jurídico*s, vol 36, n° 96, janeiro/abril, 2003.

FERRAZ, Sergio. Processo Administrativo e Constituição de 1988. *Revista Trimestral de Direito Público*, v.1. São Paulo: Malheiros, 1993.

——. Processo administrativo ou procedimento administrativo; a coisa julgada administrativa. *Revista do Instituo dos Advogados Brasileiros*. Rio de Janeiro, Revan, 2000. Abr/Jun, n° 92.

LEÃO, Joselita Cardoso. *RPGE*, Salvador, 22:91-123, jan./dez.1996.

MEDAUAR, Odete. *A Processualidade no Direito Administrativo*. São Paulo: RT, 1993.

MEIRELLES, Hely Lopes. *Direito Administrativo Brasileiro*. 23ª ed. São Paulo: Malheiros, 1998.

MELLO, Celso Antônio Bandeira. *Curso de Direito Administrativo*, 12ª ed. São Paulo: Malheiros, 2000.

MOREIRA, Egon Bochmann. *Processo Administrativo – Princípios Constitucionais e a Lei n° 9.784/99*, São Paulo: Malheiros, 2000.

NERY JUNIOR, Nelson. *Princípios do Processo Civil na Constituição Federal*, São Paulo: RT, 1996.

NUNES, Pedro. *Dicionário de Técnica Jurídica*, v. II, 8ª ed., Rio de Janeiro: Livraria Freitas Bastos, 1974.

PAZZAGLINI FILHO, Marino. *Princípios Constitucionais Reguladores da Administração Pública*. São Paulo: Atlas, 2000.

PEREIRA JÚNIOR, José Torres. *O Direito de defesa na CF de 88*. Renovar, 1997.

ROCHA , Carmem Lúcia Antunes. Princípios Constitucionais do Processo Administrativo no Direito Brasileiro, *Revista Trimestral de Jurisprudência*, n° 17.

SANTOS, Marília Lourido dos. *Noções gerais acerca do processo administrativo e da Lei n° 9.784/99*. Disponível em http://www1.jus.com.br/doutrina/texto.asp?id=410. Acesso em 09 dez 2004.

Índice alfabético-remissivo

Administração Pública 86

Alteração ou revogação da medida cautelar 123

Anulação 152

Anulação, revogação e convalidação dos atos administrativos na constância do processo administrativo 151

Aplicação do princípio federativo na regulamentação do processo administrativo 33

Atemporariedade da revisão 171

Audiência 143

Autonomia e das fontes do processo administrativo 19

Autoridade ou órgão administrativo processante 102

Autuação do processo 96

Avocação 101

Cabimento da revisão 169

Cabimento do recurso administrativo 161

Capacidade do interessado como pessoa natural 91

Coisa julgada administrativa 172

Comentários sobre os princípios constitucionais de processo administrativo 48

Comentários sobre os princípios processuais administrativos típicos 49

Comentários sobre os princípios subsidiários de processo civil, aplicáveis ao processo administrativo 50

Competência 97

Competência para conhecer do recurso 163

Comunicação dos atos e dos prazos 108

Conceito de Administração Pública como parte 86

Conceito de interessado como parte 90

Concessão da medida cautelar sem a prévia manifestação da parte contrária 123

Conciliação 144

Confissão 116, 130

Confissão no contraditório 116

Curso de Processo Administrativo

Considerações gerais sobre a anulação, revogação e convalidação dos atos administrativos na constância do processo administrativo 151
Considerações gerais sobre a instauração do processo 93
Considerações gerais sobre os princípios de processo administrativo 47
Considerações gerais sobre recurso
Considerações gerais sobre a instrução 124
Considerações gerais sobre as partes 85
Considerações gerais sobre o contraditório 112
Consulta pública 141
Contencioso administrativo 27
Conteúdo da decisão recursal 168
Conteúdo das contra-razões recursais 166
Conteúdo do ato de delegação 99
Contraditório 112
Convalidação 158
Das partes 85
Decisão 146
Decreto 31.896, de 20 de setembro de 2002, do Estado do Rio de Janeiro 43
Delegação 98
Depoimento pessoal 129
Dever de decidir 146
Devido processo administrativo como princípio constitucional garantista 17
Direito de petição e de representação como elementos materiais do processo administrativo 22
Disposições gerais sobre a audiência 143
Disposições gerais sobre medidas cautelares 120
Disposições gerais sobre o impedimento e suspeição 104
Disposições gerais do processo administrativo 13
Disposições gerais sobre competência 97
Do que não pode ser delegado 99
Do que pode ser alegado em contraditório 113
Dos institutos comuns a todos os processos administrativos 85
Dos princípios de processo administrativo 47
Doutrina do fato sabido e o processo administrativo 25
Efeitos do recurso 167
Elenco dos princípios constitucionais de processo administrativo 48
Elenco dos princípios processuais administrativos típicos 49
Elenco dos princípios subsidiários de processo judicial aplicáveis ao processo administrativo 50
Embargos de declaração 168

Evolução histórica do instituto   13
Execução da delegação   100
Exibição de documento ou coisa   131
Exposição dos motivos da Lei Complementar nº 33 do Estado de Sergipe   175
Extinção das medidas cautelares   124
Extinção do processo administrativo   149
Forma dos atos processuais   107
Forma, tempo e lugar dos atos processuais   107
lintimação por outros meios   111
Impedimentos   104
Impedimentos e da suspeição   104
Indeferimento da prova ilícita, impertinente, desnecessária ou protelatória   128
Início do prazo recursal   165
Inquérito, da sindicância e do processo administrativo   29
Inspeção administrativa   140
Instâncias administrativas   160
Instauração do processo   93
Instauração pela Administração Pública   94
Institutos comuns a todos os processos administrativos   85
Instrução   124
Instrução, do debate oral e dos memoriais   144
Interessado   90
Interpretação do processo administrativo   45
Intervenção de interessados quando já iniciado o processo   92
Intimação   108
Intimação dos interessados indeterminados, desconhecidos ou com domicílio
   indefinido   111
Intimação dos recorridos   166
Intimação nos autos   109
Intimação por outros meios   111
Intimação por telegrama   110
Intimação por via postal   110
Julgamento conforme o estado do processo   117
Legislação   175
Legitimidade para recorrer   162
Legítimo interesse   87
Legítimo interesse da administração pùblica   87
Legítimo interesse do interessado   90
Lei 10.177, de 30.12.98, do Estado de São Paulo   38

Curso de Processo Administrativo

Lei 11.781, de 6 de junho de 2000, do Estado de Pernambuco 40

Lei 13.800, de 18 de janeiro de 2001, do Estado de Goiás 41

Lei 14.184, de 31 de janeiro de 2002, do Estado de Minas Gerais 41

Lei 2.794/2003, do Estado do Amazonas 44

Lei 418, de 15 de janeiro de 2004, do Estado de Roraima 44

Lei 7.692, de 1º de julho de 2002, do Estado de Mato Grosso 42

Lei 9.784 , de 29 de janeiro de 1999 39

Lei Complementar nº 33, de 26 de dezembro de 1996 34, 182

Lei Federal 9.784, de 29.01.99, criando normas básicas sobre processo administrativo no âmbito da administração federal 39

Lei 10.177, de 30 de dezembro de 1998 230

Leis Federal e Estaduais sobre processo administrativo 34

Lugar dos atos processuais 107

Medidas cautelares 120

Motivação da decisão 146

Motivação da medida cautelar 122

Motivação e do livre convencimento 147

Não-conhecimento do recurso 165

Nulidade da intimação 111

Ônus da prova 82

Partes 85

Pioneirismo da Lei Complementar nº 33, de 26.12.96, do Estado de Sergipe 34

Poderes, dos deveres e da responsabilidade da autoridade ou do órgão processante 102

Prazo para decisão do recurso 165

Prazo para reconsideração 164

Prazo recursal 164

Prazos 112

Prescindibilidade do processo administrativo 23

Pressupostos para a concessão de medida cautelar 120

Princípio da adequação entre os meios e os fins processuais 75

Princípio da ampla defesa 60

Princípio da atuação conforme a lei e o direito 72

Princípio da dialeticidade recursal 83

Princípio da dupla instância administrativa 68

Princípio da economia processual 81

Princípio da eficiência 66

Princípio da finalidade motivada 55

Princípio da gratuidade 65

Princípio da igualdade 67

Princípio da interpretação da norma administrativa conforme o fim público a que se dirige 77
Princípio da irrenunciabilidade de poderes ou competências administrativas 73
Princípio da irretroatividade da nova interpretação 79
Princípio da legalidade 52
Princípio da moralidade 58
Princípio da objetividade no atendimento do interesse público 74
Princípio da observância das formalidades essenciais à garantia dos direitos dos administrados 76
Princípio da oficialidade 64
Princípio da proibição de prova ilícita 69
Princípio da proporcionalidade 57
Princípio da publicidade 53
Princípio da razoabilidade 56
Princípio da *reformatio in pejus* 79
Princípio da segurança jurídica 62
Princípio da sucumbência 82
Princípio da unicidade recursal 83
Princípio da verdade real 82
Princípio da voluntariedade recursal 84
Princípio de atuação segundo padrões éticos de probidade, decoro e boa-fé 75
Princípio do contraditório 59
Princípio do devido processo legal 51
Princípio do informalismo em favor do administrado 64
Princípio do interesse público 63
Princípio do juízo natural 70
Princípio do ônus da prova 82
Princípios constitucionais de processo administrativo 50
Princípios de Processo Administrativo 47
Princípios processuais administrativos típicos 72
Princípios subsidiários de processo civil, aplicáveis ao processo administrativo 81
Procedimento e do processo administrativo 31
Procedimento revisional 171
Processo administrativo como forma de autotutela administrativa 16
Processo administrativo como instrumento de implementação do Estado Democrático de Direito 16
Processo judicial e do processo administrativo 26
Produção oficial de prova 128
Prova documental 132
Prova pericial 138

Curso de Processo Administrativo

Prova testemunhal   134
Que não pode ser delegado   99
Que pode ser alegado em contraditório   113
Reconsideração   163
Recorridos   166
Recursos   160
Reexame necessário   161
Repetição de pedido de medida cautelar   123
Representação   89
Representação do interessado   92
Requerimento do interessado   95
Requisitos da intimação   109
Requisitos da petição de recurso   164
Revisão administrativa   169
Revisão de ofício   171
Revogação   156
Revogação da delegação   100
Revogação e convalidação dos atos administrativos na constância do processo
   administrativo   151
Servidores públicos auxiliares da autoridade ou do órgão processante   106
Silêncio das partes   114
Suspeição   105
Suspensão   148
Suspensão e da extinção do processo administrativo   148
Tempo   107
Tipos de processo administrativo   32
Tramitação do recurso na segunda instância   167